的报人生涯撷珍

周瑞金 著

浙江人民出版社

图书在版编目（CIP）数据

我的报人生涯撷珍 / 周瑞金著. —杭州 ：浙江人民出版社，2020.7

ISBN 978－7－213－09765－2

Ⅰ. ①我… Ⅱ. ①周… Ⅲ. ①周瑞金-回忆录 Ⅳ. ①K825.42

中国版本图书馆 CIP 数据核字（2020）第 104286 号

我的报人生涯撷珍

周瑞金　著

出版发行：浙江人民出版社（杭州市体育场路 347 号　邮编　310006）

市场部电话：（0571）85061682　85176516

责任编辑：高辰旭　沈敏一

助理编辑：尹晓捷

责任校对：杨　帆　姚建国

责任印务：陈　峰

封面设计：异一设计

电脑制版：杭州大漠照排印刷有限公司

印　　刷：浙江印刷集团有限公司

开　　本：710 毫米×1000 毫米　1/16　　印　　张：15.5

字　　数：235 千字　　插　　页：9

版　　次：2020 年 7 月第 1 版　　印　　次：2020 年 7 月第 1 次印刷

书　　号：ISBN 978-7-213-09765-2

定　　价：68.00 元

▲1983 年，周瑞金（后排左一）与解放日报社老领导合影（王维，前排右二；夏言其，前排右三；储大宏，后排右二；陈念云，后排右三；陆炳麟，后排左三；徐学明，后排左二）

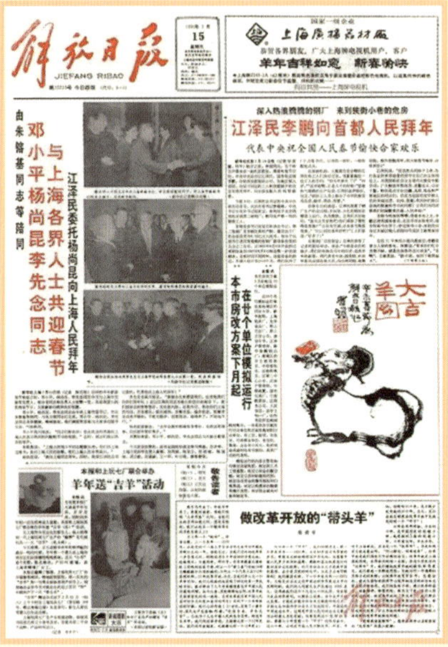
解放日报
JIEFANG RIBAO
江泽民李鹏向首都人民拜年
代表中央祝全国人民春节愉快合家欢乐
与上海各界人士共迎春节
邓小平杨尚昆李先念同志
江泽民委托杨尚昆向上海人民拜年
由朱镕基同志等陪同
本市房改方案下月起在廿个单位模拟运行
羊年送"吉羊"活动
做改革开放的"带头羊"

解放日报
JIEFANG RIBAO
建设沪宁高速公路
国务院批准
江泽民等同文艺界知名人士座谈
各抒己见气氛热烈融洽
共商繁荣文艺事业大计
中国国际友人研究会在京成立
全国政协四次会议23日召开
本市表彰新闻文艺工作者
改革开放要有新思路

解放日报
JIEFANG RIBAO
'91春季常熟市商品交易会
上海科技成果逾半在沪扎根
常州决定加大改革力度
中国将帮助科威特重建家园
中日关系正在全面恢复
中日双方合作前景广阔
在沪全国人大代表政协委员今赴京
七百余名中外记者抵京准备对"两会"进行采访
扩大开放的意识要更强些
上海冶金局昨正式决定
生产经营权全部下放企业

解放日报
JIEFANG RIBAO
'91春季常熟市商品交易会
巴新总理抵京访问
李鹏同纳马柳会谈
市九届人大四次会议二十二日举行
市政协七届四次会议二十日召开
力争二〇〇〇年奥运会在北京举行
吴邦国会见艾哈迈尔一行
改革开放需要大批德才兼备的干部

▲1991 年 2—4 月《解放日报》头版陆续发表的四篇皇甫平文章的复印件

▲组织发表皇甫平系列评论时的周瑞金

▲1986 年，周瑞金陪同汪道涵市长考察齐齐哈尔、佳木斯、牡丹江

◀1994 年周瑞金在审改《人民日报》“任仲平”评论文章《上下一心打好改革攻坚战》

▲1998 年 10 月，周瑞金率人民日报社新闻代表团访问台湾，刚访问大陆与汪道涵会晤后返回台北的辜振甫先生在台泥大厦会见代表团并接受访问

▲ 辜振甫先生会见人民日报社新闻代表团成员（左四辜振甫；右四周瑞金；左三杨振武，后任人民日报社社长；左二高海浩，后任浙江日报报业集团社长）

▲ 中共中央机关报《人民日报》副总编辑周瑞金在台北会见台湾国民党中央机关报《中央日报》社长（墙上挂着蒋经国看《中央日报》的照片）

▲ 辜振甫与周瑞金（左）亲切交谈

▲ 访台返京途经香港，周瑞金（左二）遵照汪道涵先生嘱咐拜会了南怀瑾先生（右二）

▲中日经济讨论会中方主持人周瑞金（右）与日方主持人鲛岛敬治（左）

▲日本小渊惠三首相（左二）会见中方代表团，人民日报社社长邵华泽（左三）向小渊惠三首相赠送书法作品

▲ 邵华泽社长（左一）、周瑞金副总编辑（右一）和鲛岛敬治先生一道为中日经济讨论会成功召开干杯

▲ 中日双方演讲人与主持人在第七次厦门讨论会上

▲ 在第七次中日经济厦门讨论会上，主持人周瑞金会见首次与会的香港贸发局副总裁邱达宏先生（左）

▲ 1999 年 11 月，与会全体代表合影（人民日报社社长邵华泽，前排左八；日本经济新闻社社长鹤田卓彦，前排右七；国务院发展研究中心主任王梦奎，前排左七；交通银行行长王明权，前排左六；日本经济研究中心客座研究院鲛岛敬治，前排右六；周瑞金，前排左五）

▲1998 年，周瑞金率中国新闻代表团访问日本，会见了日本首相桥本龙太郎（左）

▲2007 年，周瑞金应中共湖南省委邀请作“新一轮思想解放的特点”的演讲，并接受长沙媒体的访谈

▲ 2007 年，周瑞金在昆明兴云讲坛作“中国改革 30 年”的主题演讲

▲ 2008 年，周瑞金在广州论坛作改革开放演讲，与听讲者热烈交谈

▲2008 年 4 月，周瑞金在杭州钱塘江畔接受浙江电视台记者采访

▲2016 年，周瑞金在深圳大梅沙改革论坛演讲

▲ 周瑞金与香港《明报》主笔、香港《文汇报》记者拜会在苏州“太湖大学堂”的南怀瑾先生

▲ 周瑞金与家人到太湖大学堂给南怀瑾先生拜年

▲周瑞金拜访 90 岁的恩师林书立（右）

▲周瑞金夫妇金婚纪念（从 1966 到 2016）

▲ 周瑞金与母亲和太太

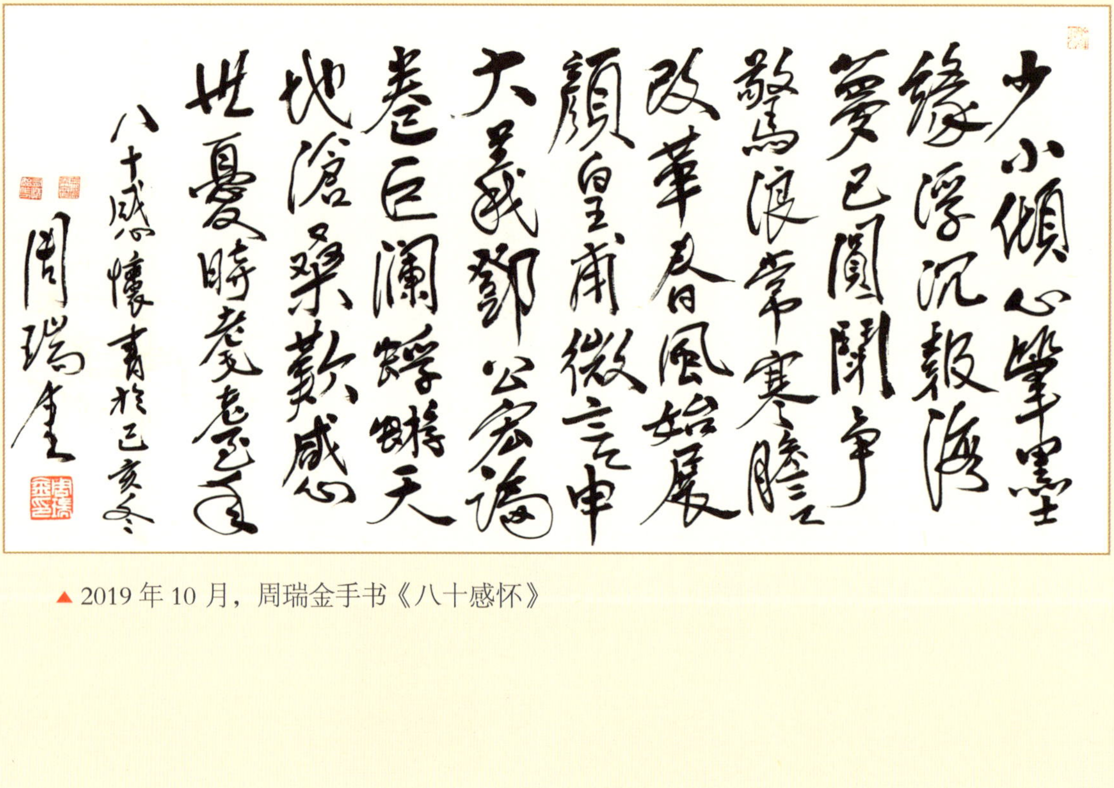

▲2019 年 10 月，周瑞金手书《八十感怀》

序一

何以解忧　唯有改革

——与中国改革史及其历史人物的一场晤对

李泓冰

茨威格说，宁可受苦而保持清醒，宁可忍受痛苦而思维，也胜似逃避思维。想来周老一定深以为然，他曾把自己的一部作品命名为《宁做痛苦的清醒者》，每每眼光掠过书架上这部书的书名，都会心中一凛，肃然起敬。

还是茨威格，在他的著作《人类群星闪耀时》中细细描绘了诸多伟大人物在历史转折关头的刹那光芒，一瞬，便成永恒。人皆觉得偶然，历史却在拈须微笑：选中此人，必有机锋。

对周瑞金——一位在大时代中留下鲜明印记的新闻界前辈——来说，历史的机锋出现在1991年，出现在上海。然而，其锋芒之源，却远在千里之外，更和一位扭转了中国航向的伟人息息相关。

为什么退休后的邓小平，要连续7年到上海过春节？倘若没有他那一次眺望浦东，从南海而次第北上，乃至席卷中国的改革浪潮，会不会有所阻滞？已经"晚了"的上海，会不会更晚？在新世纪成为"排头兵先行者"的上海，是从何时开始积累起足够的底气？皇甫平系列评论，为什么如此大胆地在上海市委机关报出现？从民国的《申报》《大公报》《新民报》，到皇甫平系列文章搅动全国，引起争议，上海媒体在中国历史的转折关头为什么屡作奇峰？一篇

《人民日报》社论何以出现了两个发表版本，一句话的有无究竟有多么重要？为什么一个人民日报社的副总编辑上任，时任总书记会和他谈话，且语重心长……

读了这本书，这一切疑问或许都会从其中若隐若现的线索中得到解答，也让我们更深刻地认识中国改革开放的来龙与去脉。

我宁愿把这本书看作一位资深报人的口述历史实录，以及对一系列改革开放经典文本的个人解读。我在人民日报社工作多年，深悉报道和评论背后的故事更精彩。翻开这本书，那一则则背后的故事迂回曲折、柳暗花明，甚至惊心动魄，一如中国改革开放的峰回路转，当真是“正入万山圈子间，一山放过一山拦”。

中国的改革开放，始于20世纪70年代末，事关十几亿人的生存与发展，是人类文明发展史上的重大事件。

彼时，距德国出现世界上第一条高速公路已经近70年，距日本新干线高速铁路开通已经35年，距美国的阿波罗登月也已10年。当全世界在为人类登上月球而浩叹不已时，我们正在批倒批臭一大批知识精英，“宁要社会主义的草，不要资本主义的苗”。

积重难返，而又积重必返。本书最深刻之处，就在于时时用草蛇灰线之法，厘清了我们一些同志何以时时、渐渐、处处使用偏“左”的历史思维方法，帮助我们理解了邓小平“右可以葬送社会主义，‘左’也可以葬送社会主义。中国要警惕右，但主要是防止‘左’”的论断；还透析了国际共产主义运动风云变幻的历史和国际大背景。作者用白描和谈家常的笔法，穿越历史烟云，解析扭结的现象和纷繁的细节，告诉我们隐藏在大河奔流后面的那些暗瀑、急流、深礁，积跬步而千里，汇小流而江海。他告诉我们，中国改革开放不是一场轻松的郊游，其间充斥的思想交锋、政治博弈、经济变轨，让这个大国且思且行，且行且思，披荆斩棘。他还告诉我们，从80年代的增量改革，不得不然的双轨制，到90年代终于痛下决心转向存量改革，手术刀从体制外移到体制内，邓小平的决定对中国的前途命运是多么重要的一步先手棋。读了这本书，我有这么几点感受。

让读者更深刻地认识了邓小平

书中详细记录了1991年邓小平在上海的一系列谈话，让中国、让上海、让今天的我们，仍然受益无穷。“上海人民思想更解放一点，胆子更大一点，步子更快一点”；“要克服一个怕字，要有勇气。什么事情总要有人试第一个，才能开拓新路”，这些时任上海市委书记兼市长朱镕基整理的小平谈话，给上海打开了一扇开放的天窗，让沉寂已久的上海插上久违的翅膀，一飞冲天。又过了一年，当中国历史走到1992年那个冬天的十字路口，88岁的邓小平一路南下，以高超的理论勇气和政治勇气，发表一系列重要谈话，书中对此亦有极其详细的独家信息和极具洞察力的独家观点。由皇甫平系列评论引发的、有关是否应当停止姓“社”姓“资”讨论的争论，终于由小平一锤定音，使当时甚嚣尘上的否定改革的舆论戛然而止，直接促成中国新一轮改革开放，起到了定海神针的作用。此后20多年，中国经济奇迹般腾飞，其政治基础、舆论基础乃至社会基础，均由小平同志那席南方谈话奠定。改革，从此成为中国发展的时代最强音，执政党坚定改革坚持开放的宗旨从未改变，“停顿和倒退没有出路”更成为党心与民意的同频共振。

改革走到今天，曾经在“摸着石头过河”式的改革进程中暂时绕过去的问题，以及改革过程中出现的新问题，正此起彼伏地冒出来。邓小平当年指出，改革积累的问题，要靠继续深化改革来解决。本书带着我们深入而全面地重温小平南方谈话，清晰地洞见一个非凡政治家在思考国家走向之际所坚持的实事求是原则。“社会主义要赢得与资本主义相比较的优势，就必须大胆地吸收和借鉴人类生活创造的一切文明成果，吸收和借鉴当今世界各国包括资本主义发达国家的一切反映现代社会化生产规律的先进经营方式、管理方法”，这样的表达，体现了他深思熟虑的决断。重温那段改革岁月，让人更加坚定全面深化改革开放的信心与勇气。

让读者更深刻地认识了上海

“魔都”上海，魔力从何而来，这部书里或有答案。它告诉我们，善打桥牌的邓小平，将上海当成一张“王牌”，作为20世纪90年代中国改革开放的“主角”，开启了魔都新的辉煌。眼下，上海国际金融中心的建设，不但早早开始筹备，更已颇具规模，这也是上海最大最重要的比较优势之一。其源头在哪里呢？书里说，邓小平1991年在上海谈话中说：“金融很重要，是现代经济的核心。金融搞好了，一着棋活，全盘皆活。上海过去是金融中心，是货币自由兑换的地方，今后也要这样搞。中国在金融方面取得国际地位，首先要靠上海。”[①] 这份高瞻远瞩，让上海一下子找准了定位，找到了突破口。

而周老当年虽供职于地方党委机关报《解放日报》却敏锐地意识到，邓小平的高瞻远瞩还在于，开放浦东、开放上海，绝不仅仅惠及上海，更对中国改革全局有撬动作用。

1979年春，邓小平在南海边画了一个圈，让小渔村变身深圳经济特区，如同活生生的改革教科书，把一个解开思想束缚的声音传遍大江南北，“计划经济不等于社会主义……市场经济不等于资本主义”[②]，“特区姓‘社’不姓‘资’”[③]。深圳速度成为一把火，融化了被计划经济冰封已久的中国，成为一个强力引擎，让中国实现从封闭半封闭到全方位改革开放的历史跨越。小小珠三角，活了南中国。

但是，曾经是“共和国长子”的上海，这一时期却沉寂了。1990年前，春风已吹遍南海，上海依然泥足深陷。1990年前很长一段时间，中央财政的1/6是上海贡献的。从1960年起，在各省（区、市）地区生产总值排行榜上，上海曾高居榜首20年。改革洪波涌起，全国争先恐后，身为计划经济重镇的上海负担沉重，只能坐视兄弟地区赶超。1980—1990年，上海在地区生产总值排行榜上一路下滑，直至跌出前十……《解放日报》曾在头版历数“上海的十个

---

①《邓小平文选》（第三卷），人民出版社1993年版，第366—367页。
②同上，第373页。
③同上，第372页。

第一和五个倒数第一”，试图寻找上海的发展方向。从“前锋”到“后卫”的滋味不好受。身为长江“龙头”的上海没落，长三角乃至长江沿线也裹足不前，沿海开放由南而北，潜龙岂能在渊，上海又岂能“断点”？1990年，在上海过春节的邓小平，从浦西望向浦东，思考中国改革棋局，以及怎样消除人们对改革开放的重重顾虑，“机会要抓住，决策要及时……上海是我们的王牌，把上海搞起来是一条捷径”[①]；“抓紧浦东开发，不要动摇，一直到建成”[②]。时机刚刚好，浦东开发赶上经济全球化和世界性产业结构大调整，与寻找资金投向的跨国企业一拍即合。拥有了上海这样的国际大都市，中国才能够与世界经济从容对话。邓小平说了，浦东对面是太平洋，是欧美，是全世界！站在地球仪旁规划浦东，上海瞄准的是伦敦、纽约……“魔都”，一场看似迟到的出发，却因为高起点而具备了后发优势。

而在上海波澜壮阔的改革长卷的卷首语中，在中国改革梯次北进的目录栏中，皇甫平系列评论极其醒目，堪称有里程碑意义。

至今，中央对上海“改革开放排头兵，创新发展先行者”的期许，就源自90年代初上海具有战略意义的跨越式突围。善谋全局者，必先谋一域。时隔近30年，邓小平与习近平相继将宏观战略的目光投向“一域”，沉着落子布局，让上海代表中国与国际最高标准对接。决策层在历史关键时刻，都叫出了上海这张“王牌”，盖因上海落子，满盘皆活。

让读者更深刻地认识了党报《人民日报》《解放日报》

这是两份周老倾注过毕生心血、智慧与政治担当的报纸。周老的几篇关于《人民日报》评论、报道和版面安排的回忆，将读者看不到的编辑部的故事和盘托出，既津津有味又微言大义，将《人民日报》那种“站在天安门看中国”的政治意识、大局意识以及百姓情怀体现得淋漓尽致。比如，1995年，《人民日报》在头版头条刊出“一位母亲强烈呼吁扫黄打非不可手软”，普通读者来

① 《邓小平文选》（第三卷），人民出版社1993年版，第355页。
② 同上，第366页。

信能上头版头条，非常罕见。周老当天是值班总编，他细细回忆了这一决策的始末，有担当而不失稳妥，创新而又持中守正，而总编辑范敬宜的从善如流，报社总编室、评论部同仁的心心相印，都跃然纸上。他还创立了至今众口相传的“任仲平”文章体裁，为改革大声疾呼。这本书，为读者还原了一个真实的《解放日报》，一个真实的《人民日报》，也让读者洞悉在中国的政治生态中，党报在历史关键时刻是怎样发挥压舱石和定盘星作用的。

让读者更深刻地认识了周瑞金和党报报人

作为晚辈与下级，我所认识的周老，是一位蔼然而有书卷气的长者，他甫抵北京担任人民日报社副总编辑，便找到我这个当时跑文物条线的小记者，希望我带他去看看北京的名人故居，当时便想，这位上海来的领导很有雅兴。后来，我追随周总南下，参与创办《人民日报》华东新闻版，接触多了，发现他在办报出题目时总能发人所未发，特别是他对改革议题的情有独钟，对改革碰到阻力的焦首煎心，令人印象深刻。而更有深度的思想交流，倒是在周老退休之后，他更从容系统地思考，而我也摆脱了上下级的拘束能时时受教，甚至常以“老周”呼之，他亦从来不以为忤……

然而，我自以为已经对周老知之甚深，读了本书，仍然有更新更深的感受。特别是皇甫平文章动议、写作以及发表的前前后后，他的那种政治敏感和洞察力，对时机掌握的分寸感，不“连累”领导的担当精神和操作技巧，特别是后来面临着极大的政治压力仍然不后悔、不后退的勇气，包括策划写作评论的功底，实录历史的预见以及超群的记忆力，都非常人所能及，令我钦服不已。

周老嘱我为他的新书作序，我分属后生晚辈，诚惶诚恐，何以克当。然而长者有命，亦不敢深辞，“响必应之于同声，道固从之于同类”，遂勉力应和，走笔披襟，以冀拦得些许西风。

因此不敢称序，只能算是读后感：何以解忧，唯有改革！

序二

朴实无华见周正

姚献民

周瑞金先生是我的前辈，我对他怀有很深的敬意。

我在外文局《世界》杂志做编辑的时候，周老不仅介绍我结识了很多名家里手，也时常赐稿，几乎每月一篇，对我的工作给予了极大的帮助。我也因此有了较多跟周老学习的机会。总体说来，周老的文字，立论钧正、语意平和，关键之处却也精光四射、掷地有声。可谓绵里藏针，神完气足。吴江老曾用"周正"一词形容周老的文章，可谓恰如其分。

周老曾经跟我说，不管是报纸还是杂志，评论应该是其灵魂。2004年底，我在上海和周老茶叙，说到了轰动一时的皇甫平系列评论文章。余生也晚，没有执鞭坠镫追随左右的机会，但对那时的风云际会心怀敬仰。有感于此，我决定对周老做一个采访，对当年的历史做一个回顾和梳理，同时约请周老写一篇时评，回应当时社会上隐约成势的质疑改革甚至否定改革的声音。周老欣然允应，于是就有了《改革不能动摇》一文。此文一出，可谓江湖耸动。由此引来的波诡云谲，周老已具文详述，我这里就不复赘言了。可以说，这次合作，不仅取得了很好的社会效果，也使我深受教益，有了从私淑到及门的感觉。

前几年，有感于腐败的危害，周老决定以皇甫欣平的新笔名重出江湖，撰写一系列文章，来支持反腐斗争。周老让我做一些查找和准备写作材料的工作，这就有了《终结腐败》等一系列文章，再一次引起了巨大的反响，得到社会的好评。“文化大革命”结束40周年的时候，周老撰写的《“文革”反思万言书》署名皇甫欣平在凤凰网发表。文章对“文化大革命”的历史做了客观的梳理，指出阶级斗争思维和个人崇拜是这次浩劫的主要成因，同在网络世界收获了如潮好评，并被评为凤凰网年度最佳评论。

周老是老报人。本书收录的文章，基本上是周老的报人经历，没有收录其评论文章。这是周老个人从业经历的回顾，也是对几十年来新闻事业的回顾。这些文章不隐不显，堪称实录。文风朴实无华，却又处处真情流露，我一读再读，每读一次，心中总有新的感动。因为这些感动，我斗胆答应了周老请我写序的要求，因为于我而言，这是老师布置的一个作业，唯有勉力完成。

荀子有言：“非我而当者，吾师也；是我而当者，吾友也。”周老非我而当，是我而当，真可谓良师益友。

目　录

附录

前言　我办了一辈子报纸

1956年春，在国家向科学进军的口号声中，作为一名高二学生，我在温州中学一次“我的梦想”主题班会上，大胆放言自己的志向：将来要当一名新闻记者，文章要发表在全国知名报刊上，让全国人民都看到。

1957年夏，高中毕业，我报考了复旦大学新闻系，在激烈的录取竞争中如愿以偿。经过五年专业学习训练，1962年秋被分配到解放日报社工作，我的报人生涯正式开始。

我们那一届大学生在校期间，政治运动不断，课堂学习很少。当时，特别注重下乡下厂，边劳动边实践，我参加过下农村办油印快报、到工厂办企业报，也参加了到省报的实习活动，并在学校参与办大型定期板报和校刊，还参加了校广播电台采编实践等。

我的报人生涯，说简单很简单。在上海市委机关报解放日报社工作31年，从记者、编辑、评论员，到编委、总编助理、副总编辑，再到主持报社工作的党委书记兼副总编辑；1993年春调入人民日报社工作，担任副总编辑兼华东分社社长，直至2004年秋（届65岁）办理退休手续。我的报人生涯，从党的地方机关报到中央机关报，两个单位，干一辈子，就这么简单。

不过仔细回顾起来，我的报人生涯又并不简单。从1957年跨进复旦大学新闻系开始，我就经历了一场激烈的反右派斗争和清算资产阶级个人主义的运动，然后是“大跃进”运动、人民公社化运动、“反右倾”斗争、“四清”运动，以及“文化大革命”，而后就是拨乱反正，进入改革开放和现代化建设的历史新时期。

我的报人生涯的开端，是1962年秋大学毕业到解放日报社从事新闻采访编辑工作，恰逢国家恢复经济、稳定政治、调整政策的好时光，又得到解放日报社许多素质优良、经验丰富的老领导和老编辑、老记者的悉心指导，所以我的新闻业务得以良好起步，并很快加入了中国共产党。

然而好景不长，四年后，也就是1966年，“文化大革命”的风暴席卷全国。一夜之间，数百张大字报挂满报社大楼，我所钦敬的老领导、老师被打成“牛鬼蛇神”和“反革命修正主义分子”。而我由于不肯“揭发”，很快也惹火烧身，什么“修正主义苗子”“反动权威的徒子徒孙”，帽子棍子满天飞、灌顶压，被大字报炮轰了好一阵。那年头，整人的和被整的走马灯般轮番表演，真个是“乱哄哄，你方唱罢我登场”，直到这场大浩劫落幕。

进入历史新时期，我已近不惑之年。改革春风荡漾，开放迎来新气象，现代化建设带来人民生活的大变样。这是一个国家充满活力、民族振兴有望的新时期，也是每个人能施展才华、报效祖国的好时期。虽然，改革之路并不平坦，仍有惊涛与暗流，让人还时有“文章憎命达，魑魅喜人过”的感叹，但是，“春天的故事”毕竟给人们带来更美好的期盼，中国特色社会主义理论、道路、制度和文化，奏响了新世纪更动人的乐章。

回首我的报人生涯，个人命运总与国家命运紧密相连，人生道路总与时势风云难解难分。我算是幸运儿。几十年来，我一直坚守在新闻工作岗位上，从地方党报到中央党报，亲历并参与了“文化大革命”和改革开放两个重要历史时期的所有重大事件的宣传报道工作，获得过四次中国新闻奖一等奖，在1987年被全国新闻界评定为首批高级编辑，1992年被国务院表彰为有突出贡献的专家学者，享受政府特殊津贴。

在解放日报社担任主管报纸版面的副总编辑期间，我决定在1986年8月的一期漫画专刊上刊登两幅领袖漫画，1989年1月又决定将老布什当选美国总统的新闻刊登在《解放日报》头版头条，这两个决定在全国党报新闻报道改革中创造了两个“第一”，引起国内外强烈反响。特别是在主持《解放日报》工作期间，在中国改革开放向何处去的重要历史关头，我于1991年2—4月组织撰写和发表了关于改革开放的皇甫平系列评论文章，为新一轮思想解放运动助力，在当代中国改革开放史和新闻史上写下了不可磨灭的一页。

1993年4月我调任《人民日报》副总编辑后，分管评论、理论和国际宣传报道工作，1994年还参与创办了人民日报社第一个地方分社——华东分社，在建立社会主义市场经济体制这一改革环境下，进行了新闻报道改革的有益探索。在人民日报社任职期间，我除了组织撰写一系列重要评论、理论和国际观察家文章外，还参与创办了“任仲平”重点评论专栏，产生了广泛的社会影响，一直延续至今。在我分管国际宣传报道期间，人民日报社下属的《环球时报》办成了有全国影响的国际时政类报纸，并在1999年5月率先在《人民日报》网络版推出“强烈谴责北约暴行BBS论坛”（即强国论坛的前身），开全国互联网网民自由论坛风气之先，为后来人民网的大发展起了一个好头。

2004—2005年，社会上出现了一场关于市场化改革的大争论，有人主张走回头路，甚至出现为“文化大革命”和“四人帮”鸣冤叫屈的思潮。针对这种情况，2006年1月，我撰写了一篇题为《改革不可动摇》的评论文章，提出动摇或停滞没有出路，要以深化改革扩大开放来解决市场化改革中产生的新矛盾新问题，鲜明地回击了当时一股以“反思改革”之名否定市场化改革的错误思潮，引起了社会强烈反响，被称为“皇甫平重出江湖”。

2014年10月，在党的十八届四中全会前夕，我用“皇甫欣平”的新署名发表万字长文《终结腐败》，沿着“皇甫平”文章的思路，对当前反腐败形势作出分析判断，着重提出用“七位一体”的制度笼子对腐败治本，以应对“中央监督太远、同级监督太软、群众监督太难”的反腐痛点和难点问题，这篇文章荣获上海市社会科学联合会优秀论文奖。我用这个新署名又连续发表了《砍树救林、标本兼治——再论终结腐败》《杜绝买官卖官、改革干部选拔制度——三论终结腐败》几篇反腐败重点文章，我也因此被《南风窗》杂志评为2014年的“年度人物”。颁奖词写道：“作为一个老报人和副部级退休干部，亲身经历改革潮起潮落的周瑞金，给自己定位是痛苦的清醒者，而不愿只做一个拍拍手点点头，讨人喜欢的老人家。他坚守着一个老共产党人的底线和规矩，但他认为发表不同意见，也是一种忠诚。这种精神，值得我们对这位老人表达一份由衷的敬意。”

有媒体记者问“皇甫欣平”有何含义，我回答说：这是在新的历史条件下的署名。此“平”非彼“平”，其背后是新的写作团队、新的撰文心情、新的文章风格，但仍然坚持“离经不叛道，犯上不作乱”的操守，大其心究天下之物，虚其心纳天下之善，静其心观天下之势，平其心论天下之事。用自己的眼光观察，用自己的脑子思考，用自己的嘴巴说话，用自己的笔杆写文章。

办了一辈子报纸的我，退休后才陆续整理出版了一些作品：《宁做痛苦的清醒者》《新闻改革新论》《中国改革不可动摇》《皇甫平改革诤言录》《皇甫平：中国改革何处去》。我始终勇于为我国改革开放鼓与呼，因为是党、国家和人民培养了我，作为一名老报人、老党员，我理应把人民给我的回馈给人民。我的人生价值不在于“副部级干部”这个头衔，而在于“老报人”这个身份。工作可以退休，但我的笔杆不能退休。我关心着国家和人民的前途命运，我还要经常地为改革发声，这是老报人的本分。

我在繁忙的新闻业务工作之余，曾受聘担任复旦大学新闻学院、北京广播学院（现中国传媒大学）、上海科技大学新闻与人文科学系、西北大学媒体学院的兼职教授，并任中国社会科学院研究生院博士生导师，培养了一批硕士、博士，他们活跃在新华社、国家广电总局等媒体岗位上，为国效力。

作为历经新旧社会和从事半个多世纪新闻工作的老报人，我见证了共和国前后两个30年的大事件、大场面、大斗争、大转折。今天，我把自己报人生涯中有意义的片断写出来，不按年序写成完整的回忆录，而只是撷取其中一个个有启迪的片断，宛如在报海畔拾取粒粒珍珠，再现当年的真实历史，也展现自己的人生轨迹和心路历程。

也许，这样会让广大读者读来更感自然、更有兴味一些。

我为何组织撰写轰动一时的皇甫平评论？※

可以说，1991年春发表在《解放日报》上的皇甫平系列评论，是我报人生涯中的一部华彩乐章。它是我人生所积累、所铸造的政治良知、为人品格、传统信念、专业素养融为一炉的一次喷发。皇甫平评论是应中国时代命运的要求而生的。当时，我扛住了巨大的政治压力，奋力据理抗争了一番，在报人生涯中难得体验了一回舆论风波、政治较量的悲喜剧滋味。所以，我的报人生涯片断回忆，理所当然地要从皇甫平系列评论讲起。

1991年对我来说是非常难忘的一年。在1990年底，我已获悉自己将奉调去香港《大公报》任职，接替杨奇社长的工作。1991年初，在办理工作调动的过程中，中共上海市委的领导让我看了邓小平同志春节前夕在上海视察时的谈话材料，我意识到这是邓小平同志关于推进改革开放的最新想法，作为上海市委机关报的《解放日报》负有宣传重任。所以，我一边移交工作，一边自觉组织撰写和发表了署名皇甫平的四篇评论，由此在全国引发了一场激烈的思想交锋。1991年就这样成了改革开放的思想交锋年，皇甫平系列改革开放评论及其引发的一场思想交锋，也就成了邓小平同志1992年春天视察南方，发表重要谈话的一大背景。

从政治风波到东欧剧变、苏联解体，我国出现否定改革开放的思潮

事情要从1989年讲起。这一年的春夏之交，我国发生了一场政治风波，

※ 参见周瑞金：《皇甫平改革净言录》，人民出版社2015年版，第17—33页。

由于国际制裁和经济整顿等众多因素，从这一年开始到1991年，我国经济增长连续三年下滑。其中1990年下滑得最厉害，年增长只有3.5%左右，跌到了改革开放以来的最低点。

邓小平同志对这种状况感到着急。1990年12月24日，在党的十三届七中全会召开前夕，邓小平同志找中央领导同志谈话，提出一定要把改革开放推向前进，“要善于把握时机解决我们的发展问题”[①]，强调推进改革开放“不要怕冒一点风险”，“改革开放越前进，承担和抵抗风险的能力就越强”[②]。他还强调：“必须从理论上搞懂，资本主义与社会主义的区分不在于是计划还是市场这样的问题。社会主义也有市场经济，资本主义也有计划控制”，“不要以为搞点市场经济就是资本主义道路，没有那么回事。计划和市场都得要。不搞市场，连世界上的信息都不知道，是自甘落后”。[③]

根据邓小平同志的谈话精神，时任中共中央总书记江泽民同志在1990年12月25—27日举行的中共十三届七中全会上重申，要继续坚定不移地实行改革开放，深化改革和扩大开放是必须长期坚持的根本政策。他还提出要大胆利用一些外资进行国有大中型企业的技术改造，即使冒点风险，也值得干。

我是在1989年1月担任解放日报社党委书记兼副总编辑的。当时解放日报社实行党委负责制，所以我主持报社的全面工作。在听了时任上海市委书记兼市长朱镕基同志传达的党的十三届七中全会精神后，我感到非常振奋。联系到当时的国内外形势，我敏锐地意识到这次全会精神有很强的现实针对性和指导性。

20世纪80年代末90年代初是社会主义的多事之秋。1989年夏秋之交，东欧社会主义国家发生剧变。先是柏林墙倒塌，民主德国共产党政权垮台，德国统一。接着波兰老共产党人雅鲁泽尔斯基总统下台，格但斯克造船厂工人、团结工会头头瓦文萨成为波兰民选总统。随后捷克斯洛伐克、匈牙利、保加利亚也相继“城头变幻大王旗”。最惊心动魄的一幕发生在这年年底，罗马尼亚军队、警察倒戈，总统齐奥塞斯库及其夫人被枪杀。不久后，南斯拉夫联邦也

①《邓小平文选》(第三卷)，人民出版社1993年版，第365页。
②③ 同上书，第364页。

被瓦解，阿尔巴尼亚共产党政权也随之垮台。

与此同时，苏联也出现了复杂变化。开始是戈尔巴乔夫突遇“八一九政变”，问题解决以后，先在1991年8月解散了苏联共产党，又在12月宣布联盟解体。列宁创造的世界上第一个社会主义国家苏联，在诞生74年后轰然解体，引起全世界震惊。

面对当时复杂的国内外形势，一些“左”的政治家、理论家出来总结“苏东波”的教训，说是改革开放导致了社会主义国家的垮台。还有人提出，中国的“六四风波”与“苏东波”一样，也是帝国主义和平演变的结果，因此要加强反对和平演变的教育和斗争，少提甚至暂时不提改革开放。一位曾经身居高位而又声名显赫的“理论权威”在《人民日报》上发表长篇文章，认为“文化大革命”结束后，改革开放过程中基本上不讲阶级斗争了，因此出现了资产阶级自由化泛滥的现象，必须强调我国社会还存在尖锐的阶级斗争，加强对资产阶级自由化的批判。

1993年，我从解放日报社调到人民日报社任副总编辑。

在当时的政治氛围下，那些“左”的政治家、理论家起劲地宣扬：经济特区是和平演变的温床，农村联产承包责任制瓦解了公有制经济，城市股份制改革试点是私有化潜行，引进外资是做国际资本主义的附庸。他们公然提出要在经济建设为中心之外再搞一个反和平演变的政治中心，还主张放弃容易导致和平演变的改革开放这个基本点。这实际上就是要把党的基本路线中的一个中心变成两个中心，把两个基本点变为一个基本点。还有人提出和平演变最严重、最危险的是在经济领域，对于经济领域改革开放的举措，要问一问姓“资”还是姓“社”。

中国又到了向何处去的重要历史关头

当时的情景使我联想起党的八大前后路线变化的历史教训。

1956年召开的八大提出，当时我国社会主要矛盾是先进的社会主义制度与落后的社会生产力之间的矛盾，急风暴雨式的阶级斗争已经过去，要集中力量搞经济建设、文化建设、技术革命。当时确立的路线是正确的。

遗憾的是，八大开过不久，发生了波兰波兹南工人罢工事件，接着又发生了匈牙利事件。国际局势的震荡迅即改变了当时中央主要领导人对形势的判断，重新提出两个阶级、两条道路的矛盾是我国的主要矛盾，从而导致反右派斗争扩大化。后来又进一步提出“以阶级斗争为纲”，“阶级斗争要年年讲、月月讲、天天讲”，“无产阶级专政下继续革命”等一整套“左”的理论、路线、方针、政策，直到发动“文化大革命”，民族遭受十年大浩劫，经济濒临崩溃，政治冤案遍及域中。

就这样，从1957年开始，到党的十一届三中全会之前，在这条偏离了八大正确路线的“左”的道路上折腾了20年。

历史是如此惊人地相似。所以我意识到，90年代初，中国又到了是继续坚持党的“一个中心、两个基本点”的基本路线，走中国特色社会主义道路，坚定不移地推进改革开放和现代化建设事业，还是重提阶级斗争，以反和平演变为中心，走回头路的关键历史时刻。

就在中国改革开放事业面临向何处去的严峻考验时，邓小平同志出来说话了。他找第三代领导集体谈话，强调要做几件使人民满意的事情。一个是要更大胆地改革开放，另一个是抓紧惩治腐败。他说，在政治风波中，什么口号都出来了，但没有一个口号是要打倒改革开放的，所以他认为改革开放是得人心的。邓小平同志把问题提到战略的高度，强调应该继续推进改革开放。他还提出：“这次出这样的乱子，其中一个原因，是由于腐败现象的滋生，使一部分群众对党和政府丧失了信心。”① 因此，要很鲜明地提出反腐败。

1990年，邓小平同志还着眼于我国改革开放和现代化建设全局，建议开发开放上海浦东，在高起点、高水平上推进改革开放。1990年4月18日，国务院根据邓小平同志的提议作出了上海浦东开发开放的重大决策，把我国改革开放由沿海地区推进到沿江地区，长江流域特别是长三角地区迎来改革发展新机遇。邓小平同志说：“开发浦东，这个影响就大了，不只是浦东的问题，是关系上海发展的问题，是利用上海这个基地发展长江三角洲和长江流域的问题。”②

① 《邓小平文选》（第三卷），人民出版社 1993 年版，第 300 页。
② 同上书，第 366 页。

邓小平来沪过春节，频频提出改革要胆子更大一点、步子更快一点

1991年1月28日，邓小平同志在找中央领导同志谈话之后一个月，来上海过春节，一直待到2月18日。这是他第四次到上海过春节。从1988年开始，一直到1994年，他在上海过了七个春节。

前几次邓小平同志来上海过春节大都在住地西郊宾馆，同家人共享天伦之乐。1991年来上海，他却频频外出视察、参观，连续视察了上海航空工业公司、上海大众汽车公司、上海航天局新中华机器厂，还在新锦江饭店顶楼旋转餐厅听取有关浦东开发规划的汇报，发表了一系列有关深化改革、扩大开放的谈话。

在此期间，朱镕基同志亲自动手，记录、整理了邓小平同志视察上海的多次谈话。邓小平同志强调："改革开放还要讲，我们的党还要讲几十年。会有不同意见，但那也是出于好意，一是不习惯，二是怕，怕出问题。光我一个人说话还不够，我们党要说话，要说几十年。"① 他着重指出："不要以为，一说计划经济就是社会主义，一说市场经济就是资本主义，不是那么回事，两者都是手段，市场也可以为社会主义服务。"② 他还强调，"开放不坚决不行，现在还有好多障碍阻挡着我们。说'三资'企业不是民族经济，害怕它的发展，这不好嘛。发展经济，不开放是很难搞起来的。世界各国的经济发展都要搞开放，西方国家在资金和技术上就是互相融合、交流的"③。"要克服一个怕字，要有勇气。什么事情总要有人试第一个，才能开拓新路。……希望上海人民思想更解放一点，胆子更大一点，步子更快一点。"④ 在1991年年初全市党员干部会议上，朱镕基同志传达了邓小平同志在上海的谈话精神，而更为具体详尽的有关视察谈话的材料传达范围并不大。

我是怎么获得这个信息的呢？

那是在1991年2月11日晚上，上海市委分管思想宣传工作的副书记把我

①②③④《邓小平文选》（第三卷），人民出版社1993年版，第367页。

叫到家里，拿出邓小平同志视察上海的谈话材料给我看。我看后的第一感觉是，邓小平同志对改革开放的强调更进一步、更迫切了。对我触动特别大的是，他在谈话一开始就特别强调，改革开放还要讲几十年，光他一个人说话还不够，我们党要说话。联想当时报纸上一片批判资产阶级自由化、反对和平演变的声音，邓小平同志在此时强调全党要讲改革开放，而且要讲几十年。他在谈话中还强调，不要以为一说市场经济就是资本主义，市场也可以为社会主义服务。他在这里再次强调了市场经济的改革思想。

据黄奇帆同志的文章回忆，邓小平同志在新锦江旋转餐厅听取开发开放浦东规划的汇报时，鲜明地提出要进行金融改革。邓小平同志说："金融很重要，是现代经济的核心。金融搞好了，一着棋活，全盘皆活。上海过去是金融中心，是货币自由兑换的地方，今后也要这样搞。中国在金融方面取得国际地位，首先要靠上海。"[①] 黄奇帆同志说，邓小平同志提出这些重要思想是经过深思熟虑的，他事先有充分思考准备，才能提出人民币也要搞自由兑换这样非常精彩的深谋远虑的金融改革思想。

邓小平同志在谈话中还强调要扩大开放，开放不坚决不行，不要害怕"三资"企业的发展。发展经济，不开放是很难搞起来的。

我产生了带头宣传邓小平改革开放最新思想的强烈冲动

这就是我在市委领导同志家里亲眼看到的邓小平同志视察上海的谈话材料，当时并没有其他报社的老总在场。我理解，市委领导给我看这个材料是因为我很快要到香港《大公报》履新，让我了解情况把握宣传口径，这个意图是很明确的。当时市委领导同志并没有让我做记录，也没有直接布置我写文章。但是我看完这份材料后就产生了强烈的冲动，下决心要宣传邓小平同志的改革开放新思想，以便在紧要的历史关头，在我们报纸的舆论宣传中进一步认清和把握中国特色社会主义航船破浪前行的正确航向。同时，也是我在离开工

①《邓小平文选》（第三卷），人民出版社 1993 年版，第 366—367 页。

作了三十多年的《解放日报》之前，送出的一份临别礼物。

1991年的春节是2月15日。我是在2月11日晚上看到邓小平同志的谈话材料的，凭借长期在党报工作中培养的政治敏感和责任心，我深感邓小平同志的谈话分量非常重，非常有针对性。邓小平同志说，全党都要讲改革开放。这绝对不是只对上海讲的，而是对全国改革开放的一个总动员。实际上邓小平同志已经感到，在当时国际大形势和国内政治气氛下，如果不坚决推动改革开放，不加快经济发展，再走封闭僵化的回头路，中国是没有前途的，中国人民是没有福祉可言的。所以后来他在南方谈话中提出，不改革开放只能是死路一条。当时深深触动我的正是这些语重心长的话。所以我主意已定，"不须扬鞭自奋蹄"，作为中共上海市委机关报，《解放日报》带头宣传、阐发邓小平同志关于深化改革、扩大开放的最新思想，这是理所当然的，也是责无旁贷的。

从2月12日开始，我就思考如何宣传邓小平同志上海谈话精神。《解放日报》1989—1990年已连续两年在农历大年初一，由我在头版的《新世说》栏目撰写一篇千字规模的小言论祝贺新春。而1991年庚午岁尾，在了解到邓小平同志在上海视察谈话的精神后，我就感到，只写一篇小言论已不足以宣传邓小平同志的最新指示精神。

所以在2月13日，也就是小年夜，我找来评论部的凌河，并请来上海市委研究室的施芝鸿同志。施芝鸿同志是我们报社的骨干通讯员和重要作者，从20世纪70年代起就持续给《解放日报》撰写新闻、通讯和评论，他同报社许多同志关系密切，同我交往也很深，我常约他为《解放日报》撰写重要评论，我们在思想理论问题上有共识、有默契。小年夜那天，我把在市委领导同志家里看到的邓小平同志在上海视察时的谈话精神说了一下。正巧，施芝鸿同志在市委研究室也已听到了传达，并在笔记本上作了完整详细的记录。我们核对了一下，内容与我在市委领导同志家中看到的一样。我提议我们三人合作写几篇署名文章，像过去的"马铁丁""龚同文"文章那样，要在社会上产生广泛的影响力。

酝酿大年初一首篇皇甫平文章：《做改革开放的“带头羊”》

当时我便把自己构思好的准备在大年初一发表的评论提纲说了一下。就是抓住“辛未羊年”做文章，以“12年一个轮回”，作回溯前瞻，又从“60年一甲子”作更大时间跨度的回顾和展望，提出1991年中国正处在改革开放新的历史交替点上。这篇评论由凌河同志按我口授提纲执笔撰写，并由我改定。

“12年一个轮回。回首往事，上一个羊年——1979年，正是党的十一届三中全会召开之后开创中国改革新纪元的一年。”回顾这12年的改革过程，“抚今忆昔，历史雄辩地证明，改革开放是强国富民的唯一道路，没有改革就没有中国人民美好的今天和更加美好的明天！”

评论开篇这些话在今天读来也许已平淡无奇，在当时却着实让人眼睛为之一亮。因为那时候报纸上几乎都在集中火力抨击“资产阶级自由化”，反对和平演变，媒体已经有19个月没有用这样的口吻谈论80年代以来的改革开放了。这短短几句评论，是“六四风波”后第一次鲜明地对80年代以来改革开放作出的正面评价，产生了比较大的社会反响。

在文章中我们又展望了此后的12年，也就是到2003年。届时，我国已进入小康社会，继解决温饱问题之后，完成我国现代化建设“三步走”目标的第二步，我们国家将发展得更好。同时，我们又回顾和展望了60年一个甲子的轮回。从1991年回望60年是1931年的辛未羊年，当时的“九一八”事变，再次告诉我们落后就要挨打；而从1991年再向前看60年，正好是2051年的辛未羊年，那就到了21世纪中叶，我国将实现现代化建设第三步目标，达到中等发达国家水平。

经过这样大开大阖的论述，文章阐明了1991年是我国一个重要历史交替点，1991年应该成为改革年。“我们要把改革开放的旗帜举得更高”，“我们要进一步解放思想，以改革开放贯穿全年，总揽全局”。

“改革年”这个提法来自时任中共上海市委书记兼市长朱镕基，他是在传达党的十三届七中全会精神时提出这个重要概念的，他还提出，“何以解忧，唯有改革”。我认为，他提出“改革年”可能是针对当时国务院提出的1991年是“质量年”的说法。

这就是皇甫平系列评论的第一篇，发表在1991年2月15日，即辛未羊年大年初一，正逢全国休假迎新春，所以相当多的读者还没有充分注意到。但邓小平同志看到了。因为当天《解放日报》头版上半版刊登了邓小平与上海市委、市政府领导迎新春的新闻报道和大幅照片，而下半版加框刊登了皇甫平署名评论《做改革开放的“带头羊”》。

皇甫平第二篇文章，提出要搞社会主义市场经济，文动神州

过了三个星期左右，1991年3月2日，皇甫平系列评论的第二篇文章《改革开放要有新思路》发表。文章阐述了邓小平同志改革开放新思想中最重要、最关键的一点，就是要发展市场经济。这篇文章是由我出题，施芝鸿同志执笔，再由我改定的。

邓小平同志在1990年底、1991年初的两次谈话，都强调我们要在发展市场经济问题上进行思想解放和理论突破。我的理解是，邓小平同志要推动改革开放深入，到了90年代初，说穿了就是要在建立社会主义市场经济新体制上求深入、求突破。我国80年代的改革基本上是一种增量改革，就是在公有制经济外增加一块新的发展空间，可以搞私营经济、个体经济，也可以搞中外合资或外商独资经济。但当时还没有触及计划经济体制内的国有企业，而90年代的改革要由体制外转向体制内，由增量改革转向存量改革。这样，就必须把建立社会主义市场经济体制确立为经济体制改革的目标，这就必然要破除搞市场经济就是搞资本主义的思想观念。

文章提出，“解放思想不是一劳永逸的”，“解放思想要进入新境界，改革开放要开拓新思路，经济建设要开创新局面”。这篇文章的点睛之笔，是指出90年代改革的新思路就在于理直气壮地发展市场经济。文章联系当时中国和上海的实际，宣传邓小平同志视察上海时的讲话精神，“计划和市场只是资源配置的两种手段和形式，而不是划分社会主义和资本主义的标志，资本主义有计

划，社会主义也有市场”，并批评“有些同志总是习惯把计划经济等同于社会主义，把市场经济等同于资本主义，认为在市场调节背后必然隐藏着资本主义的幽灵”。

文章鲜明提出，“在改革深化、开放扩大的新形势下，我们要防止陷入某种‘新的思想僵滞’”，并指出这种“新的思想僵滞”具体表现为，把发展社会主义市场经济同资本主义等同起来，把利用外资同自力更生对立起来，把深化改革同治理整顿对立起来，等等。这几个“新的思想僵滞”的表现，是根据当时一位中央领导同志的讲话精神概括出来的。

在我们党关于改革开放的话语系统中，思想僵化专指真理标准大讨论时因循守旧、墨守成规的思想观念、理论观点。当时邓小平同志讲过，有不同看法，基本上是怕出问题，怕出问题不一定就是思想僵化，所以我们经过推敲，认为用“思想僵滞”的提法，要委婉一些，也更准确一些。

这第二篇文章是皇甫平系列评论中最重要的一篇。后来荣获上海市和全国好新闻奖，都是以这篇评论为代表作的。

这篇文章引起的社会反响更大。赞成的人很多，包括经济学家吴敬琏等人，看到文章后都非常兴奋。后来他遇见我时对我说，一看“皇甫平”就知道有来头，一定是改革开放总设计师发话了。但文章也遭到“左”的思潮的强烈反对，他们认为市场化是资产阶级自由化的核心。我们提出改革开放的新思路就是发展市场经济，引起了这些人的不满甚至恐慌。

皇甫平第三文，引燃了争论和批判的导火索

3月22日，皇甫平系列评论第三篇《扩大开放的意识要更强些》发表。这篇文章是凌河同志根据报社外一位理论工作者沈峻坡同志的来稿改写的。

文章从上海对外开放的过程中所出现的争议和阻力说起，包括国际饭店屋顶上最早竖起的日本东芝的霓虹灯广告，虹桥土地使用权拍卖，等等事件。针对曾经出现过的这些争议和反复，文章指出，开发开放浦东、设立保税区、造就“社会主义香港”的尝试，一定要迈开步子，敢于冒风险，做前人没有做过的事情。

这样的对外开放，是不是让外国资本家把钱都赚去了？会不会损害民族工业、民族经济？会不会使上海重新变成旧社会“冒险家的乐园”？针对这三个思想障碍，我们深入阐述了邓小平同志关于“开放不坚决不行”的思想。这篇文章鲜明提出：“增强扩大开放意识，就要求我们进一步解放思想，抛弃任何一种保守、僵滞、封闭的观念，形成与一个先进的国际城市相称的开放型软环境……90年代上海的开放要迈出大步子，必须要有一系列崭新的思路，敢于冒点风险，做前人没有做过的事”，“例如开发浦东，设立保税区，实行进入自由，免征出口税等带有自由港性质的特殊政策，对于这类被称为造就‘社会主义香港’的尝试，如果我们仍然囿于‘姓社还是姓资’的诘难，那就只能坐失良机”。当时我们深感，拨乱反正和改革开放初期的两个“凡是”，已变成一个“凡事”，即凡事都要问一问“姓社姓资”，这是阻碍深化改革、扩大开放的一个要害问题。所以，这篇文章很有针对性地提出“如果我们仍然囿于‘姓社还是姓资’的诘难，那就只能坐失良机”，“趑趄不前，难以办成大事”。我们在文中丝毫没有提倡改革开放不要问“姓社姓资”，只是说不要对改革开放的举措乱扣“姓资”的帽子。

这第三篇文章见报后，由于尖锐地提出了“姓社姓资”问题，“左”派就认为抓到“辫子”了，纷纷撰文批判，大张挞伐，这就把一场争论的导火索给点燃了。我们这篇文章是3月22日发表的，4月中旬批判文章就出来了。最早的一篇在《当代思潮》杂志上发表，接着，《真理的追求》《高校理论战线》等杂志也连篇累牍发表批判文章。这些文章歪曲皇甫平评论原意，如出一腔，无限上纲，乱扣帽子，纷纷质问“改革开放可以不问姓‘社’姓‘资’吗”？

敬“国宝”除“国妖”，皇甫平第四论呼唤勇于改革创新的闯将

皇甫平系列评论的第四篇《改革开放需要大批德才兼备的干部》发表于1991年4月12日。这篇文章是由我出题目，由施芝鸿同志执笔的。

这篇文章的背景是在1991年3月全国人大和政协上，时任中共上海市委书记兼市长的朱镕基同志，被任命为国务院副总理。我们借此契机论述改革

开放需要大批德才兼备的干部，阐述了邓小平同志关于大胆使用、科学使用人才的思想，即要把坚持改革开放路线、作出政绩、得到人民拥护的人提拔到领导岗位上去。

文章是根据时任中共中央总书记江泽民同志在党的十三届七中全会上关于干部问题的讲话精神撰写的，文中引用了战国时期思想家荀子在《大略》篇中说的一段话："口能言之，身能行之，国宝也；口不能言，身能行之，国器也；口能言之，身不能行，国用也；口言善，身行恶，国妖也。"这段话的意思就是，那种很会讲话、很有思想、又能够干实事的人，是国宝级人才；而那种讲话木讷、不善表达，但很能干事的，是国器型人才；还有一种人很有观点、能出点子，但不大会干实事，这也是可用的人才；而那种话讲得很好听，做的却是另外一套的人，却是国妖。荀子说："治国者敬其宝，爱其器，任其用，除其妖。"就是说当政者对于国宝级的人需要非常恭敬、很好地任用；对于有用的人才要大胆任用，对于国器型人才要很好地爱护，而对于国妖式的坏人则必须坚决清除。

我们在文章中强调改革开放需要大批勇于思考、勇于探索、勇于创新的闯将，要破格提拔有能力促进经济体制改革的干部。文章尖锐提出，对"那些口言善身行恶的'国妖'、两面派、骑墙派一类角色，毫无疑问，绝不能让他们混进我们的干部队伍中"。这是对邓小平同志关于要从组织人事上保证推进改革开放重要思想的积极呼应。

就这样，从2月15日到4月12日，《解放日报》以20天左右一篇这样的节奏，在头版重要位置连续发表了四篇署名皇甫平的文章。四篇文章主题一以贯之，内容相互呼应，文风鲜明犀利，及时宣传并深入阐发了邓小平同志最新的改革开放思想，形成了一个完整的有力推进改革开放的舆论先导系列。

在最初酝酿时，我们曾打算写第五篇，专门论述怎么看待姓"社"姓"资"的问题。因为这个问题已经引发了争议。后来，因为港澳工委来电话催促我尽快到香港《大公报》履任新职，我忙于移交工作，办理赴港手续，这篇文章的写作也就被搁置了。

我为什么给系列评论署名“皇甫平”

1991年春组织撰写的这组系列评论，为什么用皇甫平这个笔名呢？

我在撰写评论之前就想过，邓小平同志1991年初视察上海的谈话，是内部的，尚未在党内正式传达。所以，作为地方党报的《解放日报》是不能以社论、评论员文章的形式公开发表的，只能以署名文章的形式，把邓小平同志关于改革开放的最新思想传播开来。这种署名文章，不必事先送市委领导审阅，有自由发挥论述的空间。在当时“左”的思想比较严重的复杂情况下，用署名文章带有试探性质，如果阐述不当，也有回旋余地。所以在讨论第一篇评论文章时，我们都有共识，以署名文章的形式发表，但并没有研究具体署名问题。

第二天初稿出来后，我才考虑署名问题。皇甫平这个署名是我独自在2月14日的上半夜拟定的，并没有与凌河和施芝鸿商量过。为什么要署名“皇甫平”呢？

那是有我的深层考虑的。

当时海外不少媒体都对皇甫平作了解读，一般都把皇甫平说成是“黄浦江评论”的谐音。在当时交锋和争议的过程中，我也不便把自己的深层想法和盘托出，所以一段时间内形同默认了皇甫平就是“黄浦江评论”的意思。

一直到了1994年4月，我在撰写纪念《解放日报》创刊45周年文章《扬“解放精神” 创“解放风格”》时，才透露了署名“皇甫平”的深层含意。文章中有这么一段话：“皇甫平的署名是我拟定的，现在人们都知道它含有黄浦江评论的意思，这只从谐音取义；其实它还蕴涵有更深一层的意思，就是奉人民之命辅佐邓小平。”（见当时刊登此文的《新闻记者》杂志）。

2003年2月，即皇甫平系列评论文章发表12年后的癸未羊年，上海《新民周刊》记者陆幸生来采访我关于皇甫平文章发表经过时，我才把自己当初如何拟定这个署名的具体想法讲出来。

我当时对记者说：“许多论者把皇甫平解释为黄浦江评论的谐音，这并不错，但又不仅仅是这个意思。从更深层的意思来说，这个‘皇’字，按照我家乡闽南话的念法，与‘奉’字谐音。这个‘甫’，不念‘浦’，而念‘辅’。我选这个‘甫’，就是取辅佐之意。这就是皇甫平笔名的深层涵义。而皇甫又是中国的一个复姓，人们看起来比较自然。”2008年纪念改革开放30周年，我在各地演讲时谈到皇甫平这个笔名，作了进一步的解释，就是“宣传邓小平最新的改革开放思想”的意思。

我当时心里的真实想法就是这样的。在那种舆论一片反对资产阶级自由化、反对和平演变的氛围下，唯有邓小平同志高瞻远瞩、深谋远虑，从1990年到1991年多次找中央领导谈话，强调只有深化改革、加快发展，才能真正推动中国特色社会主义事业前进，一味批资产阶级自由化，只会把改革开放批掉了；空喊反和平演变，只会把外资给吓跑了。

邓小平同志1991年来上海过春节，没有好好与家人一起休息，而是到处借参观听汇报的机会，不断发表改革开放的新思想新观点。他说，改革开放还要讲，我们的党要讲几十年；会有不同意见，一是不习惯，二是怕出问题；光我一个人说话还不够，我们党要说话，要说几十年。我体会到他说这些话时的焦急心情。我当时就想，邓小平同志号召我们党要讲话，作为党报的《解放日报》不正应当带头宣传他的改革开放最新思想，以利于全党全国人民更好地统一思想、凝聚力量，从而推动深化改革、扩大开放，把中国特色社会主义事业推向前进吗？

就在这种情况下，我非常清楚，署名一定要体现宣传邓小平最新改革开放思想之意。所以，皇甫平的“平”，是邓小平的“平”而不是评论的“评”；皇甫平的“甫”，是辅佐的“辅”，而不是黄浦江的“浦”。这是顺应当时历史条件的一个署名，以后再也没有用过。直到2006年在发表我撰写的《改革不可动摇》一文时，被《财经》杂志主编阴差阳错又用了一次，那是后话了。

后来我们就用其他的笔名了。比如，到了第二年（1992年）春节，我们发表宣传邓小平同志南方谈话精神的评论就署名“闻颀”。1992年4月以后，我组织发表在《解放日报》上的四篇评论文章，署名“吉方文”，就是“《解放日报》文章”的意思。1993年我奉调履任《人民日报》副总编以后，分管评论、理论宣传工作，还主持开辟了一个重点评论栏目，署名“任仲平”，就是“《人民日报》重点评论”的意思。这个笔名很直白，没有什么其他含意，《人民日报》直到今天还在使用。

皇甫平引发了一场激烈的思想交锋※

皇甫平系列评论文章发表后，在国内外、党内外反响强烈。文章受到许多读者的欢迎，说这是“吹来一股清新的改革开放春风”。每逢文章发表，都会有不少读者打电话到报社询问文章作者是谁，并纷纷表示读了这些文章很受启发，有助于进一步解放思想，认清形势，打开思路，坚定信心。

《解放日报》驻京办事处也收到很多电话，有的打听文章背景，问是不是传达了邓小平同志的讲话精神，还有的表示这些文章以加大改革力度为主旋律，说出了他们的心里话。当时，全国不少省、市、自治区驻沪办事处人员都接到过当地领导同志的电话，要求收集“全部文章”，有的还派出专人到上海来了解皇甫平系列评论的“发表背景”。

这四篇文章当时在国外也引起反响，包括美联社、法新社、路透社等世界各大通讯社纷纷打来电话询问有关情况。特别有意思的是塔斯社（当时苏联还没有解体），塔斯社驻上海记者一定要来采访我，问皇甫平是什么背景？是谁授意的？是不是邓小平？他们很敏感。

1991年成了改革争论之年，批判矛头直指邓小平理论和他本人

当时对系列评论文章的正面反响是主要的，这说明邓小平同志重要谈话深得人心！但是反对的声音也不绝于耳，我们原来期望1991年是改革年，不曾料想这一年却变成了改革的争论之年、交锋之年。而争论和交锋的中心内容，始终围绕改革开放的性质、市场经济的取向和改革开放总设计师本人展开。

※ 参见周瑞金：《皇甫平改革诤言录》，人民出版社2015年版，第33—44页。

上面说到，1991年3月22日，我们系列评论的第三篇文章发表后，很快4月中旬批判文章就出来了。最早的一篇《改革开放可以不问姓“社”姓“资”吗？》发表在《当代思潮》上。该文一开头就说，在自由化思潮严重泛滥的日子里，曾有过一个时髦口号，叫作“不问姓‘社’姓‘资’”。结果呢？“有人确实把改革开放引向了资本主义化的邪路”，诸如经济上的私有化、市场化，政治上的多党制、议会制，还有意识形态上的多元化思潮。在列举了这一系列“恶果”之后，文章说，“不问姓‘社’姓‘资’，必然会把改革开放引向资本主义道路而断送社会主义事业”。好家伙，这就等于把皇甫平宣判成“资产阶级自由化分子”了。

接着，《真理的追求》杂志发表《重提姓“社”与姓“资”》一文，又升高调门把“皇甫平”说成是海外的政治流亡者的同路人，文章写道，“改革不要问姓‘社’姓‘资’本来是‘精英’们为了暗度陈仓而施放的烟幕弹”，“一切不愿做双重奴隶的中国人，有责任也有权利问一问姓‘社’姓‘资’”。《高校理论战线》杂志也加入了围剿皇甫平的行列，该刊发表署名文章，说“至今仍有此论者把‘姓社还是姓资’的诘问指责为‘保守’‘封闭’的观点，主张予以抛弃”，“对于那种不许问‘姓社姓资’的观点，人们也不妨问一问：它代表的思想倾向，究竟是‘姓社还是姓资’？”

在这些小刊物打了头阵之后，到了八九月，《人民日报》《光明日报》和《求是》杂志也刊发了批判皇甫平系列评论的文章。按照这些文章的说法，皇甫平系列评论文章罪莫大焉，“引向资本主义邪路”，“断送社会主义事业”，“不合党章条款”，“改变共产党人的政治纲领”，宣扬“庸俗生产力论”，鼓吹“经济实用主义”，等等。明眼人一看便知，这哪里是批判皇甫平文章，矛头分明已指向邓小平理论和邓小平同志本人。

在这过程中，中央媒体中唯有新华社站出来支持了皇甫平系列评论文章。当年4月，新华社《半月谈》杂志发表评论，呼应皇甫平文章，明确表示不能对改革开放任意进行“姓‘社’还是姓‘资’”的诘难。文章从农村改革讲起，认为搞家庭联产承包责任制，就不应该问姓“社”姓“资”。北京一些媒体对此大为恼火，就在挞伐皇甫平的同时批判《半月谈》。我注意到，这些媒体的批判文章同批判《解放日报》皇甫平文章时不点名批判的做法不同，他们对《半月谈》是公开点名批判。

这种对待《解放日报》和《半月谈》的不同批判方式很耐人寻味，说明他们又吃得准又吃不准。

吃得准的是，他们认为要批判的思想是不符合当时反对和平演变的主流的。

吃不准的是，他们认为《解放日报》没有那么大的胆量，后面肯定有来头。而来头是什么人他们当然也知道，所以后来他们批判文章的调子就不完全针对皇甫平了。他们提出要批判庸俗生产力论，批判经济实用主义，显然这是冲着邓小平理论来的。

这种情况也在上海表现了出来。当时上海有一位老干部写了一篇很长的逐字逐句批驳皇甫平系列评论的文章，他把文章寄给市委领导，市委领导转给了我，但没有批示什么意见，所以我也就不予理睬。

经济理论界声援皇甫平

媒体上的喧闹，理所当然地在我国经济理论界引起了回音。1991年7月4日，中国社会科学院经济学科片在刘国光同志主持下，召开了“当前经济领域若干重要理论问题”座谈会，吴敬琏、卫兴华、戴园晨、周叔莲、樊纲等经济学家就“姓社姓资”这一敏感问题坦陈己见。吴敬琏说：“从全局上说，从战略上说，一定要保证我国整个经济发展的社会主义方向。从具体问题来说，不能囿于‘姓社还是姓资’的诘难。对外开放用了一些社会化大生产通用的做法，如果问‘姓社还是姓资’，这些做法都不能用了。如果这样的话，从根本上说来，是妨碍社会主义经济繁荣的，甚至是破坏社会主义繁荣的。”卫兴华说了五点：第一，实行改革开放不能不问“姓社姓资”；第二，不能乱定“姓社姓资”；第三，不能对什么事情都一定要问“姓社姓资”；第四，问“姓社姓资”，不是排斥和否定一切姓“资”的东西存在；第五，不要用不正确的“社资观”去胡乱批评正确的理论思想。

理论界当时也有一个在全国很有名气的人写了一篇文章，让《解放日报》驻北京办事处一位记者转给我，说是如果我把这篇文章刊登在《解放日报》

上，可以视作一种自我批评，北京的报刊就不会再发表批评文章了。我知道这分明是一种“战场喊话”。我看到文章中有这么一段话：“笔者完全不能理解，‘不问姓社姓资’的口号，究竟符合党章的哪一条款呢？提倡‘不问姓社姓资’，那么在政治上还要人们问什么呢？邓小平同志反复强调我们‘干的是社会主义，最终目的是实现共产主义’，这个共产党人的政治纲领，难道需要和可以改变吗？”我看了这些“高论”很是纳闷，皇甫平系列评论提倡的解放思想、改革开放，是党的基本理论、基本路线规定的，怎么突然之间就变成“改变共产党人的政治纲领”了？我马上打电话给驻京办事处的记者，要他明确转告那位作者：除非他把这段话删掉，否则《解放日报》不可能刊登他的文章。后来那篇文章就发到其他报刊上去了。

党中央机关报一篇社论两个版本，海外媒体舆论哗然

1991年，时任中共中央总书记的江泽民在“七一讲话”中，深刻论述了邓小平同志有关“计划和市场只是经济手段，不是区分两种社会制度的主要标志”的思想，同时也谈到了反和平演变。但此后一个阶段，中央各大媒体都只宣传他讲反和平演变的内容，未宣传他谈改革开放的内容。江泽民同志要求今后重点加强改革开放的宣传，不改革开放我们站不住脚。

在这个背景下，《人民日报》开始起草有关改革开放的社论，这就是1991年9月2日《人民日报》社论的由来。

9月2日，《人民日报》发表题为《进一步改革开放》的社论。在9月1日晚上，中央电视台《新闻联播》节目中播出了社论摘要，短短几句摘要中就有两处提到“在改革开放中，我们要问一问姓‘社’姓‘资’”。我看了那天晚上的《新闻联播》，第二天一早就赶快找报纸来看，结果发现《人民日报》社论中的那两句“在改革开放中，我们要问一问姓‘社’姓‘资’”的话没有了。我当时好生奇怪，但转而想到一定是中央高层干预了，最终这两句话被删掉了。

后来才了解到，当晚江泽民同志也在看《新闻联播》，他发现问题后立即给当时的中宣部领导打电话，要求把社论中这两句话删掉。当天晚上，中宣部

让人民日报社连夜把那两句话删掉了。这就造成新华社当晚发了两个不同版本的社论电讯稿，晚8时左右发的电讯稿两处出现了这句话，而晚上11时以后发出的电讯稿则删去了这两处。[①]

改革交锋反映到高层领导，有指责有袒护，精彩纷呈

当然，这只不过是1991年这场交锋的一个插曲罢了。这种争论和交锋还发展到更高的领导层。这年10月，一位中央领导同志来上海视察，在会上公然指责皇甫平系列评论影响很坏，把党内外的思想给搞乱了。他说，好不容易刚把大家的思想统一到“计划经济为主，市场调节为辅”的提法上来，现在又冒出一个“市场经济”，说什么“计划和市场不是划分社会主义和资本主义的标志”，这不是又把人们的思想搞乱了吗？当时，我们的压力是很大的。

但是，颇有戏剧性的是，11月又有一位中央领导同志来上海视察，他在上海干部会上却讲了与那位大人物不同调门的话：不解放思想，很多事情先带框框、先定性、先戴帽，这就很难办。不要还没有生小孩，还不知道是男是女，就先起名字。这位中央领导以生孩子起名字的生动比喻，批评了那种对改革要先问一问姓“社”姓“资”的错误观点。

组织撰写和发表皇甫平系列评论之前我曾预料到会引起争论，也做好了冒一点风险的思想准备。但是我绝没有想到会引起这么激烈的反应，会招致如此凶猛的“批判”，拿大帽子吓人竟严重到如此程度。看到那些歪曲我们文章原意、无限上纲挞伐的“大批判”文章，我们本想进行反击。但当时上海市委领导理解我们的处境，悉心保护我们，在任何会议上都没有给我们施加过压力，所以我比较坦然。同时遵照市委关于淡化处理、不要正面交锋的指示，我们顾全大局，对恶意攻击的文章一概不予回应。但对于这些重要情况，我觉得有必要向市委领导作一次较为详尽的书面汇报。

于是，就在系列评论第四篇文章发表后第十天，也就是4月23日，我以

① 参见周瑞金：《皇甫平改革诤言录》，人民出版社2015年版，第38页。

《解放日报》总编室的名义给市委写了一份报告。在报告中讲了皇甫平文章的来龙去脉，发表这四篇文章是出于什么考虑，这四篇文章发表后外界是什么反应。既反映了正面情况，也反映了反面的。另外，也提到港台报纸的报道，比如最早报道皇甫平文章的是我国台湾地区的《联合报》，他们认为皇甫平文章是上海在叫板北京，反映了上海跟北京的矛盾，云云。我把《联合报》的有关报道复印件作为附件一并呈报给了市委领导。

在送出这个总编室报告的同时，我又给当时的上海市委书记、市长、分管宣传的市委副书记三位领导写了一封信，着重说明为什么这组皇甫平系列评论文章不送审。我说，当前形势错综复杂。邓小平同志视察上海的谈话很重要，是对全国改革开放的一次新动员，《解放日报》作为党报应该有这个责任进行及时宣传。按照历年的惯例，党报的社论、重要的评论员文章应该送审，但并没有规定署名文章、署名评论也要送审，皇甫平评论按惯例是可以不送审的。更重要的是，我担心送审会让你们为难和被动，如果由此产生什么问题的话，我愿意个人承担责任。

到香港《大公报》履新的任命
被突然取消，我承受极大政治压力

当时中共上海市委宣传部分管理论和意识形态工作的副部长刘吉同志，一再表示皇甫平文章写得及时、写得好！他说：有人说我是你们的后台，可惜你们写文章时我并不知道，当不了后台。他还提议，可以把皇甫平系列评论的第三篇文章重新发表，同时加一个编者按，让广大读者来评判，文章里哪一段哪一句主张过“不要问姓‘社’姓‘资’”？

更为难得的是，他还把皇甫平这组评论文章、包括针对我们的一些有代表性的批判文章都搜集起来，通过邓楠同志转送给邓小平同志。因为皇甫平系列评论的第一篇文章发表时，邓小平同志正在上海过春节，也许是会看到这篇文章的，加上刘吉同志转送的材料，我估计邓小平同志对皇甫平事件知道得还是比较早的。

尽管如此，作为组织撰写和发表皇甫平系列评论文章的始作俑者，我当

时承受着巨大压力，到香港《大公报》履任新职的任命在6月初也被突然取消。当时我已经交接完工作，解放日报社连欢送会都已开过了，我的行装也已打点好，飞机票都买好了。但中央组织部临时给上海市委组织部来了一个电话，问：周瑞金还在上海吗？叫他别去香港报到了。当天市委组织部就派人来解放日报社通知我不要去香港，并当场收走了我去香港的飞机票。我询问原因，他只说是中组部来电话通知的，其他一无所知。我好纳闷，两个大红公章，一个是中共中央组织部，一个是中共港澳工委，明文调令让我去香港《大公报》赴任，怎么一通电话就取消了呢？

两年后，也就是1993年4月，中央组织部再下调令，任命我为人民日报社副总编辑。我去中组部报到时，接待我的领导同志也对两年前草率地取消我去香港履新的任命，表示同情和不解。他说我们当时都认为这样做不妥，对一个党员领导干部的政治生命太不负责任了。

不去香港，解放日报社的工作又已辞去，我被吊在半空中，那一阵子好不尴尬。好在我在解放日报社工作了近30年，大家对我很了解，所以这件事对我并没有太大影响。我仍旧担任解放日报社党委书记兼副总编辑，还是主持《解放日报》全局工作。这年7月1日纪念党的70周年诞辰，解放日报社举办书画展活动，我带头参加，写了一幅郑板桥竹石诗的条幅挂在墙上，“咬定青山不放松，立根原在破岩中。千磨万击还坚劲，任尔东西南北风”，表明我依然根系遒劲，枝叶潇洒。报社一些同事看后悄悄对我说：我们知道你的意思。

义无反顾，不畏围剿，
拒登《人民日报》反和平演变评论

1991年8月，《人民日报》发表了一篇评论员文章——《筑起抵御和平演变的钢铁长城》。这篇文章全国大多数报纸转载了，上海的《文汇报》和《新民晚报》也转载了，只有《解放日报》没有转载，我没有让转载。

第二天正好是市委中心组学习，我作为《解放日报》一把手参加了。在这个会上，市委副书记兼市长提出，《解放日报》为什么不登《人民日报》反和平演变的评论员文章？明天要补登一下。

对此，我作了申明，这篇评论员文章谈的是反和平演变的重大问题，但是文章与中央的精神不一致。我认为反和平演变关键是高级干部、领导干部，主要是党内教育。而《筑起抵御和平演变的钢铁长城》讲的是意识形态领域的事情，文章把矛头指向知识分子了。再说“筑起钢铁长城”这个提法也不准确。

这时参加市委常委会学习的原市委书记、老干部陈国栋同志出来为我解围了。他说，反和平演变这么重大的问题，中央应该有正式的文件，不应该靠《人民日报》发一个评论员文章，还不是社论呢，评论员文章怎么来谈这个？

这时，陈沂同志也起身走到我的座位旁对我说，他支持我的看法。

在这种情况下，主管领导同志就来征求我的意见。我说，中央并没有规定《人民日报》的评论员文章地方报纸一定要转载；上海也不是都不登，《文汇报》和《新民晚报》登了，表明上海市委并没有要抵制这篇文章。只是我作为《解放日报》一把手，我有选择的权利。如果市委认为需要写防止和平演变的评论，我可以重写一篇，更加准确地体现中央精神。但是这样一写，海外媒体一定会讲“上海又和北京对着干了”。最后，市委书记拍板：不要补登，也不要再写。

我就这样顶住了一些“左”的政治家、理论家对皇甫平系列文章的围剿。按照当时市委领导同志的明确指示，我不能同他们争论，所以只有通过不转载此篇评论来表达《解放日报》的坚定立场。1991年8月31日，即苏联“八月变局”一个星期后，我又组织撰写和发表了《论干部的精神状态》的评论员文章，明确提出贯彻“一个中心，两个基本点”的基本路线不能动摇，必须坚定地抓住经济建设这个中心，绝不分散我们的注意力。只有振奋精神坚持改革开放，才是我们唯一的出路。

这年10月，我写了一篇《“科学技术是第一生产力”的理论和实践意义》的长文，着重论述只有把生产力搞上去，才能在和平演变的挑战中岿然不动。文章明确提出苏联“红旗落地”，并非由于“卫星上天”，社会主义国家唯有经受住新科技革命的挑战，红旗才能举下去，才能更高飘扬。当时我在文章中写道：“二战”以后科学技术的发展，包括原子能发电，包括卫星上天、载人宇宙飞船、原子破冰船、超音速飞机等，都是由苏联最早造出来的，这些科学技术在当时都是最先进的。因此20世纪50年代，社会主义的声誉在全世界如日中天。但是，由于体制原因，苏联后来在科技民用化、推动经济发展方面没有做好，它只有军备竞赛带来的科技发展，这就支撑不住经济社会发展。老百姓长期生活得不到提高，农副产品都买不到，苏联的失败，根本原因在此，而非它搞改革开放。

我这篇文章是报送市委主管领导同志亲自审定的。这实际上是对苏联解体的深层教训所作的一个与当时主流舆论有所不同的阐述，其基本精神是与皇甫平系列评论文章一脉相承的。

发表“改革要有胆略”的评论，与“左”的理论家针锋相对斗争

1991年12月，我从一份内参资料中看到，北京有一个被吹捧为所谓“坚定的社会主义理论家”的人，他在给中央“上书”中公然宣称在苏联解体、东欧剧变、社会主义转向低潮的情况下，中国抵御西方和平演变的阴谋困难重重，而坚持改革开放恰恰会为西方和平演变势力所利用，因此希望中央决策者权衡利弊，不要冒改革开放的风险，应先集中全力进行社会主义思想教育，以增强反和平演变能力，这样才能保住社会主义阵地。

我抓住这份难得的反面教材，在上海召开了一个形势座谈会，请了当时沪上一批有影响的人士，如徐匡迪、华建敏、刘吉、施芝鸿、王新奎、王战、周汉民等人，集中对这份内参进行讨论。这里要说明的是，我当时作为解放日报社一把手，经常把上海一批具有改革开放思想的人士请来开“神仙会”，请他们发表各自的见解。他们那些精彩的、学术性的思想和有思想的学术观点，也常被我融入评论文章在《解放日报》上发表，使《解放日报》的思想性、理论性不断增强，导向性、指导性更加鲜明。

后来，我把这次座谈会大家发言的意见，整理成两篇评论员文章，即《改革要有胆略》和《再论改革要有胆略》，在《解放日报》头版显著位置发表，严肃批评了认为坚持改革开放就会被西方和平演变势力所利用的错误观点。这是在当时的历史条件下，我们力所能及地作出的针锋相对的斗争。

到1991年下半年，形势有了转机。9月底，在中央工作会议上，江泽民同志严厉地批评了《人民日报》（海外版）在引用他在纪念鲁迅诞生110周年大会上的讲话时，断章取义地作了突出反和平演变的错误编排。

朱镕基坚定地支持皇甫平文章

我组织撰写和发表皇甫平系列评论文章，一开始与时任中共上海市委书记兼市长的朱镕基同志，并没有直接关联（我只是根据他整理的邓小平同志1991年初视察上海时的讲话材料撰写的，如果从这个角度说也有关联）。

后来，我调到人民日报社担任副总编以后，几次遇见朱镕基同志，他都没有向我提起这件事。到了1994年春，国务院出台财税、外贸、金融、投资、国企五大改革措施，我署名“任仲平”，同当时借调北京起草《邓小平理论学习纲要》的施芝鸿同志合作，撰写了重点评论文章《上下一心　打好今年改革攻坚战》，4月10日发表在《人民日报》头版头条。当时正逢全国“两会”召开，朱镕基同志是湖南代表团的代表，当天上午他就把我们这篇文章拿到会场，在湖南团大组会上大加赞扬。他说：“任仲平”就是《人民日报》重点评论。这个作者就是从上海调来的皇甫平，他们的评论写得非常好。那天，他讲了一大段充分肯定和高度评价的话，而且还特意把任仲平同皇甫平联系起来加以表扬。这就表明了他对皇甫平系列评论文章的态度。

后来，我和施芝鸿同志合作撰写的这篇文章获得了当年中国新闻奖一等奖，对1994年开启的市场化全面改革，起了很大推动作用。在朱镕基同志的提议下，中宣部也发文通报表扬了这篇署名“任仲平”的评论。

从羊年春节“皇甫平”到猴年春节“闻颀”

——《解放日报》最早宣传邓小平南方谈话精神

在1991年辛未羊年春节，以《做改革开放的“带头羊”》开篇，“皇甫平”发声，拉开了系统宣传邓小平同志1991年春节前后在上海发表关于改革开放新思想新观点的序幕。

接着，每隔三周左右时间发表一篇，至4月中旬连续发表了《改革开放要有新思路》《扩大开放的意识要更强些》《改革开放需要大批德才兼备的干部》等系列评论文章。这组评论旗帜鲜明，高扬改革开放主旋律，在海内外引起强烈反响。但从4月中、下旬开始，却遭到国内“左”的政治家、理论家连篇累牍的批判围攻。

“京都老翁，坐看风起云涌”

据说在1991年因皇甫平系列评论文章展开的交锋中，有一句话在北京流行着——“京都老翁，坐看风起云涌”。这表明邓小平同志当时非常冷静地、不动声色地观察和思考了1991年发生在我国的这场思想交锋。

1992年1月17日，邓小平同志从北京出发，开始了后来震动中外的视察南方之行。他一边视察，一边发表谈话，正式回应了1991年围绕皇甫平评论引起的这场思想交锋中，所涉及的许多重大理论问题与政治问题。

1989—1991年，邓小平同志多次找中央领导同志谈话，却没有在公开场合露面。他在冷静地选择时机。进入1992年，中央就要开始酝酿党的十四大报告的主题，酝酿十四大领导班子的组成。这是我们党和国家最关键的时刻，邓小平同志选择这个时候，以88岁高龄，亲自视察南方。这个时机，应该说选择得非常好！

1992年1月17日傍晚，一列火车从北京开出，向着南方飞驰而去。这是一趟没有编排车次的专列。恐怕谁也不会料到，这趟专列的南方之行将会载入史册，并带动新一轮中国改革开放和经济建设。

武昌谈话："不改革开放只能是死路一条"，震动中央

1992年1月18日上午10时31分，邓小平南行专列到达武昌。湖北省委书记关广富、省长郭树言、省委副书记兼武汉市委书记钱运录提前赶到车站迎接。列车为加燃料、加水，在武昌车站预定停留时间为29分钟。就在这半小时不到的时间里，邓小平同志不进休息室，就在火车站的月台上，与湖北三位领导来回散步，发表谈话。

"现在有一个问题，就是形式主义多。电视一打开，尽是会议。会议多，文章太长，讲话也太长，而且内容重复，新的语言并不很多。形式主义也是官僚主义。要腾出时间来多办实事，多做少说。"① 一开头就尖锐地点出问题。

接着，邓小平同志强调："右可以葬送社会主义，'左'也可以葬送社会主义。中国要警惕右，但主要是防止'左'。"②"不坚持社会主义，不改革开放，不发展经济，不改善人民生活，只能是死路一条。基本路线要管一百年，动摇不得。只有坚持这条路线，人民才会相信你，拥护你。谁要改变三中全会以来的路线、方针、政策，老百姓不答应，谁就会被打倒。"③ 他还强调办事情正确与否，要按"三个有利于"的标准来衡量。要坚持两手抓，两手都要硬。中国的事情关键在人，关键在党。

最后，在告别上车时，邓小平同志特地交代，要把他今天的谈话记录整理出来送中央。当时，湖北省三位领导人毫无思想准备，既没有带秘书，也没有带录音机，三人只好将记忆凑在一起，整理出一份记录稿呈送中央办公厅。

原来，中央办公厅在邓小平同志南行时，发文给沿途各地领导同志，只说

---

①《邓小平文选》（第三卷），人民出版社1993年版，第381—382页。

② 同上书，第375页。

③ 同上书，第370—371页。

邓小平同志这次要到南方休息，大家沿途不要打扰，不召不到。所以，湖北省三位领导同志开始也不敢贸然到车站迎接，后来通过向邓小平同志请示得到同意，才去车站月台见他。

中共中央办公厅收到邓小平同志在武昌的谈话记录后，高度重视，认识到邓小平同志这次南行，是一次有重大意义的巡视活动。所以，后来整理邓小平同志南方谈话要点时，尽管邓小平同志这次南行只在深圳、珠海、上海三地住下来视察，武昌只是路过，但由于邓小平同志在武昌的谈话分量重，重点突出，所以仍把武昌置在深圳、珠海、上海之前。

一路畅谈改革发展，“党的基本路线要管一百年”，振聋发聩

1月18日下午4时，专列驶进长沙火车站。湖南省委书记熊清泉等迎接。1991年，湖南的气候反常，多灾并发。在大灾之年，湖南粮、棉、油创新中国成立以来湖南最高纪录。邓小平同志指示：要抓住机会，现在就是好机会……我国的经济发展，总要力争几年上一个台阶。

1月19日上午9时，专列抵达深圳火车站，广东省委书记谢非、深圳市委书记李灏、深圳市长郑良玉等在火车站迎接。邓小平一行前往深圳迎宾馆，下榻八年前住过的桂园，停留四天时间。

邓小平同志一住下来，就急着要坐车参观深圳的市容，后来又参观了皇岗口岸，这些活动原本是安排在第二天进行的。他感慨说：“八年过去了，这次来看，深圳、珠海特区和其他一些地方，发展得这么快，我没有想到。看了以后，信心增加了。”①

1月20日上午，邓小平在广东省和深圳市有关领导同志的陪同下，来到深圳国贸大厦。国贸大厦楼高160米，是当时国内第一高楼。这里曾创下“三天一层楼”的纪录，成为“深圳速度”的象征。市委书记李灏打开一张深圳市总体规划图，简要汇报了深圳的改革开放和经济建设情况。

---

①《邓小平文选》（第三卷），人民出版社1993年版，第370页。

“广东二十年赶上亚洲‘四小龙’，不仅经济要上去，社会秩序、社会风气也要搞好，两个文明建设都要超过他们，这才是有中国特色的社会主义。新加坡的社会秩序算是好的。他们管得严，我们应当借鉴他们的经验，而且比他们管得更好。”① 要抓住时机，发展自己，关键是发展经济，发展才是硬道理。要多干实事，少说空话。他说，会议太多，文章太长，不行。谈到这里，他指着窗外的一片高楼大厦说，深圳发展得这么快，是靠实干干出来的，不是靠讲话讲出来的，不是靠写文章写出来的。

邓小平同志还参观了深圳先科激光公司，公司引进荷兰飞利浦公司先进技术，是当时我国唯一的生产激光唱片、视盘和光盘放送机的高科技公司。董事长叶华明是叶挺将军的儿子。邓小平赞赏他有远见，说发展高科技就要靠年轻人。

深圳市委领导向邓小平汇报了支援落后地区的有关情况。邓小平同志说：“走社会主义道路，就是要逐步实现共同富裕。共同富裕的构想是这样提出的：一部分地区有条件先发展起来，一部分地区发展慢点，先发展起来的地区带动后发展的地区，最终达到共同富裕。如果富的愈来愈富，穷的愈来愈穷，两极分化就会产生，而社会主义制度就应该而且能够避免两极分化。解决的办法之一，就是先富起来的地区多交点利税，支持贫困地区的发展。当然，太早这样办也不行，现在不能削弱发达地区的活力，也不能鼓励吃‘大锅饭’……不发达地区又大都是拥有丰富资源的地区，发展潜力是很大的。总之，就全国范围来说，我们一定能够逐步顺利解决沿海同内地贫富差距的问题。”②

1月22日上午，阳光明媚，空气清新。邓小平偕全家到深圳仙湖植物园种树和游览。邓小平亲手栽下了一棵常青树高山榕。邓榕说这里有“发财树”，回家种一棵。他说：让全国人民都种，让全国都发财。

22日下午，邓小平在深圳迎宾馆接见了深圳市委、市政府、市人大、市政协、市纪委的负责人，并合影留念。 邓小平对几位负责人说：“改革开放胆子

---

①《邓小平文选》（第三卷），人民出版社 1993 年版，第 378—379 页。

② 同上书，第 373—374 页。

要大一些，敢于试验，不能像小脚女人一样。看准了的，就大胆地试，大胆地闯。深圳的重要经验就是敢闯。没有一点闯的精神，没有一点‘冒’的精神，没有一股气呀、劲呀，就走不出一条好路，就干不出新的事业。不冒点风险，办什么事情都有百分之百的把握，万无一失，谁敢说这样的话？一开始就自以为是，认为百分之百正确，没那回事，我就从来没有那么认为。”① 他还说搞市场经济要把社会主义与市场结合起来。讲到社会主义本质，就是要解放生产力，发展生产力，消灭剥削，消除两极分化，最终达到共同富裕。

深圳一开始就重视录音、整理邓小平同志的谈话，广东省委书记谢非身带录音机，有次揿错按钮，没有录下来，吓了一跳说，这是平生犯的最大的政治错误。好在秘书帮了他一个大忙，录了下来。

综观党的历史，
中国要警惕右，但主要是防止“左”

1月23日上午，邓小平结束深圳考察，从蛇口登上快艇，前往珠海特区考察。梁广大陪同。11点到达珠海特区，住石景山庄，停留7天 。

邓小平同志在去珠海的船上，同梁广大等人谈了40分钟。他说，对于我们这样的发展中大国来说，经济要发展得快一点，不可能总是那么平平静静、稳稳当当，要注意经济稳定、协调地发展，但稳定和协调也是相对的，不是绝对的。发展才是硬道理。他强调：“从国际经验来看，一些国家在发展过程中，都曾经有过高速发展时期，或若干高速发展阶段。……现在，我们国内条件具备，国际环境有利，再加上发挥社会主义制度能够集中力量办大事的优势，在今后的现代化建设长过程中，出现若干个发展速度比较快、效益比较好的阶段，是必要的，也是能够办得到的。我们就是要有这个雄心壮志！”②“我们改革开放的成功，不是靠本本，而是靠实践，靠实事求是。……我读的书并不多，就是一条，相信毛主席讲的实事求是。”③

①《邓小平文选》（第三卷），人民出版社 1993 年版，第 372 页。
② 同上书，第 377 页。
③ 同上书，第 382 页。

邓小平说：综观党70年历史，突出的都是“左”，只有1927年陈独秀在武汉犯了几个月右倾投降主义错误。现在有右的东西影响我们，也有“左”的东西影响我们。根深蒂固的还是“左”的东西。右可以葬送社会主义，“左”也可以葬送社会主义。中国要警惕右，但主要是防止“左”。

1月24日上午，邓小平参观珠海生化制药厂，在听取凝血酶研制生产后说，要有自己的拳头产品，创出我们的名牌，否则受人欺负。

1月25日上午，邓小平到亚洲仿真控制系统工程公司参观，连声说要提倡科学，靠科学才有希望。高科技领域中国也要占有一席之地。

1月27日，邓小平来到江海电子公司，高兴而感慨地说，不是有人议论姓“社”姓“资”吗？你们这里就是姓“社”嘛，你们这里就是很好的社会主义！参观科技企业，邓小平同志都与年轻科技人员握手，说：“青年科学家也很重要。希望所有出国学习的人回来。不管他们过去的政治态度怎样，都可以回来，回来后妥善安排。这个政策不能变。告诉他们，要做贡献，还是回国好。”“我们社会主义的好处是可以调动人力，统一规划，集中人才，打歼灭战。”“要不断造就人才，只要有了人才，事业就兴旺。真高兴看到这样年轻的科技队伍，中国有希望啊！”

1月29日，邓小平告别珠海，在广东省委书记谢非等同志的陪同下，乘汽车驶向广州，沿途察看了中山、顺德、番禺等市、县的城乡建设，对珠江三角洲的发展变化给予了高度评价。中途还在顺德县容奇开发区停留，视察了以“容声冰箱”闻名遐迩的广东珠江冰箱厂。下午5时40分，汽车到达广州火车东站。停留时间20分钟。邓小平在站台上会见了广东省和广州市的负责人。省委负责人向邓小平表示，一定要加快改革开放的步伐，加快经济发展的速度，争取20年赶上亚洲“四小龙”。

邓小平说：“现在有右的东西影响我们，也有‘左’的东西影响我们，但根深蒂固的还是‘左’的东西。有些理论家、政治家，拿大帽子吓唬人的，不是右，而是‘左’。”①

下午6时整，邓小平乘火车离开广州，前往上海。1月30日下午火车停靠

---

①《邓小平文选》(第三卷)，人民出版社1993年版，第375页。

鹰潭车站，江西省委书记毛致用、省长吴官正在这里迎候。没喝水、没坐下，三人边走边谈来回走了半个多小时 。他兴致勃勃地听取了毛致用关于江西在治理整顿期间坚持深化改革、扩大开放的情况汇报，高兴地表示，治理整顿这几年，改革开放做了不少事。没有改革开放，治理整顿就不会有这么顺利。改革从农村起步，刚开始时有些同志想不通，存有疑虑，有的人还害怕是资本主义。但我们，既不给他们戴帽子，也不搞批判，做出成绩让他们看。后来认识逐步统一了，几年就都执行了。 邓小平语重心长地强调，稳定发展我赞成。但是，只要能快一点还是要争取快一点。胆子要更大一点，放得更开一点。不能胆子没有了，雄心壮志也没有了。有机遇能跳还是要跳。

改革开放姓“社”不姓“资”，“三个有利于”是衡量的根本标准

1月31日，邓小平到达上海，开启南巡实地考察的最后一站，将在此停留19天 。2月3日晚，农历除夕之夜，邓小平满面春风地出现在上海各界人士齐聚的迎猴年新春晚会上，向大家致意，向上海人民问好。

2月7日，邓小平前往他特别关注的浦东考察。2月8日，邓小平在上海市委负责人的陪同下，夜游浦江，在饱览黄浦江两岸璀璨景色的同时，他专门就选拔、培养、使用年轻干部的问题发表了重要意见：干部培养体制上要后继有人，各个梯次上都要有。要解放思想，这是解放思想最重要的一个方面，胆子要大一点。

2月10日，邓小平一行来到漕河泾开发区中外合资上海贝岭微电子制造公司视察。他指着设备问：这是姓“社”姓“资”？他说资本主义国家设备技术管理引进为我们所有，为社会主义服务，就是姓“社”！

2月12日上午，邓小平视察闵行开发区的建设情况。随后，参观了马桥镇旗忠村。2月18日元宵节，邓小平来到南京路中百一店逛商场，并在马桂宁的文具柜台为小孙子购买了铅笔和橡皮。逛商场是邓小平一到上海就提出的要求。他一直有逛一次商店、当一回顾客的愿望。这天他终于遂了13年的夙愿。

2月20日下午3时，从上海返回北京途中，在南京火车站停留了25分钟。邓小平与江苏省委书记沈达人、省长陈焕友在站台上一边散步一边交谈。邓小平提出，要抓住时机，搞得快一点，把经济搞上去，步子可以快一点。听到1991年江苏省三资企业办了1000多家后，邓小平表示，外向型经济没有坏处；就怕丧失时机，要抓住现在的时机搞得快一些。

2月20日下午5时55分，专列驶入安徽蚌埠市火车站。蚌埠市委书记徐景仁、市长诸宗智等迎接，停留时间18分钟。邓小平曾指挥千军万马在这片淮海大地上英勇奋战过。改革年代，他领导的农村改革的突破口就是从这里打开的。他说："农村改革初期，安徽出了个'傻子瓜子'问题。当时许多人不舒服，说他赚了一百万，主张动他。我说不能动，一动人们就会说政策变了，得不偿失。像这一类的问题还有不少，如果处理不当，就很容易动摇我们的方针，影响改革的全局。"①

2月21日，邓小平同志回到北京，历经35天的南方之行告一段落。

南方谈话是解放思想的宣言书，是推进市场化改革的进军令

邓小平同志这次南方之行的重要谈话记录，在他到达上海后开始整理。开头整理的几稿都不太满意。后来，中央派郑必坚同志来上海帮助整理，形成了《邓小平在武昌、深圳、珠海、上海等地的谈话要点》。后来，邓小平同志还指定郑必坚同志负责编辑《邓小平文选》第三卷。2月28日，中共中央将邓小平1月18日至2月21日在武昌、深圳、珠海、上海等地视察期间的谈话要点作为中央1992年第二号文件下发，要求尽快逐级传达到全体党员干部。

谈话要点分六个部分。主要几点如下：

第一，南方谈话高度评价了中国的改革开放，是一次解放生产力的伟大革命，从而使坚持改革开放不动摇，成为执政党坚定的统一的价值观。"革命是解放生产力，改革也是解放生产力"。"社会主义基本制度确立以后，还要从

① 《邓小平文选》（第三卷），人民出版社1993年版，第371页。

根本上改变束缚生产力的经济体制，建立起充满生机和活力的社会主义经济体制，促进生产力的发展，这是改革”，改革是第二次革命。邓小平提出以市场经济为取向的经济体制改革思路，使人们从市场经济等于资本主义的陈旧观念中解放出来，形成了一整套完整的改革理念、政策、措施和做法。他坚定指出，改革积累的问题，要靠继续深化改革来解决，谁要改变党的基本路线谁就会被打倒。这就有预见性地解决了改革的可持续发展问题。

第二，南方谈话明确了改革者必须具有大胆地试、大胆地闯的精神，“干革命、搞建设，都要有一批勇于思考、勇于探索、勇于创新的闯将”。有一股闯劲，有一股勇气，闯出改革的新天地。进入改革深水区，总要有人试第一个，才能开拓新路，创出新事业。任何改革不可能百分之百正确，万无一失，总是在探索中不断“总结经验，对的就坚持，不对的赶快改，新问题出来抓紧解决”。现在的中国，围绕应不应该改革、改革向何处去，仍有激烈的争执，争执的意识形态色彩有所淡化，而利益关系的博弈却尖锐起来。要解决发展起来以后的新矛盾新问题，同样需要邓小平当年提倡的敢闯、敢试、敢“冒”的精神。按“三个有利于”的标准进行取舍。

第三，南方谈话树立了改革必须大胆吸收和借鉴人类社会创造的一切文明成果的开放胸襟。“社会主义要赢得与资本主义相比较的优势，就必须大胆吸收和借鉴人类社会创造的一切文明成果，吸收和借鉴当今世界各国包括资本主义发达国家的一切反映现代社会化生产规律的先进经营方式、管理方法”。[①] 我们正是按照这个思想观点，大胆推进市场化改革，建立了社会主义市场经济的框架，并顺利加入世界贸易组织，与国际规则接轨，全面融入经济全球化，赢得我国经济社会大发展。现在的政治体制、社会体制、文化体制等各方面改革，要积极吸收和借鉴人类共同发展的文明成果，包括发达国家的政治、社会、文化一切先进成果。

第四，南方谈话清醒地点出了中国改革面临的主要阻力，“要警惕右，但主要是防止‘左’”。针对1991年思想交锋中暴露出的问题，邓小平同志一针见血地指出，右可以葬送社会主义，“左”也可以葬送社会主义。

---

①《邓小平文选》（第三卷），人民出版社1993年版，第373页。

第五，南方谈话提出“先富”带动“后富”，逐步实现“共富”的重要思想。通过发展市场经济让一部分人先富起来，带动更多的人后富，再在经济发展到一定程度后，突出解决共同富裕问题。他指出，发展起来以后如何实现财富的公平分配，防止两极分化，比解决发展起来的问题还困难。在达到小康水平以后，必须突出分配制度改革，通过先富地区多缴税、实行技术转让、由沿海一个省包内地一个省等三种方式，逐步走向共同富裕。这为解决地区、城乡、贫富之间的差距指明了方向和途径。

第六，两手抓，两手都要硬，坚决依法反腐败。两个文明建设都要抓好，才是中国特色社会主义。整个改革开放过程都要反对腐败。

邓小平同志的南方谈话，为党的十四大召开作了充分的思想理论准备。正如江泽民同志在党的十四大报告中所高度评价的，“今年初邓小平同志视察南方发表重要谈话，精辟地分析了当前国际国内形势，科学地总结了十一届三中全会以来党的基本实践和基本经验，明确地回答了这些年来经常困扰和束缚我们思想的许多重大认识问题”，“谈话不仅对当前的改革和建设，对开好党的十四大，具有十分重要的指导作用，而且对整个社会主义现代化建设事业具有重大而深远的意义”。

南方谈话，重新凝聚国内的改革力量，整合并借助国际有利因素，在中国重启改革开放巨轮，终结80年代以来党内外关于“姓‘社’姓‘资’”的争论，并从此把建立市场经济体制、推进政治文明和法治社会建设，当作中国共产党人坚定不移的目标，不再动摇，不再倒退。南方谈话是中国共产党进一步解放思想、推进改革开放的宣言书，是动员全党全国人民冲破“姓‘社’姓‘资’”的思想牢笼，大胆借鉴人类文明成果，推进市场化改革的进军令，成为中国特色社会主义理论的奠基之作。

邓小平南方谈话，与中共1978年十一届三中全会、1935年遵义会议一样，有着伟大的历史作用。

大音稀声扫阴霾。曾几何时，那些激烈抨击皇甫平系列评论文章的“左”的政治家、理论家，纷纷收起他们手中的大帽子，偃旗息鼓了，有的连忙转向写“防‘左’”文章了。

1992年壬申猴年春节：皇甫平又发声了！

我们得风气之先，在1992年2月4日，即农历壬申猴年的大年初一，也就是发表皇甫平评论《做改革开放的“带头羊”》一周年的时候，在《解放日报》头版头条显著位置，发表了《十一届三中全会以来的路线要讲一百年》的署名评论，在全国拉开了率先宣传、深刻阐发邓小平同志南方谈话精神的序幕。

皇甫平又发声了！但这次署名却换了一个：闻颀。因为背景情况变了。文章鲜明指出：社会主义初级阶段起始于1956年，绵延至下个世纪中叶，这实际上意味着基本路线至少要讲100年。这是我们全民族奋起艰苦创业、实现中华民族伟大复兴的100年，是经历社会主义现代化建设的“三部曲”，在原来贫穷落后的基础上依次实现温饱、小康和中等发达国家水平的100年。在这百年奋斗的历程中，党的基本路线始终是照耀我们前进的灯塔。对此，我们在思想上要坚信不疑，在行动上要坚定不移，在内心深处要一心一意，而决不能摇摇摆摆，决不要受这样那样错误思潮的干扰；也不要心血来潮，随便乱刮风，搞什么别的新花样；更不能对“一个中心、两个基本点”随便加减甚至任意歪曲。

这样，1992年春节，《解放日报》发表了一篇宣传邓小平同志南方谈话精神的评论。到了3月，党中央向全党传达了邓小平同志视察南方谈话精神后，新华社向全国转发了《深圳特区报》长篇通讯《东方风来满眼春》，报道了邓小平同志视察深圳的活动和谈话内容。中央和全国各地报纸纷纷发表自己的言论。一场新的思想解放运动席卷全国、轰动世界。中国改革开放和现代化建设出现一个生机勃勃的崭新局面。

从4月开始，我们又乘胜在《解放日报》接连发表四篇由我精心策划和组织撰写的署名为“吉方文”的评论文章。

第一篇是《论走向市场》，论述了邓小平同志关于要搞市场经济的思想。后来，刘吉同志告诉我，这篇评论被党的十四大报告起草小组选为参考材料。

第二篇是《论加速发展》，集中论述了邓小平同志关于发展是硬道理的思想。这篇文章被《人民日报》全文转载。

第三篇是我们在1991年想写而没有来得及写的:《改革开放姓“社”不姓“资”》。文章也被《人民日报》在显著位置全文转载。

第四篇是《论换脑筋》，阐述了邓小平同志参观首钢时的谈话中关于“不换脑筋就换人”的精神。我们这篇文章重点论述了要换脑筋的问题，也就是要按照市场经济的要求，转换计划经济习惯思维。这篇文章被《北京日报》全文转载。

这些情况生动地表明，同一年前发表皇甫平系列评论文章时的遭遇大不相同，全国舆论态势发生了根本变化，一个生气蓬勃的加快改革开放的舆论环境，正在中华大地上蔚然形成。

1992年夏季，在上海和全国相继举行的好新闻评奖活动中，皇甫平系列评论文章均以高票获得一等奖。1992年10月，在中共上海市第六届党代会上，我也以高票当选为市委委员。几个月后，1993年4月，中央就决定调我到人民日报社任副总编辑。

实践证明，在当代中国，坚持改革开放是人心所向，发展市场经济是大势所趋，加快发展提高人民生活水平是众望所归，与时俱进不断解放思想是必走之路。从1991年羊年春节的“皇甫平”到1992年猴年春节的“闻颀”，风云变幻，潮流翻滚，我倒是扛住了巨大的政治压力，奋力据理抗争了一番，在报人生涯中难得体验了一回舆论风波、政治较量的悲喜剧的滋味！

皇甫平重出江湖是怎么一回事？※

皇甫平系列评论，是在1991年特定历史条件下，我与施芝鸿、凌河同志共同撰写的一组文章，对当时我国的改革开放事业起了重要的推动作用。此后，我们再也没有用过“皇甫平”这个笔名发表文章。

然而，时隔15年后，在2006年1月24日出版的一期《财经》杂志上，赫然刊登了一篇署名皇甫平的文章——《改革不可动摇》。这篇文章，在国内外读者中（尤其在网络读者中）竟然引起几乎可与当年皇甫平文章类似的轰动效应。这是怎么一回事呢？

《世界》月刊约稿是撰写评论的最初由来

2006年，是粉碎“四人帮”结束“文化大革命”30周年，也是我组织撰写和发表皇甫平系列评论呼唤全面深化改革15周年。当时，也是以胡锦涛为总书记的党中央以科学发展观统领“十一五”规划的开局之年。2005年11月底，我的朋友、中国外文出版发行事业局旗下的《世界》月刊执行主编姚献民先生，前来采访我，写了一篇关于我15年前组织撰写和发表皇甫平系列文章经过的访谈录，并约我为他们杂志撰写一篇“本刊评论员”文章。要求这篇评论针对当时出现的对市场化改革的激烈争论，阐述我的看法，如何以深化改革的思路解决改革开放过程中产生的新矛盾和新问题。我答应了。应该说，这是我写《改革不可动摇》评论文章的最初由来。后来，姚献民主编也成了“皇甫欣平”写作团队的骨干成员。

※ 参见周瑞金：《皇甫平：中国改革何处去》，浙江人民出版社2016年版，第140—148页。

冷静观察了市场化改革的激烈论争

2004年以来，随着我国改革开放和现代化建设进入矛盾凸显期，全国出现了改革开放以来的第三次大争论。尤其在网络媒体上，对20多年来的改革开放，特别是对党的十四大确定以建立社会主义市场经济体制为目标的市场化改革，发出种种质疑和否定之声。我非常关注这次关于改革的大争论，发现这场大争论中，国内有一股否定改革、反对改革的思潮在滋生和蔓延。

比如，党的十六届五中全会召开前夕，一些社会人士联名向中央上了一份新"万言书"，要求中央撤销国务院《关于鼓励支持和引导个体私营等非公有制经济发展的若干意见》。这使我联想到20世纪90年代的几个"万言书"，如《1992年以来资产阶级自由化的动态和特点》《影响我国国家安全的若干因素》《关于坚持公有制主体地位的若干理论和政策问题》等。这些"万言书"一脉相承，都是以反思改革为名否定改革、反对改革。

还有，2004年8月，全国刮起一阵"郎旋风"。一个生在我国台湾、留学美国、在我国香港任教、2001年底才到大陆发展的郎咸平教授，竟自称"世界一流、亚洲第一人"的公司财务专家。他既没有掌握充分的数据，又不经过严密的调查和逻辑论证，就高调指责海尔、TCL和格林柯尔三家公司利用产权改革"侵吞国有资产"，并以此来轻率否定国企的全部改革。他揣摩媒体的喜好，迎合年轻网民的情绪，公然指责"所有产权改革都在侵吞国有资产"，并说"拍脑袋产生出来的产权改革思维，正是国有资产大量流失到私人企业家手中的重要理论根据"。由此导致有些人在网络媒体上掀起一股攻击国企改革、丑化为改革作贡献的我国经济学家的风气。正如周其仁教授深刻指出的，叫停改制的战略，不论主观动机如何，实际效果只能是延长国有资产被攫取的时间、增加国有资产被攫取的机会和数量。正确的选择，是坚持改制方针，增加改制的透明度，提升改制的程序合理性，尽最大可能减少改制中的损失。

令人深思的是，2004年到2005年，我国在思想界颇有影响的主流媒体《光明日报》，突然整版整版地批判西方新自由主义，随意给我国主流经济学家强加一个"新自由主义"的帽子，并借此否定我国的市场化改革。其实，"新自由主义”在西方经济学界也只是一个非主流学派。在美国，里根时期占主流地位的是“供给经济学”和“货币经济学”，克林顿时期转入“制度经济学”。在欧洲，法国搞“混合经济”，德国和北欧国家搞“社会市场经济”。我国领导人和主流经济学家从未把新自由主义作为经济体制改革的指导思想。可见，在我国声势浩大地批判新自由主义，其后果只能是扩大新自由主义的影响，伤害我国市场化改革本身。

还要指出的是，我国有影响力的经济学家刘国光在当时国内一片攻击市场化改革的氛围下，于2005年7月发表了一篇讲话。尽管讲话的内容以“经济学教学研究中的一些问题”为主，但他强调的是当前西方经济学影响力的上升，马克思主义经济学的指导地位削弱，提出中国的经济改革与发展究竟是以马克思主义经济学为指导还是以西方经济学为指导的问题，直接触及了西方理论误导中国经济改革的问题，矛头直指我国主流经济学界。他尤其提出领导权的问题，说现在我国高校的校长、院长，系、研究室、研究所的主任以及校长助理等，领导权被篡夺了，不在马克思主义者手中，这似乎要发起一场“文化大革命”般的夺权运动，引起思想教育界和广大知识分子的思想混乱。

首次论述社会主要矛盾的主要方面的变化

从2004年到2005年，我冷静观察了这场市场化改革的激烈论争。面对如此种种现象，我早已心存忧虑，似乎又回到了15年前那场“改革姓‘社’姓‘资’”的争论。就在此时，我的朋友建议我“用不老宝刀，再次披挂上阵”，尽快撰写一篇迎头痛击这股否定改革开放的错误思潮的重头评论文章。就这样，我提笔撰写了《改革不可动摇》一文。

文章开门见山指出：中国又走到了一个历史性拐点。在全面建设小康社会进程中，我们面临着国内矛盾凸显期与国外摩擦多发期的交织，社会上出现一股新的否定改革、反对改革的思潮。他们把改革过程中出现的一些新问题、新矛盾，上纲为崇奉西方新自由主义的恶果，并加以批判和否定，似乎又面临新一轮改革“姓‘社’姓‘资’”的争论。

文章在肯定市场化改革取得巨大成就的同时，也直言不讳地指出市场化改革中出现的新问题、新矛盾。其中，群众反映比较强烈的，有贫富差距、地区差距拉大，生态环境恶化，权力腐败严重，社会治安混乱，以及卫生、教育、住房改革中出现的看病贵、上学贵、房价高、就业难等问题。

文章具体分析了产生这些新问题、新矛盾的原因，明确指出把问题统统归罪于市场化改革本身，动摇和否定改革，是片面的、错误的。强调在经济体制转轨的历史背景下，诸多矛盾主要是市场经济不成熟、市场机制作用不充分所致，并非是市场经济、市场机制本身的缺陷。如贫富差距的问题，不是因为市场化让一部分人先富起来，而是因为在市场化过程中因权力之手的介入，有些人以牺牲他人为代价暴富起来。借助行政权力致富，损害弱势群体，恰恰是由旧体制的弊端造成的，怎能责怪市场化改革呢？社会财富分配不公平问题的产生和扩大，也并非改革的错误；恰恰相反，是改革遇到阻碍，难以深入、难以到位的必然结果。其中一个重大阻碍，在于特殊利益层使改革的整体效率被曲解成“部门利益”“地方利益”，让“权钱交易”通行无阻，愈演愈烈。缩小贫富差距，不应当人为地压制致富，而应当通过平等的权利保护和提高穷人致富的速度来实现。改革的目的不是让富人变穷，而是让穷人变富。“仇富”情结无助于缩小贫富差距，不利于走向共同富裕，这是现代工商文明的浅显道理。

文章着重分析了当时社会的主要矛盾仍是民众日益增长的物质文化需求与落后的社会生产之间的矛盾，但主要矛盾的主要方面已经发生了变化。原来是解决民众的温饱问题，即吃饭、穿衣等私人产品供给匮乏的问题。而经过20多年改革开放的今天，公众日益增长的公共产品的需求，同公共产品供给短缺、低效之间的矛盾，已成为我国社会主要矛盾的主要方面。公共产品是指政府为民众提供的社会服务，如教育、文化、住房、医疗卫生、社会就业、社会治安、生态保护、环境安全等。也就是说，在“端起碗吃肉”的温饱问题解决以后，开始了“放下筷子骂娘”。“骂”什么呢？“骂”土地被征占、旧房被拆迁，“骂”教育医疗收费太高，“骂”买不起住房、找不到工作，“骂”贪官太多、司法腐败，“骂”治安太乱、安全无保障，“骂”信息不透明不对称、办事不民主，等等。所有这些问题，正是社会公共产品供给不足的问题。公众越来越需要一个高效、廉洁、平等参与、公平透明的公共领域。

显见，改革中诸多问题和矛盾的真正焦点，在于体制转轨中行政权力参与市场化分配产生的不公平。行政性资源(尤其是公共产品供给)配置中的权力市场化，成为社会财富占有和分配不公的突出因素。权力市场化也对改革本身产生了严重扭曲。在一些本不应该由市场发挥作用的领域，出现了利用市场化牟利的“假改革”，而在一些应该大力推进市场化的领域，市场化改革却步履维艰。仅以土地市场化为例，地方政府几乎排斥了土地使用权拥有者参与交易的权利，直接成为市场交易的主体，从而使地方政府和土地开发商成为最大的获利者，让拥有使用权的农民、居民的利益受到损害。近年来城镇拆迁和农地征用环节中的大量民事纠纷，深刻反映了地方政府垄断土地征用与土地要素市场化之间的矛盾，反映了政府在土地要素市场化中功能定位及权力运行程序的缺陷。

文章指出，20多年来中国的改革，比较多地在技术层面上效仿了现代市场经济的形式，而较少吸取市场经济制度的本质内容。特别是要素市场改革的滞后，不仅涉及经济体制改革的问题，还涉及政治体制、社会体制、文化体制等方方面面的改革问题。因此，党的十六届五中全会通过的《中共中央关于制定国民经济和社会发展第十一个五年规划的建议》中，政府行政管理体制的改革被列为各项改革之首，并首先突出解决政府对要素市场的垄断专权问题，以此打通要素市场化改革的通道，实现市场经济的完整推进。从职能上说，政府应当从市场中的利益主体变成公共服务的主体，把公共资源、公共产品，公平、公正、公开地向公众分配，致力于创造一个有利于各市场主体平等竞争的市场环境。

中国正处于体制转型的关键时期，改革的深度、广度、难度、复杂度都在增加；而我们在思想上受传统社会主义理论和计划经济的影响很深，往往跟不上形势的变化，遇到问题往往做出意识形态的极端判断，把问题归咎于改革。有人以个案来否定改革全局，更不是负责任的态度。

文章最后强调，要进一步解放思想，独立思考和判断，坚决以科学发展观来统领全局，推进全面改革，不能动摇，不能停步，更不能后退。以批判新自由主义来否定改革实践，是从根本上否定中国改革的历史，也否定了邓小平理论和“三个代表”重要思想。改革还需要完善，市场经济要走向成熟，但改革开放的实践已经证明了一条颠扑不破的真理：只有社会主义才能救中国，只有改革开放才能救社会主义！坚持改革开放是人心所向，发展市场经济是大势所趋，加快推进经济社会发展是众望所归，与时俱进进一步解放思想是必由之路。

署名皇甫平是扩大文章影响的高明一招

《改革不可动摇》在《世界》月刊以“本刊评论员”的名义发表后，考虑到这份杂志发行范围较小，所以在2006年1月6日，我又将这篇评论在东方网上发表了，署的是我自己的名字。《财经》杂志主编胡舒立在网上看到这篇文章后，与我联系并决定在1月24日出版的《财经》杂志上予以发表，我当即表示同意。没有想到的是，胡舒立刊登这篇文章时，改用了皇甫平的署名。我猜想她的本意是想表达：当年的皇甫平，今天在改革开放又一个关键时刻再次站出来发表文章呼唤改革不可动摇了！这样一来，社会上就传开了，说皇甫平又重出江湖了。

客观上说，我原来并不想用皇甫平来署名，因为这是在特定历史条件下用的，今天历史条件已发生变化了。何况，原署名是集体合作的产物，而这次是我个人撰写的文章。可是，又不得不说，《财经》杂志用了皇甫平的署名，文章的影响力变得更大了。我真的没有想到时隔15年之后，皇甫平评论仍然具有那么大的社会影响力。从实践效果来看，胡舒立主编决定采用皇甫平署名确实是高明的一招。

总书记表态，
为市场化改革争论划上权威句号

《改革不可动摇》发表以后，有人赞成，有人反对，说好话的，骂我的，揭我所谓老底的都有，这个事情引起了中央的重视。2006年春节过后一星期，中共中央政治局常委、分管思想宣传工作的李长春同志到上海视察，在上海市有关领导同志的陪同特地到东方网调查了解我这篇文章的发表背景。事前，

我得到消息，应上面要求，写了一份《答东方网编辑问》的材料，详细说明我撰写这篇评论文章的经过、背景、意图。据后来东方网领导告诉我，当时上海市有关领导就以我这篇答问材料中的内容，来回答中央领导的提问。经过实地调研，李长春同志明确表示支持我这篇文章的观点，强调要以改革的思路解决改革开放中出现的新矛盾和新问题。

从这里我还发现了一个有趣的反差：15年前的皇甫平系列评论，受到广大基层干部群众的欢迎，而当时领导层的态度却是有较大分歧的；而15年后我写《改革不可动摇》这篇评论文章，领导层的态度鲜明了，倒是网民和基层群众的态度出现了较大分歧。这真让我感慨新世纪新阶段我国改革出现的新情况新变化！

有人问我，在第三次改革开放大争论中你已从《人民日报》副总编辑的岗位上退下来了，再写这样的政论，用意何在？我想我们这一代知识分子（出生于20世纪30年代末）有个特点，因为是在党和国家直接培养下成长的，所以有很浓的感恩之心和很强的责任感。职务可以到龄，责任没有年龄限制。官可以不当，文章不可不写。作为中国共产党的一员，我从不以为自己从领导岗位上退下来后，就可以放弃政治责任和社会责任。坚持党的基本理论、基本路线、基本纲领、基本经验，这是不能动摇的。我从自己几十年在党报的工作实践和政治实践中认识到一个真理：只有社会主义才能救中国，只有改革开放才能救社会主义。我将坚定不移地坚持和捍卫中国特色社会主义，坚定不移地坚持和捍卫给社会主义带来勃勃生机的改革开放！

时隔不久，2006年3月初，全国“两会”召开。胡锦涛总书记在参加上海代表团审议时指出，要在新的历史起点上继续推进社会主义现代化建设，说到底要靠深化改革、扩大开放；要毫不动摇地坚持改革方向，进一步坚定改革的决心和信心，不断完善社会主义市场经济体制，充分发挥市场在资源配置中的基础性作用，同时努力加强和改善宏观调控，保证经济社会又快又好发展；要不失时机地推进改革，切实加大改革力度，在一些重要领域和关键环节实现改革的新突破。

总书记旗帜鲜明地提出要毫不动摇地坚持改革方向，要提高改革决策的科学性，增强改革举措的协调性，要将改革开放成果更好地让广大群众共享，也就是更加注重改革成果的普惠性。胡锦涛总书记的这番重要讲话，及时表明了党中央的态度，也为党的十七大召开之前这场关于改革开放的大争论画上了一个权威的、有说服力的句号。

1964年毛泽东表扬了《解放日报》※

1964年春的一天，中共上海市委第一书记柯庆施在一次会议上，对当时的解放日报社总编辑魏克明说："这次有你们的了，上次跳过了。"

上海第一书记柯庆施传达了毛泽东的表扬

接着，他传达了毛泽东主席在1964年1月同吴冷西同志谈话时表扬《解放日报》的一段话：《解放日报》比较注意抓思想，抓思想工作，值得看一看。

柯庆施同志对毛主席表扬《解放日报》，当然是高兴的。但这也勾起他六年前的一桩心事。1958年1月，毛主席给中共广西省委刘建勋、韦国清两位负责人写了一封关于"省报问题是一个极重要的问题"的信，并附了几份报纸，认为各有特点，编得比较好，较为引人看，内容也不错，值得参考。柯庆施当然关心当时毛主席表扬的是哪些报纸。于是，上海分管宣传工作的市委书记处书记石西民，要求解放日报社第二总编辑王维同志向广西日报社打听。不久后得到回复，毛主席给广西省委领导的信所附的报纸，是《安徽日报》《新华日报》和《浙江日报》，没有《解放日报》。因此，六年后当听到毛主席表扬了《解放日报》时，他脱口而出："上次跳过了！"从合肥、南京跳到了杭州，独独没有上海。

毛主席表扬《解放日报》的消息，当时报社内部先在编委扩大会议的范围内传达。我1962年秋从复旦大学新闻系毕业，被分配到解放日报社工作。先在总编室读者来信组当见习编辑，1963年春被调到评论组编辑"大家谈"评论专栏。虽然评论组比较接近领导，消息也比较灵通，然而毛主席表扬《解放

※ 参见周瑞金：《宁做痛苦的清醒者》，文汇出版社2003年版，第126—141页。

日报》，我最早还是从《文汇报》一位同学刘文峰的口中获悉的。

这是因为当时魏克明、王维同志头脑比较冷静，把毛主席的表扬当作一种鞭策和激励，不像后来“文化大革命”中那样当作“政治资本”，搞“最高指示不过夜”，大肆宣传。所以，开始只是在报社中层干部范围内进行讨论，找差距，研究如何进一步落实毛主席关于“抓思想、抓思想工作”的指示。然后才在编辑、记者中逐步传开。为此，“文化大革命”中报社有人贴大字报揭批魏、王“封锁毛主席的最高指示”，认为这“是反对毛泽东思想的一大罪状”。今天想来，当时报社领导面对领袖表扬时实事求是、平稳求实的作风和态度，却是难能可贵的。这也是党报的优良传统。

在20世纪60年代初期，《解放日报》是怎么比较注意抓思想教育的宣传报道，从而赢得毛主席的表扬呢？这要从1962年的国庆宣传说起。

“我和祖国”征文
成为爱国主义教育生动教材

大家知道，经过1958年的“大跃进”、人民公社化运动和1959年“反右倾”斗争，我国政治和经济的发展都遭受严重的挫折。进入60年代，我国农村出现了大量非正常死亡现象。而在国家周边地区，苏联赫鲁晓夫撤走专家向我们施加压力，美国加紧扶植日本，台湾的国民党当局叫嚷着要“反攻大陆”，我国的政治、经济和社会都面临着严重的压力和困难，国内外关系紧张，社会气氛沉闷，民众心情压抑。

面对这种政治局面和形势，我国报纸宣传也遇到前所未有的困难，既不能如实反映面临的问题，又不能报道经济调整的具体措施。1962年国庆前夕，《解放日报》编委会组织中层干部开务虚会，集思广益，研究如何搞好1962年的国庆宣传报道。当时，有的同志提出，报纸报道当前具体工作比较困难，是不是可以反映建国13年来的成就？在困难的情况下讲我们取得的成绩，可以坚定人民群众克服困难的信心。大家认为这是个好主意。于是，编委会决定举办“我和祖国”的国庆征文活动。

征文启事在报上刊登后，一石激起千层浪。在两个多月内，就收到来自上海和23个省、自治区、直辖市的3600多件来稿。不但工人、农民、学生、干部、解放军指战员踊跃投稿，教授、专家、归侨、牧师、神父以及少数民族、民主党派和工商界的知名人士也竞相撰文。不但年逾八旬的老翁举笔畅述新中国成立以来沧海桑田的变化，与新中国同龄的13岁少年也纷纷倾吐生长在新社会的幸福。征文作者从各自不同的经历和遭遇，从不同的角度，对新旧中国作了强烈的对比。放牛娃变成了大学生，童养媳做了工厂的领导干部，三轮车工人当了工程师；在旧社会被洋人瞧不起、徒有爱国之志的专家学者，在新中国施展了自己的抱负，在国际学术论坛上扬眉吐气；饱尝帝国主义、官僚资本主义欺凌的爱国资本家，在新中国成立后事业发展，地位提高，感受了社会主义和平改造的好处……真是“各人饮水，冷暖自知”。

亲身经历了祖国伟大变革的人们，对自己在旧中国饱受战乱之苦，骨肉离散，家破人亡的悲惨往事，与在新中国翻身当主人，物质生活和精神生活有很大改善的现实处境，有着强烈的对比和感受。所以，许多征文作者附信诉说自己“饱含着眼泪”“通宵辗转不能成眠”地写应征文章的过程，感情真挚，爱憎分明，表达了对中国共产党、对社会主义制度发自肺腑的炽烈爱戴之情，读了令人深为感动。华东师范大学生物系教授张作人写的《是祖国给了我力量》一文，叙述了他从参加五四运动起，就满怀“科学救国”愿望，但到国外学成归来，在旧中国处处受挫，新中国成立后才受到政府重用，得以发挥自己才干的故事。他深有感触地说：“自童年培育的热爱祖国的幼苗，经过几十年的折磨，终于找到了它滋长发育的沃土。”

这篇文章刊出的当天，柯庆施就对王维说，这样的文章就是很好的新闻材料。他饶有兴趣地询问报纸征文的情况，王维说已经收到2000多篇。柯庆施紧接着问《解放日报》准备登多少篇，王维回答计划刊登30篇。柯庆施马上说：“登30篇太少了，好文章多就该多登，自己登不了，可以让其他报刊一起登，你们不要垄断嘛！”

王维同志组织报社编委会讨论了柯庆施第一书记的意见，认为柯书记说国庆征文是很好的新闻材料，是指它对当时人们的思想有针对性，有现实的教育意义。事实也是如此，征文在报上发表后，立即在广大读者中引起强烈反响，许多工厂、机关、学校把“我和祖国”的文章剪辑起来，办成壁报。有些单位举办故事会或者通过有线广播，宣传征文的内容。有些征文作者被外单位邀请去作新旧社会的对比报告，把他们的经历作为向群众进行思想教育的活教材。读者反映："我和祖国" 专栏是 "新旧社会对比的缩影"，是 "控诉旧社会、歌颂新社会的演讲台"，是 "提高自己思想觉悟的好课本"。有不少做思想工作的党、团干部，认为这些文章是向群众进行爱国主义教育和社会主义教育的实际而又生动的好材料。

许多和征文的作者生活境遇相仿的读者，更觉得文章说出了他们的心里话。有100多位读者给报社写来热情洋溢的读后感。有些成年和老年职工把刊有征文的报纸带回家，念给子女听。有些青年工人和学生看了征文后，来信表示自己 "在苦水中生、甜水中长"，"生在福中应知福"，决心正确对待当前困难，努力生产和学习。有些读者来信说，读了 "我和祖国" 的征文，帮助自己解决了思想问题。有一位女青年来信说，她原在江西的一个劳动学校学习，因为过不惯艰苦的劳动生活回到了上海。看了征文以后深受感动，认识到自己怕艰苦的思想是不对的，表示坚决要回到江西去。

报社编委会根据柯庆施的意见，修改了原来的计划，决定增加发表篇数，结果一共登出93篇。同时，由负责处理征文的编辑同志把好的稿件选出来，供兄弟报刊选用。《文汇报》《新民晚报》《青年报》《支部生活》《上海文学》和《少年文艺》都很重视，陆续刊登了许多 "我和祖国" 的征文。后来又应近百名读者把征文汇编成书的建议，选出其中34篇有代表性的应征文章由上海人民出版社结集出版。在征文结束时，报纸在头版发表综合报道和社论《为 "我和祖国" 征文答谢读者》。社论指出："报纸编辑部只有和广大人民群众保持密切的联系，和人民群众呼吸相通，才能使自己成为人民的喉舌，把报纸办得生动活泼，引人入胜，也只有这样，才能使我们的报纸成为党联系群众、教育群众最有力的思想武器。"

"回忆对比" 征文活动
激起读者对新社会的热爱

在 "我和祖国" 征文的启发下，《解放日报》又于1963年春节，推出了《过春节忆年关》的宣传报道。它是"我和祖国"的继续和发展。一是时机选得好，选在春节；二是材料运用得好，美术摄影组利用新中国成立前的图片资料，编了一期画刊《不要忘记过去——请看旧上海的"年关"》，把旧上海劳动人民过年关的凄凉悲惨情景形象地重现在读者眼前。又配以《过春节忆年关》的短文，把两种社会制度下的两种春节作了鲜明的对比，同时发动广大读者写读后感，进行自我教育。这个宣传改变了以往逢年过节时习惯的宣传方法，从两种社会制度下劳动人民的两种命运着眼，来激发人们热爱社会主义社会。当然，从经济生活、群众物质福利方面进行节日宣传，这也是必要的。但在当时经济困难，人们物质福利条件较差的情况下，抓住新旧社会的对比，使读者感到新社会政治上不受压迫，经济上不受剥削，即使物质生活上暂时有困难，也比旧社会的"年关"好过。这就能从思想上团结大多数，激发读者自觉地为国分忧，克服困难，搞好建设，渡过难关。

春节过后，为了配合当时正在上海展开的社会主义教育运动，报社又抓住了1963年5月上海解放14周年这个时机，发起了"我这十四年"的征文活动，之后又改名为"回忆对比"。这次征文延续时间较长，截至1964年5月底，一年来"回忆对比"专栏的应征稿共有6300多篇，平均每天来稿16篇以上。读者称这次征文是"在报纸上开辟了一个劳动人民诉旧社会苦、讲新社会好的大讲坛"，各行各业的读者都到这个讲坛上来发言。作者来自100多个不同的行业和工种，他们都以历史见证人的身份，用自己亲身经历的事实，从各个不同方面控诉了帝国主义和官僚资本主义压迫中国人民的罪行，痛陈阶级压迫和阶级剥削之苦，帮助青年人懂得过去，帮助中老年人不忘记过去。与"我和祖国"征文一样，"回忆对比"来稿都是作者的肺腑之言，表达的都是动人的真情实感。有的作者来稿附函上说："我的稿子不是写出来的，而是从内心'倒'出来的。"

上海邮电器材厂工人出身的机械工程师蔡金龙，是一位聋哑人，他看到报纸征文启事后很激动，有很多话要说，可是自己不能写，就请同厂工作的王光汇代笔。王光汇过去也是聋哑人，解放后经医治又能说话了。一个用手势讲，一个用笔记，前后花了两个多月的业余时间，经过反复修改，终于写成了一篇激情洋溢、感人至深的文章：《四十年和十四年》。不少作者在来信中说

"我是一边流着眼泪，一边写稿的"。编辑在阅读征文稿时，确实发现有些原稿上留着斑斑泪渍，有的地方连字也看不太清楚。当时编辑部概括了一句话，叫作"作者含着眼泪写，编者含着眼泪编，读者含着眼泪读"。

回忆对比文章陆续发表了近300篇，受到社会各方面关注。全国不少报刊加以转载，电台作了广播，学校将它们选为教材，美术工作者画成连环画，曲艺工作者改编为剧本和说唱教材，上海人民出版社出版《回忆对比文选》，多次重印，发行了50多万册。蔡金龙的《四十年和十四年》、中国科学院有机化学研究所副所长黄耀曾的《科学工作者的苦和甜》等文章，分别被外文刊物译成英、日等国文字，向国外读者介绍。上海电机厂工人李兆成的《看矛刀、忆深仇》一文发表后，中国革命历史博物馆将新中国成立前地主杀害他亲属的一把矛刀收藏了起来。

除了"回忆对比"征文外，1963年到1964年《解放日报》还在头版陆续发表了一〇六厂、杨树浦发电厂、上海汽轮机厂、上海绢纺厂、安徽金寨县梅山公社等单位运用厂史、社史、村史、家史向群众进行回忆对比教育的典型报道，并发表了《回忆对比是提高群众阶级觉悟的一把金钥匙》《续一续无产阶级的家谱》两篇社论和《干部也要回忆对比》等评论员文章，把回忆对比作为社会主义教育的重要方法向各级党组织推荐、介绍，在社会上产生很大影响，几乎各个基层单位都普遍开展了回忆对比的思想教育活动。我记得，当时解放日报社内部也组织职工进行回忆对比，不少编辑记者含着热泪抚今忆昔，增进了对共产党、对社会主义的情感，至今令人记忆犹新。

"新道德新风尚"专栏弘扬了社会好风尚

20世纪60年代初，面对国家政治和经济困难的局面，社会上有些人金钱至上的观念有所滋长，封建宗法迷信活动也有所抬头。针对这种情况，《解放日报》从1963年1月11日开始，设立了"新道德新风尚"专栏，发动读者写日常生活中的好人好事，大力提倡社会主义道德风尚，用活生生的榜样、感人肺腑的好人好事来抵制社会不良风气，弘扬社会主义好风尚。

专栏开头刊登的文章，大都是日常生活中的好人好事，群众给它作了八个字的概括，叫“可遇可求，高而可攀”。如夜里刮风跑到工作单位去关窗户，看见水龙头漏水就去拧紧，捡到钞票交公，邻里困难相助，结婚不收彩礼，生小孩不请满月酒，扶盲人过马路，见孕妇乘车让座，等等。这些好人好事是随时随地都可以遇到，又是稍加努力就可以做到的。这一类社会生活中的寻常好事，却体现了关心他人、关心公益、先公后私、互帮互助的社会主义公德，一经报纸宣传提倡，就在社会上、读者中产生影响，发生连锁反应。

周家渡街道党委一位同志来信说，“新道德新风尚”专栏的文章一出来，街道上传播很快，不论大会小会大家都讲。街道上的好人好事多起来了，爱管闲事、修桥补路的人多起来了。城隍庙第一民办小学一个女学生，几年如一日地背一个残疾同学上学的事迹在专栏刊出后，校里校外都轰动了。发表那天正是星期日，教师、学生不约而同地都从家里来到学校，一些学生家长也来了，如节日一般，大家都很受鼓舞。学生家长称赞学校好，有些过去对这所民办小学的教学工作持怀疑态度的家长，也说“从此放心了”。

可见，“新道德新风尚”专栏刊登的好人好事，看上去似乎鸡毛蒜皮，小事一桩，但对社会来说，今天宣传一点，明天宣传一点，积少成多，就会蔚成风气；对一个人来说，今天做一点，明天做一点，积少成多，做好事才能养成习惯，树立新的价值观。对于移风易俗这种艰巨、长期的思想教育工作，特别需要从小处入手，持之以恒。比如，当时报上刊登了一则邻里让蛋的故事，说屋子外发现了一只鸡蛋，两家养有母鸡的邻居都不肯收，都要把这只蛋让给对方。群众对这件事评论说：“如果大家都能做到，这就不得了。”这些反应日常生活中的好人好事的文章，大多短小、生动、具体，每篇一二百字，一个专栏可以登五六篇，大家都愿意看，大家也都可以写，很受群众欢迎。

专栏影响扩大后，上海市委领导多次指出，宣传新道德新风尚应该成为整张报纸的基本内容，不要老框在框框（专栏）里，应当体现在各个版面上。后来，《八户如一家，十年如一日》《三千勇士战烈火》《南京路上道不拾遗》《从金钱看一代风尚》等反映社会主义道德风尚的长篇报道，就上了一版头条，有的还配发了社论。宣传思想在深化，这对提高群众思想水准，扩大宣传效果起了很好的作用。如《从金钱看一代风尚》报道与《绿草如茵，新人如林》的社论发表后，不少读者来信检讨自己贪小便宜的错误行为和思想，有的随信附来揩油捞到手的钞票和粮票，要求报社转给有关单位。《拍拍面粉袋》发表后，静安区有关部门组织粮店职工学习讨论，18家粮店从面粉袋中抖出的面粉达1万多斤。

由我采写的报道《我的妻子双目失明以后……》被新华社全国播发

在新道德新风尚宣传中，有一个典型报道当时在社会上影响比较广泛、强烈，这就是《我的妻子双目失明以后……》。这个报道我是从头到尾参与的，来龙去脉比较清楚。

1963年9月下旬的一天，我和报社总编室雷兰同志去读者来信组了解信访动向，看到有位妇女来信讲述了因婚后没有生孩子遭到丈夫虐待的故事。当时，我们认为这封信提出的问题有普遍性，可以做些文章。我回来向评论组领导郑拾风、储大泓同志汇报后，他们同意我们的看法，决定将这封信作为读者来信的"信箱"栏目刊登，并请《新民晚报》总编辑赵超构（笔名林放）同志以复信形式写一篇文章，对那位丈夫的"大男子主义"、男尊女卑思想及喜新厌旧的行为进行分析批评。这组题为"遇到这样的丈夫怎么办"的"信箱"栏目10月13日在报上发表后，在读者中引起热切关注，不少读者来信批评夫妻关系中的封建思想残余，希望那位丈夫转变思想作风。在这些来信中，其中有一封是上海邮电局邮件转运处工人高长富写来的，他在信中说自己读了"信箱"文章，当天晚上回家把内容念给妻子祁秀章听。妻子非常激动，当即催促他连夜写信，把他们夫妻的一段经历写出来转告那位丈夫，希望他觉悟过来。

高长富同志在信中简述：12年前结婚才两年多的妻子，突然患眼病双目失明，当时自己心情复杂。后来在党组织的帮助下，认识到自己和妻子都是新中国的工人，不仅是生活伴侣，而且是阶级兄妹，这样他终于克服了矛盾心理。12年来夫妻间一直互敬互爱，和睦团结，养育子女，家庭生活十分温暖、幸福。尽管由于作者文化水平不高，信中叙述的情节和思想矛盾演变过程写得很简单，文句欠通顺，字迹也歪歪斜斜。但是，当时我确实为这封信的真情实感所打动，而且坚信通过深入采访，一定可以帮助作者写出一篇动人的通讯报道来。

评论组领导就把采写高长富、祁秀章夫妇的任务交给了我，并要求我两天之内完成任务。我当即赶到高长富同志家，白天同他的妻子及孩子深谈，晚上又对下班回家的高长富进行详细采访。第二天又采访了邻居、邮电部门领导等，掌握大量第一手材料。不仅他们夫妇相敬如宾、相爱如新的事迹很动人，如失明的妻子学烧饭几次把手烧伤，终于顽强地学会各种家务来解除丈夫的后顾之忧；丈夫拿到奖金后，首先想到的是去买收音机让妻子在家消除寂寞，关心时事，对妻子体贴备至。而且，更令人感动的是，社会上许多非亲非故、素昧平生的人，也都伸出热情友爱之手，对他们夫妇表现出人道主义的关爱。如菜场营业员每天为他们义务送菜上门，小学教师热情关心他们三个孩子的健康和学习，别人家的保姆主动为他们的孩子缝衣做鞋，过路陌生人不厌其烦地搀扶迷路的祁秀章回家，等等。他们都把高长富夫妇当作亲人对待，说明社会上一方有难、八方相助的新风气正在发扬。

当天晚上，我尽管患感冒身体发烧，却抑制不住内心的激动，开了一个通宵夜车，以来信形式一气呵成地写好了稿子。翌日一早，准时向郑拾风、储大泓同志交了稿。他们对稿件文字作了精心修改和润色。定稿送到魏克明总编辑手里，稿子引起了他的共鸣，他亲自赶写了《从一封信看新人的成长》的社论。1963年11月24日，《解放日报》在头版头条以《我的妻子双目失明以后……》为通栏标题，发表了这篇高长富署名的读者来信，并配发了《从一封信看新人的成长》的社论。

这组报道发表后，在社会上反响强烈。《人民日报》很快转载了《我的妻子双目失明以后……》和《解放日报》的社论，接着新华社向全国播发了报道和社论，有23家省、市、自治区党委机关报刊登了这组报道和社论。全国各地读者纷纷来信来稿谈感想，《解放日报》及时开设了《读〈我的妻子双目失明以后……〉有感》的专栏，连续刊登全国各地读者的信稿，赞颂社会主义社会人与人之间的友爱、真情，支持移风易俗的新道德，提倡互敬互爱、团结互助的新型夫妻关系。有的读者以高长富为一面镜子，检查了自己轻视"乡下妻子"的错误思想。为了扩大典型报道的影响，我又接连采写了山海关路菜场营业员鲍顺宝、新闻路第一小学老师黄君勉和高长富的邻居游曰学夫妇，在

“他们为什么帮助高长富夫妇”的栏目里介绍他们热情帮助和关心高长富夫妇及其子女的先进思想和事迹，传播了急人所急、助人为乐的高尚精神，显示出新社会人际关系的深刻变化。

同时，祖国四面八方也向高长富夫妇伸出了援助之手。一位远在新疆的80多岁老妈妈打听到治眼病的药方，用挂号信寄来。河北一位中医把自己祖传五代的医治白内障的秘方寄给报社要求转递。内蒙古和广西两位读者千里迢迢寄来草药包裹。上海五官科医院眼科主任和医生在报道发表当天就冒雨到高长富家为祁秀章做检查，当祁秀章表示愿意做动物角膜移植实验时，医生激动地说：“不好移植呀，祁同志！现在还没有这个条件，如果可以移植的话，我愿意调给你一只眼睛，让你也能够看看我们国家十多年来的变化，那我是多么开心啊！”后来，上海市第一人民医院眼科主任赵东生等还把祁秀章接到医院住院治疗了一段时间，但未能取得疗效。祁秀章却激动地说：“我的眼睛虽然没有被医亮，但我的心更透亮了；我虽然看不到新社会，但已经充分感受到新社会的温暖了。”

《我的妻子双目失明以后……》确实是新社会道德风尚的一曲赞歌，也是移风易俗的一曲凯歌。不久，第二总编辑王维传达了第一书记柯庆施对这组报道和社论的评价，说要用社会主义积极分子自己的最生动的事实和语言来提出问题，进行宣传。他们提出的问题富有真情实感，最能打动读者。因此，要大力提倡依靠社会主义积极分子办报。当时我也想，高长富那篇来信，如果用我自己署名写成通讯稿，恐怕社会效果就不会那么好。此后，从事媒体宣传几十年，我始终记住要依靠社会主义积极分子办报这句话。

“大家谈”专栏移风易俗有得也有失

《解放日报》在设立“新道德新风尚”专栏之后的第五天，“大家谈”专栏也同读者见面了。它与“新道德新风尚”专栏是姊妹栏目。“新道德新风尚”专栏以表扬为主，报道好人好事，以弘扬社会正气。而“大家谈”专栏则是以议论为主，着重分析社会生活中存在的各种旧习俗问题，以移风易俗来纠正社会上各种不良现象。这两个专栏相辅相成，互为补充，成为《解放日报》抓思想教育的两个有广泛社会影响的特色专栏。

“大家谈”专栏创办于1963年1月16日，我4月初从读者来信组调到评论组，协助储大泓同志编辑这个专栏。“大家谈”专栏坚持办到1966年2月8日，共发表250多篇文章，涉及社会、文化、经济、政治等上百个问题，大多是属于移风易俗，肃清封建主义和资本主义腐朽思想影响以及旧社会的习惯势力方面的。采取的方式是群众自己提问题，自己讨论解决。如1963年春节前，上海市区和郊区发生赌博现象，“大家谈”专栏刊登的第一篇文章就是《见赌就禁》，针对当时群众中存在的关于赌博的几个糊涂思想进行分析，切中时弊，四天之内就收到80多篇来稿，有继续谈赌博的，也有谈其他问题的。后来，选择了“压岁钱”问题、“送礼”与“吃喝”问题、早婚早恋问题展开议论，读者来稿相当踊跃，每天在20篇以上。这些问题在报上提出，都有针对性、群众性，又是摆事实，实有其事；讲道理，娓娓道来，所以很受读者欢迎。一篇稿件刊登后，来稿来信少则十余篇，多则五六十篇，有的表示赞同，有的提出补充意见，有的则从另一个角度提出新问题，也有的表示不同意见。还有个别读者读了“大家谈”专栏的文章后，对照自己的言行诚恳地写来了自我批评的文章。仅“压岁钱”问题的讨论，前后来稿就近400篇。《小妈妈的烦恼》是谈早婚问题的，作者以亲身经历诉说早婚带来的种种苦恼，使读者受到启发。随后，又连续发表了《结婚过早有害无益》《小青年感到的压力》《让女艺徒安心学艺》《女艺徒也要安心学艺》等文章，在社会上引起普遍关注。

“大家谈”专栏组织的社会问题讨论，反应最热烈的有两次。一次是关于戏装照问题的讨论，一次是关于奇装异服问题的讨论。1963年9月，在一次与里弄干部的座谈中，我了解到一些社会青年和初中女生、工厂女艺徒喜欢模仿古代才子佳人去拍戏装照，然后对“照”自怜，抒发怀古之幽情；或因此而沉湎于早恋，小小年纪就谈情说爱，对当时动员青年支援边疆建设带来不良影响。了解了这个情况后，我就跑了几家照相馆，作实地观察，发现一些女青年或扮宝玉、黛玉，或扮张生、莺莺，卿卿我我，忸怩作态，情调不是很健康。于是，我就写了一篇《戏装照好不好》的文章刊登在1963年9月16日的“大家谈”专栏上。文章提出拍戏装照反映了一些青年的情调和趣味，反映出这些青年思想上多少存在着一些对过了时的生活方式的某种羡慕和迷恋的心情。

想不到这个问题一提出来，就在读者中引起热烈反应，尤其是发表了《它也是一朵花》《才子佳人不能一笔抹杀》等不同意见的文章后，几天之内就来了450多篇稿子，展开了针锋相对的热烈讨论。读者张金莉在来稿中谈到她去拍戏装照前后的真实心情，说自己并非出于“瞬息”兴趣，而是“沉湎于才子佳人悲欢离合、缠绵悱恻的情感中”，“向往古代生活方式，羡慕古人的优雅言行”，因此去拍戏装照“聊以自慰”的。张金莉的《我是怎样去拍戏装照的》发表后，讨论就从一般的谈迷恋才子佳人的思想感情、生活方式转到谈怀古思想的危害性上来。不少读者认为怀古思想不仅表现在戏装照上，也表现在读书、日常生活等方面，使自己被缠绵悱恻情感所软化，丧失了政治上进心。读者罗凝冰以自己的沉痛教训，叙述了怀古思想曾像一把“软刀子”，使得自己意志消沉，常叹“人生如梦”。在讨论中，许多读者谈到怀古思想是与无产阶级革命者的抱负和时代精神背道而驰的。这场讨论延续了两个多月，共收到读者来稿1800多件，共发表了24篇文章。结束时，我们组织了一次有部分作者、读者和照相馆经理参加的座谈会，发表了《批判怀古思想，歌颂时代精神》的报道，以及《论怀古思想——从〈戏装照好不好〉的讨论谈起》长篇理论文章，作为总结。

这次讨论从总体来说，对青年进行了思想教育，激励青年振奋时代精神，努力投身社会主义建设事业，取得了积极效果。比如社会青年张金莉以现身说法参加讨论后，提高了认识，政治上要求进步，加入了共青团，于1964年夏天冲破重重阻力，报名参加建设新疆。到新疆后担任了军垦兵团排长和团支部委员，并写了一封充满豪情的信给本报编辑部。后来我们把她的来信冠以《我到了新疆》的标题，加编者按刊登在1964年8月23日的《朝花》副刊上，在当时起到了动员青年参加边疆建设的积极作用。张金莉一直坚持在新疆奋斗，后来当了县广播台的记者，写了不少获奖的新闻报道，也创作了一些文学作品。每次回上海探亲，她总要到报社看我，也常提及戏装照的讨论，说这场讨论改变了她一生的生活道路。

当然，这次讨论也有不足之处，比如对戏装照缺少具体分析，其中有不少青年是出于好奇，拍一张玩玩，或一时受传统剧目的感动拍一张留作纪念，这也是一种业余生活爱好。至于讨论中把拍戏装照，喜欢读古书、古典诗词，统统上升到“发怀古之幽情”的高度，也是片面的，过头了。

继“戏装照好不好”的讨论之后，“大家谈”专栏于1964年6月7日又发起了一场关于奇装异服问题的讨论。这场讨论是由静安区衣着用品公司一位读者来信引起的。信中谈到一位女顾客到高美服装店，要求裁制一条小裤脚管的裤子遭到营业员的拒绝，女顾客责问商店营业员：“难道我穿一条小裤脚管裤子就影响社会风尚吗？就是阿飞吗？就是资产阶级思想吗？商业工作者连做裤子也要限制吗？”这封信一发表，读者有表示赞成的，也有表示反对的。我们同时发表两方面意见，一种认为服装式样涉及生活方式问题，也有移风易俗的任务；另一种认为穿什么衣服纯属个人生活爱好，不必干涉。

讨论一开始主要围绕“界线应该怎样划”展开，着重谈如何正确处理商业工作者与消费者之间的关系，对高美服装店该不该拒绝裁制奇装异服进行了议论。一个月内，我们收到了1100多件读者信稿，选登了30来篇，绝大多数是支持高美服装店的做法的。在讨论中，社会上也出现一些商业工作者以顾客指导者自居，粗暴地干涉顾客正当的个人爱好的现象。为了正确引导社会舆论，我们于1964年7月13日发表了《商业职工要做移风易俗的积极分子》的社论，表明编辑部的态度。一方面支持高美服装店职工的行动，提出要把店堂当作宣传社会主义新道德新风尚的阵地，社会主义商业工作人员应当做移风易俗的积极分子。同时，也对怎样做好移风易俗的积极分子提出了要求，即首先应当改善服务态度，用自己热爱本职工作、全心全意为人民服务的工作精神和工作态度来影响顾客。要注意与服务对象之间是完全平等的关系，遇事要从关心、体贴顾客出发，要提出和蔼的建议，进行饱含善意的劝说，而不可态度粗暴地教训别人。其次，商业职工从事移风易俗工作必须掌握原则，划清界限，对提倡的、容许的、抵制的三者必须区别对待，不能强求一律。商业工作中的移风易俗既要积极，又要慎重，要有愚公移山的决心，又要有滴水穿石的耐心。接着，我们又发表了《高美服装店又设计出30种服装新式样》的报道，提倡商业工作人员提高服务质量，满足广大顾客的正当爱好和需要。同时还发表一些如何正确处理商店与顾客关系的文章，纠正了某些商业工作人员不尊重顾客个人爱好的错误行为。

这场从奇装异服引起的讨论，如果到此为止，也许社会效果会好一些。但接着在7月19日“大家谈”专栏又发表了一篇文章——《一场争论》，有个读者提出穿衣服没有什么阶级性的问题，认为服装本身在不断演变，不能说穿这种服装是资产阶级的，穿那种服装是无产阶级的。照说，这种意见是正确的。但在当时，“兴无灭资”的宣传中“左”的思想占了上风，所以把它作为“靶子”，以“这只是服装式样的问题吗？”为议题，要求读者围绕衣着与思想的关系问题，进一步开展讨论。后来发表的十多篇文章，以及最后开座谈会进行总结，就把小裤脚管裤子、花衬衫、尖头皮鞋、大包头、八字胡等，通通看作资产阶级生活方式，把群众对服装式样、穿着打扮的不同生活爱好，一概看作“资产阶级思想侵蚀的突破口”。“坚决抵制资产阶级思想和生活方式的侵蚀”成为响亮的口号，而且强调“大家谈”专栏要成为“样样管”的“婆婆嘴”，在人们生活中起一个“管得宽”的“指导员”的作用。

可以说，从这场讨论开始，“大家谈”专栏在指导思想上，移风易俗本意虽无可厚非，但操之过急，不适当地上纲上线，对不同的意见，不是让大家平等地进行探讨，而有以势压人，群起而攻之的偏向。比较典型的是，有一位作者写文章批评放电影时放“维他赐保命”的药品广告。作者认为：“像电影院这样一个党的宣传阵地，怎么可以一次一次地打出幻灯片，鼓动人们吃这种‘维他’以‘保命’呢？治疗是为了更好地干革命，惶惶然以‘保命’为目的服用这种‘维他’，哪里还有革命的气味呢？”如此幼稚的武断，今天读来未免可笑，当时却是当作有“兴无灭资”的激情来赞许和支持的。

从此，“大家谈”专栏的一些移风易俗文章出现了“左”的幼稚病。如《清明有必要扫墓嘛？》一文，不加分析地把清明扫墓看作具有迷信色彩、不利于破除神鬼观念的活动。文章发表后没几天就收到读者信稿200多件，80%以上的人不同意这篇文章的观点。后来刊登了《也谈清明扫墓》一文，把清明扫墓中某些迷信活动同追思先人和纪念烈士划清了界线，这才避免了脱离广大群众。

至于后来发表的《值得注意的“军棋”游戏》一文，作者把军棋游戏提升到“与人民革命战争的指导原则相违背”的高度，说什么玩军棋会“使人们从小留下‘大吃小’的印象，留下‘人在炸弹面前无能为力’的印象”。对这篇明显牵强附会的文章，我们还加编者按肯定作者“在平常不大引人注意的‘军棋’游戏中，联系到‘兴无灭资’的问题，并深入加以思考。这种认真对待日常生活中的‘小问题’的精神，是很好的”。结果文章一发表，学校学生不敢下军棋，许多文具店不敢卖军棋，造成军棋积压，引起商业工作者和广大读者的不满，当时的上海市长曹荻秋也提出了批评。后来，以《关于“军棋”的问答》的形式，刊登了比乐中学四位学生询问可否下军棋、文具店可否出售军棋的来信，“大家谈”编者明确回答:《值得注意的“军棋”游戏》一文只是个人建议，不是一种结论。如认为他的意见不全面，下棋毕竟是个游戏，不宜提得那么高，继续下军棋，也完全可以。商店当然也可以放着军棋供人选购。这才平息了一场风波。

从《清明有必要扫墓嘛？》到《值得注意的“军棋”游戏》，说明“大家谈”专栏在宣传移风易俗时受到读者的欢迎，在比较顺利的情况下，编辑头脑有些发热，滋长了急于求成的情绪，面对移风易俗这种需要持久努力的工作，却想着速战速决，“毕其功于一役”。对旧风俗、旧习惯、旧思想外延任意扩大，把日常社会生活中的复杂现象简单化，把属于正当、容许范围内的风俗习惯、兴趣爱好，片面地当作“资”来“灭”，当作歪风来“移”，陋俗来“易”。真理越出一步就变成谬误。这些“左”的观点和宣传势必脱离实际，脱离群众。作为当时“大家谈”专栏的编辑，我觉得这个教训是永远值得记取的。

总的说来，60年代初期《解放日报》在抓思想教育的宣传报道方面，取得了成功经验。这里仅回忆了“我和祖国”“回忆对比”的征文活动和“新道德新风尚”“大家谈”专栏的宣传活动，不足以概括当时整个报纸的宣传情况。即使如此，也可以看出，《解放日报》在60年代初期宣传爱国主义、社会主义，宣传社会生活中的移风易俗，提倡新道德新风尚方面，是有所作为的，也是有一定特色和影响的。即使存在一些问题，那也是与当时历史条件的局限性有关。因此，这个时期《解放日报》的宣传报道赢得了毛主席的表扬，当之无愧，并在《解放日报》历史上乃至在上海的新闻史上留下了值得怀念、值得总结的篇章。

《解放日报》几次大胆改革和探索

从1978年党的十一届三中全会以后，上海《解放日报》在王维和陈念云两任党委书记兼总编辑的领导下，对持续十年之久的“文化大革命”给新闻媒体造成的破坏进行了大力拨乱反正，不断推进新闻宣传报道的改革，在全国新闻界创造了许多个历史新时期的“第一”或“最早之一”。比如，第一个刊登社会新闻，第一个刊登商品广告，第一个刊登连载小说，第一个创办文摘报纸，第一个在全国发行彩色周末增刊，同时又是全国最早扩8版和12版的省、市党的机关报之一，等等。

《解放日报》走在了新闻报道改革的前列

王维同志一上任，1978年11月就在《解放日报》头版开辟“短新闻”专栏，力倡短新闻，来改革“文化大革命”中形成的长而空、主题先行、头版只登“老三篇”的党八股新闻。1979年8月12日，《解放日报》在全国党报中最早报道了26路无轨电车翻车，26位乘客受伤的交通事故这样一则社会新闻，轰动一时。1979年春节期间，《解放日报》在二、三版下方各刊登一条通栏商品广告，开了新时期党的机关报刊登商品广告风气之先。1980年，《解放日报》在全国创办“博采众家报刊之新”的《报刊文摘》周刊，发行量高达300多万份。1980年2月，《解放日报》又带头刊登《浦江红侠传》连载小说，社会好评如潮。后来，文摘类报刊如雨后春笋般在全国各地开办，各省、市党的机关报也纷纷开辟连载小说专栏。

1962年秋，我从复旦大学新闻系毕业，被分配到解放日报社工作，就一直在王维总编辑领导之下工作。我先被分配到读者来信组处理读者的来信来访，接着被调到评论组参加编辑“大家谈”专栏。到评论组以后，王维曾指定郑拾风、储大泓两位老编辑，作为我的业务指导老师，帮助我尽快熟悉评论编辑、写作业务。1965年春，华东局领导下达山东下丁家大队改造自然、发展农业典型的报道任务。解放日报社组织了由总编室主任鲁瑛带队，有老记者方远、老摄影记者赵立群参加的采访小组，王维同志特地指定我这个年轻的记者参加，使我得到一次难得的新闻采访、编辑和评论写作全面锻炼的机会。1965年底，他离开解放日报社任中共上海市委宣传部副部长，"文化大革命"中被打倒直至1978年重返解放日报社任党委书记兼总编辑。1979年，我有幸与沈光众、冯士能同志一起，经市委宣传部批准进入《解放日报》编委会，参与了王维同志领导的对报纸宣传报道的改革工作。

1983年王维同志因年龄关系从领导岗位上退了下来，陈念云同志接任后，在王维同志大胆改革新闻报道的基础上，进一步提出新闻工作第一位的功能是向社会、向读者传播新闻信息，并致力于向"信息密集型"方向发展。1987年下半年，经过"西山会议"的酝酿和决策，《解放日报》进行扩版改版，四版扩为八版。在当时，那是对党报出版模式的一次大胆突破，是新闻宣传报道改革迈出的重大一步。

王维与陈念云同志相继领导的《解放日报》党委会、编委会大胆颠覆了党报是"阶级斗争的工具"的传统理念，在强化党报的新闻性、群众性、社会性上下功夫，努力建立与读者群众的新型关系，提倡与读者靠得近些更近些，改版扩版的宗旨强调"增加信息量、提高可读性、增强群众性"。陈念云继王维之后，在报社大力倡导社会新闻报道，并就社会新闻定义、社会新闻范围、社会新闻特殊作用，以及社会新闻的采写要求，向报社全体编辑记者作了全面、深刻、有独到见解的论述。因此，《解放日报》的社会新闻一直在全国主流媒体中领风气之先，深受广大读者欢迎。

当时，《解放日报》提出16字方针——"扎根机关，深入企业，面向社会，走进家庭"，对新闻报道改革作全面积极的探索与尝试，使党报新闻报道从长期存在的枯燥、呆板、官腔、乏味中走出来，出现更多新鲜、实在、丰富多彩、群众喜闻乐见的新闻报道。新开辟的一批专刊和专栏，如"上海市场""上海经济透视""人民广场""祝您健康""读者来信""解放论坛"等，成为上海乃至全国有影响的品牌，有的延续至今，形成了既坚持党性原则、严肃高雅，又活泼可亲、贴近社会群众的新时期党报的鲜明特色。

与此同时,《解放日报》党委、编委会十分重视探索如何把地方型的报纸办成开放型的报纸,正确地处理报道的地方性和全国性、国际性的关系。坚持立足上海,兼顾长江三角洲,面向全国,放眼世界,折射出“政治家办报”的大视野。《解放日报》在华东地区建立了一支特约记者队伍。时任上海市长、上海经济区规划办公室主任的汪道涵同志,亲临特约记者组建大会。这支队伍人才济济,他们中间有几位后来成为高级领导干部,有一批成为省地级报纸的老总和地市宣传部部长,是《解放日报》永远的朋友。

对国际新闻报道的重视,也是《解放日报》新闻报道改革实践的一大亮点。虽然,限于客观条件,《解放日报》派驻外国记者的时间比别的报纸晚,但《解放日报》最早冲破地方报纸不得评论国际时事的框框,积极与中央新闻单位驻外记者及北京、上海两地的国际问题研究院所合作,在《解放日报》国际版,有时在要闻版,经常刊登独家国际新闻和国际时事的评论文章,在广大读者中产生了良好影响。后来,《解放日报》把布什宣誓就职美国总统的新闻放在头版头条位置刊发,实现了党报处理国际新闻的历史性突破。20世纪90年代初,又在头版头条发表了准确预测海湾战争爆发时间的国际新闻,引起全国报界的轰动。

我加入报社编委会六年多后,于1986年1月担任《解放日报》副总编辑(常务)。1989年1月陈念云同志从领导岗位上退下来后,我又接任了报社党委书记兼副总编辑职务。四年后,也就是1993年4月,我调入人民日报社任副总编辑,从此离开了工作31年的解放日报社。下面,我要着重介绍一下在《解放日报》新闻报道改革中,自己主导的几次大胆的探索。

领袖漫画的风波

1986年8月中旬,全国各大报总编辑齐聚哈尔滨研讨“全面改革的宣传与新闻改革”这一重大课题,改革气氛浓烈,新闻界颇受鼓舞。当时,《解放日报》总编辑陈念云同志赴哈尔滨开会,报纸宣传报道工作暂由我主持。一天,美术摄影组负责人赵立群同志来找我,说上海市美协正举办一个漫画展览,要求《解放日报》配合出一期画刊，并拿了一些漫画作品让我挑选。

我问赵立群，这次漫画展有什么特点和创新的地方。他说有两幅领袖漫画是过去所没有的，引起了大家的关注。我马上让他把这两幅漫画拿给我看。一张是画邓小平同志在打建设有中国特色社会主义桥牌的《中国牌》（作者张卫平），一张是画胡耀邦同志指挥大家唱社会主义现代化建设新歌的《唱新歌》（作者阿达）。虽然从漫画技巧来说算不上是最佳作品，作者在漫画界也并没有多大名气，但漫画的立意和所表现的主题很好，很切合时代特点，赞颂了改革开放和现代化建设。领袖的形象虽有点漫画的幽默味，但恰到好处，也抓到了邓小平和胡耀邦同志的形象特点，是严肃的作品。应当说，以漫画手法来表现领袖人物的风采，还是改革开放以来的第一次，体现了艺术创作的时代性和创新性，有一定开创意义。当时我认为，过去习惯于用漫画来讽刺、丑化人，今天进入改革开放历史新时期，用漫画的幽默来表现领袖，体现领袖贴近人民群众的民主精神，也是一种可贵的创新。于是，我当即拍板决定在漫画专刊刊登这两幅领袖漫画。

1986年8月15日，《解放日报》第四版的《上海漫画大赛展选刊》上，在醒目位置刊登了这两幅关于邓小平和胡耀邦的漫画。出乎我意料的是，这个普通的画刊竟在国内外引起强烈的反响。国外许多报刊转载了这两幅漫画，并发表评论，认为在中国党报刊登领袖漫画，是新闻报道改革的一个可喜成果，也传递出了政治改革的信息，表明中国积极向民主政治迈进。法国电视二台派记者两次专程来上海作现场采访，向我提出了为什么发表领袖漫画、发表后读者的反应如何等一系列问题，我一一作答。据说，他们的片子到法国电视台播映后，观众反应良好。

国内反应更为强烈。发表当天，就有不少读者来电、来信表示赞赏，认为领袖漫画的幽默感使领袖更富人情味，更接近群众、接近生活，具有一定民主气息。《华声报》转载了这两幅漫画，并评论说：这是开新中国成立以来风气之先，是改革开放宽松环境下的产物。《文汇报》也接着在新闻版发表了上海市长江泽民在上海书展上买书的漫画，得到了上海读者的好评。

与此同时，也有一些读者有不同看法，所以打电话来责问报社为什么刊登丑化领导人物的漫画，甚至有的语气十分激烈。有些读者还寄报纸到中央宣传部告状。

事隔多年，有次我遇到当时的中央宣传部部长朱厚泽同志，说起这两幅领袖漫画，他对我说："你们报纸发表当天，我就接到四个电话，《人民日报》和天津《今晚报》请示转载这两幅漫画。也有的读者提出批评。"朱厚泽部长当时考虑再三，没有同意让《人民日报》和《今晚报》转载，他说宣传不要一哄而上，群众的欣赏习惯还要注意。同时他也对中宣部的同志说，对《解放日报》刊登领袖漫画，不要去批评，这也是一种宣传探索，应当允许。

当时，国内有些报刊随风而起，跃跃欲试，竞相效仿，某些粗劣的领袖漫画作品还见了报。想不到围绕领袖漫画引起两种观点的激烈争论，最后闹到了胡耀邦总书记那里。胡耀邦同志要首都漫画界议论一下，拿出一个意见来。首都漫画界就按胡耀邦同志的意见开了一次座谈会，多数漫画作者认为，《解放日报》发表的两幅领袖漫画是严肃作品，用意是好的，没有错。但是，领袖漫画目前还不宜一哄而上，推而广之，以免引起领导层不必要的感情激荡。

这次首都漫画界座谈会的意见报到胡耀邦同志处，胡耀邦同志为此作了重要批示，要求画党和国家领导人的漫画，还是慎重对待为好。

我很赞同胡耀邦同志"还是慎重对待为好"的意见。一哄而上，粗制滥造，赶时髦，确实没有好处。当然，领袖漫画也不是什么异端，如果不是在1986年，而是在今天，我想反响也许不会那么强烈吧！毕竟今天读者的心理承受能力要强得多了。所以，领袖漫画在我国一个时期里不会发展，但绝不意味着它永远在中华大地上销声匿迹。正如林放同志（即赵超构先生）在一篇《漫画与民主》的短文中所说的："有的人，只习惯于接受那些祠堂里挂的祖先神像，却看不惯行乐小照式的传神之笔。我看，是个习惯与修养问题，是可以逐渐培养的。现在第一步，且先画一些社会各界的名流，如英雄、劳模、文坛名人、著名演员……可以优先入画。慢慢地大家看惯了，被画对象的修养也提高了，那就可以扩大范围了，这就大大地丰富了我们的漫画题材，而且使得我们社会的民主气氛更加活跃。"

今天，习近平总书记、李克强总理的漫画也在网上广泛流传了，而且广大网民们习以为常，这说明我们老前辈老报人赵超构先生30年前的预见，是正确的。

历史性突破的隐忧

1988年11月8日，适逢美国总统大选日。我应美国驻沪领事馆之邀，带了陈振平、周稼骏两位记者前去华亭宾馆卫星电视接收厅，观看美国总统大选卫星现场直播。华亭宾馆卫星电视接收厅的高级电脑屏幕上，不时映出美国各州的选举人票数。首先映入眼帘的，是美国两个州亮起了共和党推出的总统候选人乔治·布什获胜的红灯，出现“布什：21；杜卡基斯：0”的字样。这说明布什旗开得胜，获得了538张选举人票中的21张。按规定超过半数（270张），即可当选总统。

随后，代表民主党总统候选人迈克尔·杜卡基斯的蓝色灯也在少数几个州亮起来，到当地时间8日晚9时20分，计数器上显示了激动人心的得票比数：“271∶72”，布什得票超过半数，当选总统已成定局。最后，布什得到选举人票426张，胜选；而民主党推出的总统候选人杜卡基斯落选。陈振平和周稼骏两位记者都懂英文，边看电视边采访，当晚就采写了一篇共和党人布什当选美国总统的隔洋目击通讯。第二天（因中美时差关系为8月10日），《解放日报》在头版刊登了这篇题为《隔洋坐观美国人选总统》的现场目击通讯。这也是《解放日报》创刊以来，第一次在头版刊登美国总统大选的现场目击通讯。当时，我国观众还不能收看国外电视新闻，所以这篇现场通讯引起了广大读者的极大兴趣。

1989年1月20日，当选美国第四十一任总统的布什，在华盛顿宣誓就职。为安排好这条新闻的发布，当晚我到夜班编辑部同陆炳麟、贾安坤同志研究版面处理如何突破常规的问题。老陆、老贾与我和陈念云看法完全一致，我们都认为，明天全世界各大报都会把布什就任美国总统的新闻放在头版头条，我们《解放日报》也应当大胆突破一下。于是，第二天（1月21日）《解放日报》便把布什就任美国总统的新闻放在头版头条位置，以“从乔治到乔治——美国总统就职二百周年”为肩题，以“布什就任美第四十一任总统”为主题，以“奎尔就任副总统　里根和十七万人参加庆祝活动”为副题，在显著位置刊登。这在全国报纸中创下了一个“第一”。

第二天报纸一出来，读者议论纷纷。赞赏者说，我们国家实行对外开放，理应重视国际新闻，国际大事完全应该上头版头条，《解放日报》带了一个好头，在新闻报道改革中敢为天下先，堪称历史性的突破。多少年来，我们的报纸似乎形成了一个不成文的规定，国际新闻，尤其像美国总统选举这种国际新闻是不能上头版头条的。回想1969年，连美国阿波罗登月这样的大事件，全世界大报都放在头版头条作特大新闻处理，唯独在中国的报纸上竟只字未提，似乎没有发生过这件事。这种国际笑话发生在那个年代，不足为怪。然而，传统与偏见仍然影响着改革开放时期的一部分读者，他们来信或来电话责问报社，《解放日报》是党报，为什么这样抬举美国总统，让他上头版头条？改革中的观念冲突是很自然的！

有趣的是，刊出布什就任美国总统消息的那天，正值中共上海市委常委、组织部部长和市委常委、宣传部部长，来解放日报社代表中共上海市委宣布由我担任解放日报报社党委书记兼副总编辑，丁锡满担任总编辑兼党委副书记的任命。两位常委、部长看到当天的报纸，态度明朗，表示赞赏。他们拿着当天刊登布什就任美国总统新闻的《解放日报》，与我们一起合影，并说这是一个具有历史性突破意义的镜头。

不过，四年后的1993年1月，新当选的民主党人比尔·克林顿当选美国新总统就职宣誓仪式举行时，我仍不改初衷，坚持把这条重大国际新闻置顶放在头版双头条地位刊出。只是，1993年4月我离开上海到北京工作后，后来的乔治·沃克·布什（小布什）和贝拉克·奥巴马当选美国总统宣誓就职的新闻，没能上《解放日报》头版头条。

这让我感到困惑：我们的新闻宣传报道的改革是前进了，还是倒退了？

“皇甫平”的悲喜剧

1991年春，在乍暖还寒的时节，我以“皇甫平”为笔名组织撰写了四篇鼓吹解放思想，加快改革开放步伐的评论文章。想不到四篇评论竟在中华大地惹出满城风雨来。

当时，党的十三届七中全会刚刚开过，全会提出要冒一点风险搞活国有大中型企业。邓小平同志在全会结束后不久来上海过春节，他在视察上海工作时提出：思想更解放一点，胆子更大一点，步子更快一点。凭我的直觉，邓小平同志在七中全会前夕与中央领导同志的谈话，以及来上海就改革开放问题作的重要指示（即收进《邓小平文选》第三卷的《善于利用时机解决发展问题》和《视察上海时的谈话》），是有意识地就全国的深化改革、扩大开放问题作一番新的鼓动。他的谈话有很强的针对性，不仅对上海的工作，而且对全国的工作都具有深刻的指导意义。

基于以上理解，我认为作为中共上海市委机关报的《解放日报》，应当发表几篇有影响力的评论文章，来阐述邓小平同志关于深化改革、扩大开放的最新思想。于是，在1991年小年夜（2月13日晚），我找了评论部凌河、市委研究室施芝鸿两位同志商议如何着手撰写。当时我们戏称来个新的“三家村”，写几篇像当年“马铁丁”“龚同文”那样有影响力的知名评论。当晚商定，第一篇写《做改革开放的“带头羊”》，赶在大年初一（2月15日）见报，提出我们正处在改革开放新的历史交替点上，以增强改革开放的历史责任感。接着，第二篇《改革开放要有新思路》（3月2日刊登），提出要进一步解放思想，勇于创新，不能把计划经济等同于社会主义，把市场经济等同于资本主义，两者都是资源配置的手段。第三篇《扩大开放的意识要更强些》（3月22日刊登），明确提出对改革开放中的新探索不能囿于“姓‘社’还是姓‘资’”的诘难，而要敢于冒点风险做前人没有做过的事。第四篇《改革开放需要大批德才兼备的干部》（4月12日刊登），明确提出要大胆起用人民群众公认的坚持改革开放路线而又作出实绩的中青年干部，决不让那些“口言善，身行恶”的“国妖”、两面派、骑墙派角色混进我们的领导干部队伍。

由于这四篇文章没有人云亦云的套话、空话，也没有躲躲闪闪、支吾其词的滑头话，而是尖锐泼辣地说出了广大干部和人民群众蓄之已久的心里话，说出了当时情况下需要有点胆量才敢说的大实话。因此，文章一发表，在党内外、国内外反响强烈，引起广泛关注。不少读者来电话询问文章作者是谁，一些领导干部和群众来信热情赞扬这些文章，说“说到我们心里去了”。一些经济专家学者反映，这些文章有利于澄清对深化改革、扩大开放的某些误解，有助于强化我们改革开放的形象。全国许多省、自治区、直辖市驻沪办事处也接到本省、市、区领导的电话，要求收集皇甫平的全部文章，并向报社了解文章发表的背景。

皇甫平系列文章在外国的领事、记者中间也引起普遍关注。苏联驻沪总领事馆在文章发表当天，就来电询问作者身份及其背景，并说他们十分关心上海90年代的开放。美国《华盛顿邮报》驻京记者则专程来电，求证两个问题：一是文章系政府当局要求发表的还是报社自己发表的，二是文章的内容是否就是邓小平在上海的讲话。我们向他们说明，文章是报社作者所写，并非邓小平同志讲话原文。当时，港台的媒体也作出反应，有的突出报道文章的内容，有的则进而对文章发表的背景作出种种猜测。个别海外媒体竟评论说这是上海改革派向北京保守派发起挑战。

1991年4月14日夜，我与上海市委宣传部副部长龚心瀚同志一同去看望当时出差来沪的中宣部主管新闻舆论的副部长徐惟诚。徐副部长原是我的顶头上司，20世纪60年代，我在《解放日报》评论组工作时，他任《解放日报》副总编辑，分管理论、评论工作，是我的老领导，所以我们很熟悉。这次他还专门从北京带来一本新出版的评论集赠送给我。我就乘此机会向他汇报了皇甫平系列文章的情况。我感觉徐惟诚同志当时并不认为皇甫平系列文章有什么大问题，反而对龚心瀚和我强调说，中宣部决定今年（1991年）进一步宣传思想解放，这个信息已经在新闻局办的《内部通信》上刊登了出来。他要我们关注这个动态。事后，有传言说徐惟诚副部长来上海专门调查皇甫平系列文章的背景，回北京布置批判文章，我认为这种传言是不符合事实的。

尽管中宣部当时并没有对皇甫平系列发表意见，我却预感到在海外传媒的推波助澜下，这几篇文章可能酿成一场不大不小的政治事件。于是，我立即以总编室名义整理了一份《关于"皇甫平"文章在海内外引起广泛关注的情况》向市委汇报，并附上四篇文章及海内外传媒报道的复印件。我还于4月23日写信给市委书记、市长和分管新闻宣传工作的副书记三位负责人，汇报文章的写作意图及写作经过，以及没有事先送审的缘由。

不出所料，国内很快对皇甫平系列文章的责难和批判接踵而至。那些喜欢拿大帽子吓人的人，纷纷在报纸杂志或座谈会上兴师问罪，大张挞伐，上纲上线，围攻批判。有的人更是"醉翁之意不在酒"，借机大批所谓的"庸俗生产力论”“经济实用主义”，显然是“项庄舞剑，意在沛公”。当时，尽管我个人遭受到很大的政治压力，连去香港《大公报》履新的任命也被突然取消，但冷静地审视自己，感到宣传邓小平同志的改革开放思想绝没有错。当时我一方面坚决执行市委的指示，对那些无理责难的文章不进行批驳辩论，另一方面又决不退缩，继续坚定不移地宣传邓小平同志深化改革、扩大开放的思想。

俗话说，是非自有公论。历史很快对这场舆论公案作出了裁决。邓小平同志1992年春视察南方的重要谈话，像灯塔一样廓清了迷雾，扫除了阴霾，照亮了人们的心坎。越来越多的人认识到，皇甫平系列文章完全符合邓小平同志建设有中国特色社会主义的理论，完全符合南方谈话精神。于是，曾被当作“靶子”围攻批判的皇甫平系列文章，在1992年5月先在上海，后在全国被评为1991年度好新闻一等奖。

人们向我祝贺，说“皇甫平”平反了！这真是新闻改革史上一出动人心魄的悲喜剧。

党报头版能刊登广告吗？

1989年1月起，我担任解放日报社党委书记兼副总编辑，在主持报社党务、社务和一部分编务工作之外，开始通盘考虑推进新闻报道、版面安排、经营管理、广告发行、报纸印刷，以及编辑记者队伍建设的全面改革。

1990年12月3日，《解放日报》成功采用激光照排，实现电子化排版印刷，从此告别了报纸印刷“铅与火”的时代，进入“光与电”的新时代。1992年1月，《解放日报》在全国省级党报中，首家推出彩色印刷的《周末增刊》。1993年，《解放日报》扩至12版，新闻报道、专刊副刊大幅增加，内容丰富多彩，更贴近社会、生活和读者。

特别是在邓小平同志1992年南方谈话精神的鼓舞下，建立社会主义市场经济体制的目标，激励我们把报社的广告发行、报纸印刷、经营管理，提到发展第三产业的高度，进入党委会决策媒体改革的议事日程。当时我们决定先在扩大广告、自办发行、报纸全彩印刷三个方面进行大胆的探索和突破。与此同时，着手筹建《解放日报》新的现代化、信息化的报业大楼；兼并上海第三十六织布厂建现代彩色印刷中心；筹办广告、房产、出租车、科技等三产公司；加强记者编辑队伍建设，提倡学外文、学电脑、学驾驶三项职业基本技能；在人事制度上实行聘任制改革，从社会上招聘记者、编辑；等等。

关于自办发行，我们曾多次与上海市邮电局（甚至与邮电部）协商探索。《解放日报》不仅是在上海市发行，有很大一部分要发行到华东六个省，还有一部分要发行到全国各个省、自治区、直辖市，这样自办发行难度就很大了。后来，邮电部门不接受我们提出的上海市自办发行、华东地区和全国仍靠邮电渠道发行的方案，这样《解放日报》自办发行就胎死腹中了。结果，《天津日报》独占鳌头，自办发行，走在全国前列。

关于报纸全彩印刷，1992年8月，我曾率团到美国和日本考察报社印刷中心采用彩色轮转胶印机的情况，后来选定日本和德国生产的世界先进彩色胶印轮转机，终使《解放日报》成为全彩印日报。

我想重点谈一下报纸广告改革的探索。刊登商品广告，是近代报纸的一项重要功能。上海《解放日报》自1949年5月创刊以来，一直保持刊登商品广告的传统，加强发行，不断提高社会效益和经济效益，一直自筹经费，从不向政府伸手要过办报经费。只是到“文化大革命”时期，《解放日报》被造反派夺权后，才把刊登商品广告当作“封资修”扫除掉。到党的十一届三中全会后，全国进行拨乱反正，推进新闻改革，《解放日报》才在全国首开刊登商品广告的风气。

值得一提的是，1979年，《解放日报》和《文汇报》同时刊登了第一个外国商品广告——瑞士雷达表，其实只是品牌广告，瑞士雷达表产品真正进入中国市场，要到四年后了。瑞士雷达表中国区副总裁郑世爵回忆往事时说：“当时中国还没有完全开放，但是我们意识到了中国市场的广阔，有很大的潜力可以挖掘。雷达表公司应用了营销理论上的‘第一品牌’理论，就是争做市场第一人，这样在没有竞争者的情况下，可以用较少的资源和时间建立很高的品牌知名度。”后来，瑞士雷达表在中国市场销售得十分红火。

1992年开始，《解放日报》增加了广告的版面。在邓小平南方谈话精神的鼓舞下，我们把扩大广告版面，增加广告版式，提高广告费用，作为改革目标进行探索。1992年7月20日，我与报社党委两位副书记丁锡满和张仲修，认真研究了广告部门提出来的头版刊登广告的申请报告。因为头版新闻版是报纸性质、风格的形象展台，是报纸的脸面。《解放日报》头版从来没有刊登过广告，我们究竟能不能刊登？刊登多少合适？如何使广告与新闻内容相协调？这都是改革探索的课题。于是，我先在党委会书记中统一认识，取得一致意见，才批准了广告部门的申请报告。

这样，1992年8月2日，《解放日报》在头版下半版，以半版地位刊登了闸北区政府和恒基投资有限公司协同策划、实施的《不夜城——闸北走向新世纪》的广告。广告刊出不夜城规划图和大幅模型照片。广告文字说明：建筑面积256万平方米，投资估算150亿元人民币，基本建成时间1998年。这则广告刊出后，引起震动，社会上议论纷纷。我原来提心吊胆，做好了挨上级批评的思想准备。但从上海市委、市政府领导部门，到北京的有关领导部门，虽然都很关注，我没有听到来自他们的反对和批评的声音。几天过后，我的心安了下来。这半版广告收入50万元人民币，广告部门和报社职工都甚为欢喜。

8月4日，市委宣传部召开新闻单位通气会，研究报纸宣传报道改革，会上提到了《解放日报》头版刊登半版广告的问题。我汇报了自己的看法，并提出了头版刊登广告注意的几个问题：一是不上头版的上半版，只能刊登下半版；二是广告要宣传成就性、信息性的内容，不能搞杂乱无章、平庸低俗的广告；三是不冲击当天的重大新闻，要选择在头版没有很多重要新闻的条件下刊出。

通气会上各个新闻单位负责人都认可了《解放日报》头版半个版广告的做法。《文汇报》领导同志还提出要在头版刊登整版广告。市委宣传部领导也同意让《文汇报》先作头版整版广告的探索，观察社会反应，看看广大读者的心理承受能力。

《文汇报》原计划在1993年正月初一在头版刊登整版广告，由于当天新华社有重要新闻，因此推迟到1993年1月25日（癸酉年正月初三）刊出。广告主题词是“今年夏天最冷的热门新闻——西冷冷气全面启动”，十分醒目，意味深长，广告效果很好。为了稳妥起见，《文汇报》当天在头版报眼位置，刊登了一则公益广告，说明：今天距第一届东亚运动会开幕还有104天；今天本报第一版广告收入捐赠第一届东亚运动会。有了这道自我保护措施，《文汇报》头版整版广告，尽管在读者中引起强烈反响，但没有听到领导部门的反对声音，安全着陆了。

14天后，1993年2月8日（癸酉年正月十七），作为上海市委机关报的《解放日报》，也紧跟而上，在头版刊登了整版广告："开发浦东的又一佳构——浦东万丰别墅""万年丰盛，居住乐园"。既有别墅的房型图，又有万丰房地产公司董事长兼总经理的介绍短文，并配以个人签名和照片，商品广告味非常醒目突出。应该说，在广告版面设计上走出比《文汇报》更大的一步。与《文汇报》不同的是，当天《解放日报》报眼没有刊登公益广告，而是登了国家体委领导来沪检查东亚运动会筹备工作的新闻。

没有想到，第二天就遭到了上头领导部门的批评，说上海市委机关报怎么能学港台的报纸，把刊登要闻的头版，拿去刊登商品广告了？并明确发出了禁令，我也做好了检讨的准备。不过还好，市委宣传部领导只通知我，把这整版的广告费100万元捐赠给公益事业就可以了，不必做检讨了。

从此，《解放日报》头版整版广告的探索寿终正寝。后来，甚至连头版半版广告也难得看到了。

《解放日报》最早报道“温州模式”的经过

在庆祝改革开放40周年的日子里，温州市政协文史委员会特地邀请全国各地35位专家学者（包括记者），以亲历、亲见、亲闻的事实为基础，畅谈对20世纪80年代对全国改革开放产生重大影响的“温州模式”的理论思考和实践探索，出版一部《我与温州模式》的专辑，来纪念这个有历史意义的日子。

温州市政协文史委主任专程来上海约稿

主其事的温州市政协文史委主任专程来上海约我撰稿：“上海《解放日报》带头在全国宣传报道‘温州模式’，已33个年头了。今天你该出来把当年的具体报道经过给温州和全国民众说一说了。”

温州是我的可爱家乡。瓯水雁山的水土哺育了我，从小学到高中，温州辛勤的园丁们栽培了我。改革初期，凭借敢为人先的温州人精神，劈波斩浪，砥砺奋进，创造了令人瞩目的“温州模式”，领跑中国民营经济，阔步迈入崭新而宽广的中国特色社会主义的新天地。而33年前为改革开放鼓与呼的我，当时担任《解放日报》总编辑助理，是协助总编辑审定评论、安排报道版面的操刀人。所以，当温州政协文史委主任一提出约稿要求，我便欣然承应。

温州人拿到改革后中国第一张个体工商营业执照

在20世纪70年代末80年代初，在党的十一届三中全会精神的鼓舞和指引下，温州地区的乡村家庭工业、商业蓬勃兴起，纽扣、小五金、塑料编织、再生布纺织、低压电器、标牌印刷等专业市场，迅猛地在各县、各乡镇、各村庄遍地开花，真是“忽如一夜春风来，千树万树梨花开”。

1980年12月11日，是一个值得纪念的日子。温州市工商局在这一天把中国第一张个体工商营业执照发给了温州居民章华妹，从而拉开了“温州模式”发展的序幕。温州人从此看到了发家致富的希望曙光，一批头脑灵活、敢闯敢干的个体户很快崭露头角。1981年，温州乐清县柳市镇的“电器大王”胡金林，年营业额竟高达120万元，让许多人羡慕得目瞪口呆。1982年，温州出现创业小高潮，当地家庭个体工商企业超过10万户，约占全国总数的1/10；数以万计的购销员奔波于全国各地，被国营企业的厂长们挖苦为“蝗虫大军”。

当时我在上海《解放日报》从事新闻工作，很关注那段时期家乡温州的改革开放和经济发展情况。大约是1982年8月的一天，我从《人民日报》上看到一篇文章，以温州市乐清县抓“八大王”为例，严厉批评温州地区发展家庭工业和专业市场，说这是在挖国营企业的墙脚，制造假冒伪劣产品。我读后感到文章有很大片面性。为此，曾专程赴乐清、永嘉做了调查。经过实地调查，我确认当时报纸文章批温州家庭工业和专业市场是不对的。因为“八大王”的致富之路，是民营企业者根据中央改革开放的精神，从温州实际出发，大胆突破陈规旧习，努力摸索出来的。尽管有这样那样的缺点和错误，但并不犯法，当地的处理方式有些粗暴，根据当年中央一号文件精神，对农民从商创业只能引导，不应打击，更不能全盘否定。

改革开放前，温州地区“三少一差”：可利用自然资源少；人均耕地全省最少（七山一水二分田）；国家投入最少（地处国防前线，没有国家投资项目）；加上地处浙南山区，交通条件很差。在这种情况下，温州地区许多人只得靠家庭手工业谋生，靠外出养蜜蜂、弹棉花等为生，历史上皮革、纺织、服装等小工商业一直比较发达。改革开放以后，温州城乡几乎人人都有发展经济、创造财富的动力。比如温州很多老人退休以后，年龄很大了，还利用家门口场地开小点心店，卖小商品等。温州的小学生一放学回家，不是先做功课，而是忙着帮家人干活。这是温州家庭作坊特有的图景，我认为应该支持温州走这条发展家庭个体经济的道路。

实地考察温州各县、镇的小商品市场

1984年夏天，温州市政府召开了温州市发展经济恳谈会，邀请了几十位来自北京、上海、南京、杭州等地有些名气的温籍专家学者，为家乡的改革开放和经济发展出谋划策。我也有幸被邀请参加了这次恳谈会。出席恳谈会的温籍专家学者满腔热情，直言不讳，提出了很多切合实际、很有见地的意见。比如，要建温州机场、金温铁路，尽快改善温州交通闭塞的状况；要努力借助温州籍教育家苏步青、谷超豪等人的资源，创办温州大学，为温州经济社会发展培育大批实用人才；亟须引进京、沪、宁、杭等地温州籍专家的技术、管理，帮助温州家庭工业和专业市场提升规模和水平。恳谈会充分肯定了温州走小商品、大市场的经济发展道路，以符合温州实际。有些专家还直接介绍许多科技项目给温州各县的乡村企业。这次恳谈会上专家学者提出的许多宝贵意见，后来都为温州市政府接纳并实施了，对温州改革开放和经济发展起了很好的推动作用。

会后，我们还到各个县、镇进行实地考察，亲眼看了永嘉桥头镇的纽扣市场，乐清柳市镇的低压电器市场，苍南、平阳的宜山镇、金乡镇、水头镇、鳌江镇的标牌、印刷、皮革、小五金、编织袋市场等，并聆听了他们艰难创业的故事，非常感人。

我印象特别深的，是参观坐落在瓯江北侧山峦之中的永嘉县桥头镇纽扣市场。据说1979年，一位姓王的弹棉花郎从江西买回一批处理纽扣，在镇上摆起了纽扣摊。谁知这一摆竟成了气候，一年之后，镇上卖纽扣的摊子发展到100多家。1983年初，县政府批准桥头镇为纽扣专业市场。到1984年我们去参观时，全镇有了700多个纽扣店、摊，全国300多家纽扣厂生产的1300个品种的纽扣，在这里都有销售。1984年，桥头镇销售的纽扣共计50多亿粒，相当于全国每人5粒，日成交额高达16万元。同时，他们开始用经商积累的资金办厂，生产纽扣，全镇迅速出现430家纽扣厂，其中300家是家庭工厂。桥头市场销售的纽扣有40%是这些工厂自己生产的，年产值近2000万元。桥头纽扣市场的繁荣不仅消化了本地剩余劳动力，还吸引了大批邻近地区的劳动力。市面上做纽扣生意的有5000多人，而后面有9000多人在全国各地搞采购和销售，昔日的“卖货郎”成了“购销员”。这批购销员形成遍布当时29个省、自治区、直辖市的流通网络，将各色纽扣和其他生产资料采购进来，又同时把桥头的纽扣推销出去，将商品直接送到各地的售货店、成衣铺和用户手上。正是有了这支队伍，桥头纽扣市场才充满生机，越搞越大，被人誉为“东方第一大纽扣市场”。其蓬勃的发展情景，展现了温州地区改革初期兴旺发达的景象，给人留下难忘的印象。30多年过去了，当年桥头纽扣市场熙熙攘攘的景象，至今犹历历在目，鲜活如昨。

记者张也平、桑晋泉到温州采写了报道和评论

1984年温州之行，让我深深感受到，我的家乡温州，确实把隐藏在广大老百姓当中的从商创业的积极性、创造性激发出来了。民众长期被压抑的发展生产力的能量，被改革开放大潮激发出来了。这一年，中央通过经济体制改革决定，提出发展社会主义商品经济，我认为“温州模式”最具有发展商品经济的生命力。当时中国发展经济有三种基本模式，一种是“珠江模式”，依靠毗邻香港和澳门的区位优势，搞来料加工生产，这种模式有地域局限。一种是“苏南模式”，利用靠近上海大工业城市的区位优势，发展乡镇企业，当时也是红红火火，但它的发展需依托大工业城市的区位优势和一个好乡镇长。还有就是“温州模式”，完全是民众创业，面对市场发展民营经济，老百姓白天当老板，晚上睡地板，有商机就找市场，不找市长。这三种模式中，我最看好的是老家的“温州模式”，因为“温州模式”的动力源泉在于民众，把民众发展致富的积极性充分调动起来，按照市场的需求，结合自己的专长和地区条件，一镇一村创出小商品的特色，占领大市场，那是最有生命力的，很快影响了全国。事实也证明，“苏南模式”在改制后，最终还是向“温州模式”靠拢。

我为家乡民众的创业精神所感染，回到解放日报社就极力在各种场合推广温州以市场为动力发展民营经济的发展模式。所以1985年5月，《解放日

报》在全国第一个鲜明地报道“温州模式”，绝非偶然。

值得一提的是，1984年，国务院决定对外开放全国14个沿海城市，温州也是其中一个，这又给了温州一个发展的好机会。1985年4月，《解放日报》上海经济区报道部主任张也平，带着记者桑晋泉，到温州采访，原来是打算报道刚成为沿海开放城市的温州，以及如何扩大对外开放。想不到他们在与温州市委书记袁芳烈和副市长方善足交谈时发现，书记和副市长谈得最多的，却是农村家庭工业和专业市场的发展情况。袁书记说：“温州经济的最大特色是家庭工业、商品经济、个体经济，这些已成为经济发展中的支柱。”方副市长进一步介绍了温州的商品经济特点，它是自发形成许多各具特点的小商品专业市场，比较集中、影响较大的，有纽扣、低压电器、再生布编织等十个专业市场。这引起了张也平和桑晋泉的兴趣，他们意识到，温州作为刚宣布的全国沿海开放城市，对外开放工作才开始，并不具备报道条件。而蓬勃兴起的家庭工业和专业市场，倒是实实在在的温州特色，也是上海经济区及其他地方所没有看到过、听到过的发展经济模式，这才是真新闻，才是来自实际、来自民众的有价值的好新闻。

这样，他们很快调整采访计划，当机立断下到瑞安县塘下镇、苍南县宜山镇、乐清县柳市镇，实地观察采访再生布纺织品、塑料拉线编织和小五金、低压电器等专业市场和家庭工业的情况，取得丰富的第一手材料。记者深为温州农村千家万户投入商品经济热潮的蓬勃景象所感动。在苍南县宜山镇的一个月夜，张也平和桑晋泉漫步在街头村边，看到家家户户灯火通明，听到一片“叽叽嚓嚓”的织布声，喟然赞叹：“宜山一片月，万户织机声！”回到温州，他们又与市委办公室和政策研究室的同志们深入交谈，并阅读了许多关于温州家庭工业和专业市场的调查报告，对报道更加胸有成竹。

“温州模式”四个字
最能概括温州经济发展特色

回到报社，张也平着手写评论，桑晋泉写新闻报道。由于素材丰富，又有实地感受、切身体验，所以这组重点报道和评论很快就顺利脱稿。最后让两人感到为难的是，要不要把“温州模式”这个提法写进报道。之前，从中央到地方已有好些领导人和专家学者到温州参观考察过家庭工业和专业市场。除个别经济学家如董辅礽曾大胆提出过“温州模式”外，其他领导和专家都慎用“模式”一词，对“温州模式”的提法持保留态度，一般只提“温州商品经济新格局”。《解放日报》原是华东局机关报，在全国和华东地区有很大影响，在报道和结论性的提法，向来持十分慎重的态度。为此，张也平曾专门通过长途电话，向当时浙江省省长郑重征求意见，得到的回复是：我给温州同志讲过，还是不要叫“模式”，你们做起来再看嘛！显然，省长是不主张提“温州模式”的。但张也平是资深老记者，有较强的新闻敏感性，他不愿轻易抛弃自己在采访实践中形成的观点，认为只有“温州模式”四个字最能概括温州经济发展的特色。所以，他不同意浙江省省长的看法，便直接找了总编辑陈念云汇报采访经过，谈了对“温州模式”提法的不同意见以及自己的看法。陈念云总编听了汇报，当场表示赞同张也平的观点，报道可以提“温州模式”。但他在审阅这组重点报道和评论的过程中，却慎重地来征求我的看法。因为他知道我是温州人，也连续几年回温州考察、调查，参加过温州市政府召开的经济恳谈会，对温州的情况比较熟悉。况且，当时我任总编辑助理，经常协助陈念云总编处理重要的报道和评论，并作出恰当的版面安排。对张也平、桑晋泉这组温州经济发展特色的报道和评论，我认真地做了推敲斟酌后，向陈念云总编辑建议说，“温州模式”是这组重头报道、评论的主要看点，是魂，应当鲜明地提出，不用犹豫。但为了照顾浙江省的意见，我们先不要上标题，只在报道中提，低调一点。最后，陈念云总编同意我的看法，签发了这组报道和评论。

总编同意我的看法，“温州模式”正式见诸报端

1985年5月11日傍晚，我主持了报社编前会，决定第二天在《解放日报》头版发表这组报道、评论。当晚十时左右，我到夜班编辑部与陆炳麟、金福安同志商定具体版面安排。鉴于当晚新华社发来的重要电讯稿有两则：一是邓小平同志会见阿拉法特的新闻与图片；二是亚太地区“青年在和平与发展中

的作用讨论会”在北京开幕，国务院总理赵紫阳祝酒。对于这两条新华社重要新闻和图片，我们三人看法相同，在头版右头条、二条位置刊登就可以了，而腾出来的头版头条位置发表“温州模式”的报道和评论。这样，1985年5月12日，《解放日报》头版头条刊登了《温州三十三万人从事家庭工业》的报道，并配发评论文章《温州的启示》。“温州模式”正式在全国首次见诸报端。我们还在其中首次概括了著名的“四千精神”：走千山万水，吃千辛万苦，想千方百计，说千言万语。当时这组报道和评论在温州和华东地区以及全国产生了重大影响。一时间，从中央领导到各省、市的干部，大约有60万人来温州参观考察，仅各地副省部级干部就达93人次。前后有100多位专家学者潜心研究“温州模式”。当然，在一段时间内，对“温州模式”姓“社”姓“资”也曾议论纷纷，莫衷一是。有赞成的，有反对的，也有表示看一看再说的，直至1992年春，邓小平同志发表南方谈话后，才统一认识，肯定了“温州模式”市场化、民营化的发展道路。

在新闻报道的改革开放中，陈念云总编和我一直坚持一个新闻理念：《解放日报》的报道和言论，一定要敢为天下先，勇为改革开放鼓与呼，发挥舆论的先导作用，坚决破除不痛不痒、循规蹈矩的自我束缚。“温州模式”这组报道、评论也是如此。六年后，《解放日报》又带头发表皇甫平系列评论，在重要的历史关头，推动了新一轮思想解放，迎来改革开放进入建立社会主义市场经济体制的新阶段、新局面。

《解放日报》“专稿特稿”闯出新闻报道新天地

我在《〈解放日报〉几次大胆改革和探索》中，从率先刊登领袖漫画、大胆发表皇甫平系列评论、首次将美国新总统宣誓就职的新闻放在头版头条显著地位，以及在报纸头版尝试刊登整版广告等几个方面，忆述了20世纪80年代《解放日报》是如何走在全国新闻报道改革的前列的。

今天，我想进一步从1988年《解放日报》扩为8版后，新设立的“专稿特稿”专刊，讲述《解放日报》如何突破新闻报道禁区，大胆探索发挥党报舆论监督功能，闯出了一条新路，创造了许多全国新闻报道的第一。

率先全球报道1988年中越南沙大海战

1988年3月14日，中国海军在我南海赤瓜礁海域，一举击沉击毁非法入侵的越南三艘军舰。此役我方仅伤一人，舰只毫发无损，大获全胜。正是此役，我国乘势收复永暑、赤瓜等6个岛礁的主权，我们终于在南沙海域打下至关重要的第一批楔子。

然而，事后我方秘不作声，仅有外交部发表声明“强烈抗议越方向我正常作业船只开枪开炮”。我媒体一律如此，照登不误。因越南参战方无一人生还，尽管许多国家和地区的媒体炒得沸反盈天，但中国不开口，谁也说不清。相比现在，当时的资讯条件相当落后，发生了这般天大的事，中国的媒体自己不说，中国的老百姓也就浑然不知。

我听到这事，已经是三个月后了。那是6月上旬的一个傍晚，“专稿特稿”栏目责任编辑熊能悄悄告诉我，本报军事记者徐琪忠，在沪东造船厂遇到东海舰队一位舰艇政委，听他说他们在南海同越南打了一仗，过程很激烈，战果很振奋……我不胜惊讶，“二战”结束快半个世纪了，这等规模的海战也只有马岛之役可比，中国海军为捍卫国家主权，浴血奋战，扬威海疆，可中国人自己不知道！

能报道吗？这样大的事，若能公开披露，是不可能轮到我们地方报纸的。

几个月前，《解放日报》从每天四版扩至每天8版，在当时的中国媒体界是件大事。全报同仁战战兢兢，跃跃欲试，冀盼着新版面、新气象、新突破。熊能用充满期待的眼神看着我，等着我表态。经过一番思考后，我说好，你与徐琪忠合作，就算摸着石头过次河吧。当时我交代了几条：尽力争取采访到参战部队；尽力做到采写内容真实准确；尽力做好保密，不外泄。

记者决定采访，前面显然横着三道“天堑”：第一，该舰政委未经上级批准会向媒体披露作战全过程吗？第二，军方谁会出来担责审稿？第三，地方报纸能率先自主发表吗？

也许是天意眷顾，军事记者徐琪忠出师告捷，参战的东海舰队531护卫舰政委徐友发表示，“作为多年老朋友，可以私下聊聊”。机不可失，当夜熊能便与徐琪忠一起登上凯旋返港的英雄战舰。采访相当成功，他们的汇报给我印象很深，那些参战勇士的音貌至今宛在眼前：一战士探亲归队回到宁波驻地，舰艇已经出海，知道可能要打仗，他千里单骑追部队，路上钱包被偷，忍饥挨饿往南赶，终于在战友将从海南军港出发前两小时，登舰报到。一水兵临战前匆匆给未婚妻留下铮铮血书，慨然上炮塔。反潜班长杜祥厚，只身迎击越军的枪口刀尖，一把扯下他们国旗……

第一道采访“天堑”竟如履平地通过，可后来的事情就太难了。近6000字的通讯写出来了，按照与531舰徐政委的约定，必须送东海舰队审核。记者徐琪忠打电话给东海舰队老朋友、舰队宣传部部长。老朋友万分为难，说这次的南沙之战肯定是不能见报的。记者死打烂缠，对方只好说让上海基地首长先看看。上海基地首长一听连看也不看，反而好言相劝说：刚接到上级文件，最近一期的《十月》杂志被销毁，已发出去的也在全力收缴，因为刊登了一篇与中国核潜艇相关的报告文学。中央军委一位副主席特此提醒，要举一反三，中越“3·14”海战不能报道。靠部队领导审阅通过，看来没有希望了。

我当时想，南海主权中国政府一直在理直气壮地捍卫，这一仗打得如此漂亮，国外早就炸锅了，我们为什么还要瞒住不报道呢？中华人民共和国在成立之初就发表声明，严正指出中国对整个南沙群岛以及西沙、中沙、东沙群岛拥有无可争辩的主权。而后我国政府先后发表十多次声明，一再重申南海群岛历来是中国领土的一部分。近年，我国政府屡次警告越南当局，倘若一意孤行，必将承担一切后果。所以，这次中越大海战，是我国收回领土主权的庄严行动，天经地义，没有什么不可告人的。

问题是，如此重大的对外作战报道，能否率先由地方报纸披露出来？过去确实从未有过。不过，《解放日报》也算是全国有影响的大报，是否可以大胆一试？熊能、徐琪忠再三向我表态，一旦惹祸，就坚称没有给报社领导通过气，由他们"担责"。这样重大报道的发表，报社领导居然不知道，岂不视如儿戏？我对熊能说，不是"追责"问题，我们首先想的是对事业负责，对读者负责。报道写得很好，你们只对事实负责，我负责审定签发，这都没有问题。考虑到发表时机问题，还是先缓一缓，不要焦急，需要等一个合适的机会，比如配合八一建军节的宣传等，"师出有名"。

在这期间，军事记者徐琪忠密切关注军队报纸对此次海战的反应，还天天盯住他在上海警备区里的一位"铁哥们儿"——《解放军报》通讯员。一旦军报有动向，我们的"专稿特稿"便"先下手为强"。

最紧张的是"八一"前两天，北京始终没有确切消息。建军节就这么过了，我们正在焦灼之时，警备区"铁哥们儿"传来"绝密佳音"：《解放军报》近日将发表有关"3・14"海战的图片新闻。后来看到，那不过是我海军正常海上巡逻的照片，不是海战照片，但是在照片说明里出现了"3・14"海战"几个字。机不可失，时不再来！就凭这几个字，我当即拍板付印发表。只是将这篇报道的标题做了"脱敏"处理，原标题是《中越3・14南沙大海战》，改成《来自南中国海的报告》。近6000字的长篇，再配照片，几乎一整版。

此文一发表，石破天惊。第二天就被港澳台报纸竞相全文转载，全世界这才知晓这次南沙海战的战况概貌。

《解放日报》有没有惹祸上身呢？没有。我竖着耳朵守候在红机电话旁。结果无声无息，上面好像什么也没发生、什么也没看见。现在想起来，感慨良多。

什么叫新闻空间的“边界”？如何突破“边界”？我们的媒体领导往往作茧自缚。按习惯思维、习惯做法，自己束缚自己，不敢越雷池半步。只要无损国家、民族、社会的事，努力争取、决心突破，细心探索，大胆触“边”，这个“边界”就不可能一成不变，是可以在合力作用下不断扩展的。做新闻的谁不想有所突破，有所创新？

关键是媒体负责人，坚守立场、方向的同时，一定要有那么点度量和担当，最大限度地维护一线记者的干劲和闯劲，有了他们的干劲闯劲，鲜活的新闻才会源源而来，媒体才会有生气，版面才会吸引读者。

发出毒品蔓延警报的第一声

20世纪80年代末90年代初，“金三角”的毒品开始向与之接壤的我国云南省蔓延，局部地区已经相当严重。

当时，除了云南个别同仁知道真相，全国绝大多数媒体人对毒品已经侵入的严酷事实，茫然不知。我们只知道林则徐虎门销烟，只知道解放初禁毒禁娼大扫荡，那个开遍罂粟花的“金三角”，不过是天外传奇。

1990年初，《解放日报》“专稿特稿”责任编辑熊能因追访一件国宝出处到云南出差，与云南省公安厅干部交谈中，偶然得知，中国已然不是“无毒之地”，两三年前，鸦片开始越过边境，渗入省城昆明，而后，海洛因接踵而至，来势汹汹，昆明甚至已经有了地下烟馆！

熊能打来长途电话，问我这个题材能不能写？我说这个情况很重要，先把毒品蔓延情况摸清楚，尽可能取得当地公安部门的帮助。

毒品的危害，人尽皆知。但究竟有多少毒品流入云南？究竟有多少人已经染毒？这在当时恐怕连公安系统也未必能全面掌握，即使有个内部估计，那也一定是“最高机密”，绝无可能外传。当务之急是直接找到染毒当事人，不是采访一个，而是接触一群，通过他们的亲历口述，现身说法，那是对毒品危害最有力的揭露，也能对毒品入侵势头给出真实可感的概貌。

与我们的记者接洽的，是云南省公安厅宣传处的一位干事，当记者表示希望他们帮助采访昆明吸毒者时，对方的为难显而易见。我们主动给出了

“互助”方案。云南公安最近破获一起公安部督办的重大跨国凶杀案，已经成稿，2万多字。因篇幅关系无法刊登于《解放日报》，我们马上联系到当时全国影响最大、发行量最多的法制类刊物《民主与法制》，因为关系熟，互相信任，杂志负责人电话里就拍板，此稿由他们采用，稿酬从优。

于是，该干事向我们透露了一个“绝密”信息，几个月前，在昆明郊区长坡，落成了中国第一家“戒毒所”，里面关着中国第一批“瘾君子”。集中采访一批失足者，打进“戒毒所”无疑是不二之选。然而，云南顾虑国际影响，“戒毒所”深院高墙，重门紧锁，秘不示人。我在电话里鼓励记者，不要有后顾之忧，改革开放年代，毒品入侵并非秘不可宣的事，应当积极争取，努力打进“戒毒所”，挖掘有新闻价值的材料。

但云南媒体的朋友劝熊能放弃，说事关国家形象，没办法。谁不想第一个披露毒品入侵？谁不想报道中国第一家“戒毒所”？如果能写，哪里轮得到你们上海的媒体？然而，事实往往正相反，事发地不能发表的，异地媒体反而有“地利”之便，因为少了“上下级”直接禁锢，也少了“不听话”的秋后之忧。

熊能硬着头皮去找荒山野岭里的“戒毒所”。那门口有一块小牌子：云南昆明长坡药物依赖精神研究中心。当然不得而入。央告半天无果。熊能无奈之下放出狠话：让不让采访都要写的，戒毒所存在已经是事实。里面被缠得不行，传话出来：除非能同时持有云南省公安厅与云南省卫生厅的两份盖公章的介绍信。

“破冰”总是千万难。因为有“互助协议”，省公安厅的介绍信经一番周折总算开出来了。那省卫生厅的介绍信如何下手？没办法，只好继续请公安厅干事帮助，“救人要救活”。那干事也没直接关系，想了半天说认识《健康报》驻云南记者站的田站长，或许能与卫生厅搭上话。当夜，公安干事带熊能敲响那位女站长的家门。原来“山重水复疑无路”，没曾想就因为这位女站长的出现，居然“柳暗花明又一村”了。田站长的父亲是位刚辞世的高干，在当地颇有影响。而《健康报》是国家卫生部直属媒体，在卫生系统的分量非同小可。田站长精明强干，深得人望，有云南卫生系统“第一新闻发言人”的美誉。她认真听取了熊能的采访诉求，深表同感，云南境内染毒已经日甚一日，可当地媒体为守“纪律”一言不发，外地记者来访又搞“坚壁清野”，如此以纸包火，有百弊而无一利。

她坦言自己与卫生厅关系很铁，采访“戒毒所”的介绍信会尽力去为我们争取，明日中午前后听消息。第二天，经过一上午焦急等待，下午三点电话终于来了，叫我们的记者马上到卫生厅去拿介绍信。卫生厅官员还是不放心，再三嘱托笔下留情，千万不要把云南妖魔化。当然，云南方面最终同意由上海媒体首次披露，与《解放日报》是国内一份有影响、负责任的大报不无关系。为防意外，田站长亲自护送，“送佛送到西天”，过岗过哨，直到把我们记者带进“戒毒所”。中国报业从来不乏义士，滇畔真有女侠。

很长一段时期，中国媒体往往会以“国家形象”“制度优越”的名义，习惯性服从“纪律”，对负面事端的出现集体保持沉默，听若罔闻，视若无睹，私议不止，笔底无字。毒品越过国境，大肆入侵，这对已经无毒几十年而正处在改革开放大潮里的中国，贻害极大。抗毒、禁毒不只是专业机构的秘密行动，媒体同样责无旁贷，理应积极作为，揭示真相，宣传政府的决心，动员社会与国际社会携手，共同围剿这个祸殃世界的现代毒瘤。毒品泛滥，舆论噤声，谈何“优越”？罔顾天大的事实，无异于鸵鸟自欺。

熊能打入中国第一家“戒毒所”，整整一天，采访了近十位染毒者。毒品荼毒，逼盗逼娼，自残自杀，家破人亡，句句血，声声泪，惨不忍听。毒害，不再是远年的惨剧；禁毒，不再是林则徐的故事。一切已经发生，就在今天，就在眼前。

1990年5月20日，长篇通讯《白色深渊》于《解放日报》刊布问世，在公开媒体上，拉响了中国第一声振聋发聩的反毒警报。

最先报道改革开放出国潮

现在，出国留学几乎成了中国老百姓家的寻常事，出国旅游更是以每年上亿人次让世界目瞪口呆。

回首并不久远的20世纪80年代的往事，恍如隔世。普普通通的中国人潮水般地涌向日本驻上海领事馆，申请自费出国留学。尽管改革开放已经走到第十个年头，但在1988年早春的中国，这不啻于天方夜谭。

相当长一段时期，“出国”对中国人来说好比登月，中外人员跨国交往，犹同象征性的道具陈设。“文化大革命”前，对外交流最“旺”的1965年，入境人次也只有一万余。第二年“文化大革命”爆发，我们这个有七八亿之众的人口第一大国，全年入境只有303人次。而因私出国就更难了，连条门缝都没有，1967年，中国最大的对外窗口上海，出境数居然不到十人次，还是国家派出的特殊工作者。那个时期，我们一直呼吁不要围观外国来宾，但不围观也难，深目隆鼻的外国人实在罕见，就像撞见火星人。

改革开放伊始，国门初启，入境人次剧增，外商、侨胞纷至沓来，1978年来华旅游入境数达180.9万人次，超过以往20多年旅游接待人数的总和。相对而言，中国人出境，尤其是因私出境的增长则十分缓慢，除了极个别有特殊背景、特殊机遇、特殊才具者，绝大多数中国人的“涉外”，也就是观赏进口大片和仰慕黄牛手中的“侨汇券”，“出国”未敢入梦来。据统计，1987年来自169个国家和地区的旅游、参观、访问以及从事各项交流活动的入境人数已经激增至2690万人次，而这一年，中国最大的城市上海，被批准出国的人数仅为2万人次。在已经是改革开放的第十个年头，中国人出国，还是难上难。当时《解放日报》有篇报道《造船折腾记》提到1987年中国人的“出国难”，就非常经典。上海沪东造船厂接受联邦德国订单，建造两条现代大货轮，逾期交货按天重罚。中方急派专家赴德接洽，但出国须政审。“有了沪东造船厂的鉴定不够，还要到街道、里委、居民小组去摸‘表现’。怕烦吗？违反制度谁负责？外调人员苦不堪言。那天去政审一位本厂工程师，他家住在远郊，组织干事起了个大早换三趟车赶到那里，一打听，工程师已经搬家了。第二天按新地址找到当地派出所，换好外调证明盖好章，又步行40分钟找到所属里委会。结果，里委会主任说要回家烧午饭，有事下午两点再来谈。这位干事在门口等了3个小时，结果还是落个空，因为那天居民小组组长又不在家。政审好不容易结束了，厂方派专人不远千里跟到北京‘顶上边’，等处长签字。不巧，‘顶上边’正在集中人力搞一项‘中心工作’，处长无觅处。厂方办事员天天赔着笑脸去问去催，这一等又是整10天！德方急了，又是电传又是电话催个不停，沪东厂更急，急有什么用？从正式呈送项目报告到设计人员登机出国，整整历时70天……”

这是中国改革开放第十年时“出国难”的珍贵闪回。有个形象的比喻，中国对外开放的大门，一扇敞开，一扇还是虚掩着。

转眼到了1988年春天，情势骤然陡变，上海街头出现开埠以来从未有过的，也是新中国成立以来从未有过的“出国”奇观——上海的普普通通市民，呼朋唤友，结伴搭伙，潮水般涌向日本驻上海领事馆——出国！出国！自费“留学”去日本！

一向被百姓视作“飞地”禁区的领事馆大门口，眨眼就像人声鼎沸的大卖场了，申请自费出国签证的普通市民排出长蛇阵，“摆砖头”“挂篮头”“买号头”，挤挤挨挨，昼夜不息。

中国人真的能自己申请自费出国了?!

其实，早在1984年，我国政府已经出台了鼓励民间自费留学政策，只是对被封闭太久的国民来说，连想象的胆儿都还没敢萌生。但毕竟只隔着一层窗户纸了，水到渠成了，大势所趋了，这层窗户纸一经点破，便排山倒海，势不可挡。

“自己申请去日本”，无疑是1988年早春大上海街谈巷议的最热话题。自费出国，撩拨起所有青年的心弦，触动了中国的神经。作为社会“眼睛”与“喉舌”的媒体人，更是活跃，记得我们报社的不少青年记者下班后赶去读日语速成班，在日本有亲友担保的迅速辞职东渡扶桑。

浪潮汹涌。昨天还在抡大锤的青工、端盘子的伙计、卖西瓜的小贩，忽然摇身一变，穿上笔挺的西装，拎着锃亮的皮箱，一声“拜拜”，郑重地踏上了国际航班的舷梯……

街谈巷议早已如火如荼，但中国的媒体又一次集体噤声。都知道事关重大，所以不管三七二十一，媒体习惯性地选择了“没有指令”就沉默。

但也不是没有只言片语，偶尔媒体上会流露出一闪而过的“负面新闻”，如某某女青年赴日后误入色情行业，走投无路在东京欲卧轨自杀；某某在日本打工负伤，无钱就医只得打道回国；某某为了去日本，私下换外汇，遭打劫生命垂危……媒体在没有接到“上面指示”前，搞出这种鸡零狗碎的民间“出国糗闻”上版面，一则猎奇，二则保险。

我几次与“专稿特稿”专栏责任编辑熊能商量，希望关注这次“出国潮”

的动向，勇于政治担当，敢于版面作为，尽快写出长篇通讯，全面、客观、准确地报道这“史无前例”的重大新闻，责无旁贷地为中国改革开放鼓与呼。

当时的采访相当不易，有“三难”：上面宣传口的态度不明；通信条件落后，打国际长途绝无可能；赴日潮刚刚兴起，只有去不见回，采访当事人如大海捞针。记得熊能连续数天死守在上海虹桥机场国际到达口，紧紧盯着日本来的航班，见年轻旅客就一个不漏地问：“您是自费留学生吗？”这般“捞针”，夜以继日……

当年这篇长篇通讯的标题叫《“巴拉巴拉”东渡》，取自于日语“民间松散”之意。这是国内第一篇报道“出国潮”的长篇通讯，其影响之深巨，远超我们的预料。当时市民争相传阅该文，商家亦“借文”打广告，淮海路美轮美奂的橱窗里，大字标出“巴拉巴拉旅行包”“巴拉巴拉旅游鞋”，成为出国赴日之“标配”。尤其难忘的是，该文由留学生家长复印后迅速电传发到日本，于是在留学生中疯传开来——党报写我们？政府怎么看我们？将来国家怎么待我们？这篇报道无数次被复印，无数人在抢读，一时“洛阳纸贵”。报社有位赴日的员工，后来向我们描述当时在日本的自费留学生争阅此文之盛况：“那天我在语言学校上课，日本老师已经进教室了，但教室里热闹得像锅滚粥，老师问发生了什么事？我们说，大家都要看上海的报纸是怎么写我们自费留学生的。日本老师没办法，只好提议派一位学生上讲台，将这篇报道全文大声念一遍。文章有6000来字，半个小时才念完，最后全班起立鼓掌……”

当年，我们没有沉默，没有视若无睹地一起失语。现在回想起来，差堪自慰。

跨“市”报忧监督试先行

很长一个时期，中国新闻界有条隐形的铁律：除了采用新华社的统发稿外，各省、自治区、直辖市的媒体人不得跨地域采写灾难类新闻，“负面”新闻、舆论监督更不容越界涉笔。

1987年5月，距上海5000公里的中苏边境大兴安岭发生特大森林火灾，持续20多天，其损失之大、死伤之众，闻所未闻。

尽管这场灾难已经过去30年了，但当时"全民揪心"的那份关注度，我依然印象清晰。大火烧起来的第一夜尤其惨烈，排山倒海般的火焰以汽车速度由北而南疯狂奔突，瞬间寂静的森林变成人间炼狱。第二天新华社的统发稿，只有寥寥几行字。中央发话了，部队上去了，火场还在日夜扩大，"全民揪心"，但媒体上的统发稿总是不能再简单的寥寥数语。记得那天下午，一群青年记者聚在报社评论部里议论这场大火，我进去后他们突然提出一个请求，希望报社批准，派自己的记者到火场采写独家报道。

如今，记者前往重大灾害现场采访，司空见惯，但在1987年，上海主流媒体若自主出动，就是"第一个吃螃蟹"的。我被记者的奋勇请缨感染了。面对如此重大灾难，我们媒体人除了"照单收发"就只能袖手旁观？这种僵硬的陋规远不能适应改革开放的新时代大潮流，"破冰"势在必行。我与陈念云总编商量后，当天决定派熊能尽快赶往大兴安岭，并给了个那时媒界鲜见的头衔："本报专派记者"。

熊能不负所托，从上海出发不到8个小时便传回来第一篇通讯《他乡遇老乡》，通过一位在大兴安岭工作的上海老知青的亲身经历，真实展示了九死一生的火场和令人痛心扼腕的大灾况。这是上海媒体的"破冰"篇，之后每天从火场发回的"本报专派记者"独家报道，深深吸引着上海读者，社会反响之强烈甚属罕见：街道、里弄干部组织街坊邻里，敲锣打鼓一批批到报道中提及的上海籍扑火指战员的家中慰问；上海宜川中学是扑火前线一位上海籍团政委的母校，他们看到报道后，当天召开全校大会，宣读通讯，以这样的毕业生为荣，号召全体师生向火场英雄学习；曾经在大兴安岭挥洒过血汗的上海知青，纷纷来电来人，希望通过报社尽快向他们的"第二故乡"捐款捐衣……我们的"本报专派记者"熊能火线返沪时，犹如英雄凯旋，市里隆重召开表彰大会，社会各界的函请纷至沓来，受邀出席了"火场专题报告会"近百场！

显而易见，"破冰"突围后的独家报道，其广度、深度、亲和度、可信度，是以往统发稿不能比肩的。

第二年，即1988年，中央宣传部门组织了包括香港在内的全国11家媒体赴大兴安岭灾区，采写重建家园的成果。熊能被邀在列。此事从中央到地方极为重视，记者在大兴安岭的加格达奇集中后，每人配备一辆专车，一上路前有警车开道，后有面包车、卡车压阵，浩浩荡荡。显然，这次的主题不是报忧是报喜。

然而，就在接风的午宴席间，熊能私下获悉，因火灾被收监的11名嫌疑人，在前不久的法庭一审中全不认罪，更奇怪的是一大群当地职工在法庭内外抗议审判，当被告发言时就拼命鼓掌，检方发言时就拼命起哄，法院一审竟然离奇地以“完败”收场。当地媒体一语不发。

大兴安岭火灾是管理松懈导致操作失范，进而引燃林间枯草导致的。国务院为此主导发起了一场声势浩大的“反对官僚主义，严肃规章制度”的全国自纠大检查，国家林业部部长、副部长被革职。大兴安岭灾区当地，开除、降级了一批干部，几位处级、科级干部被批捕。没想到开庭一审却引起此地部分群众的情绪强烈反弹，他们认为既然追究领导责任，要抓通通抓，要判通通判，否则就不公平。被告中的漠河县防火科副科长秦某，始终是个“焦点人物”，整个漠河县城烧成一片废墟，独独留下一栋刺眼的红瓦房完好无损，这栋红瓦房是两户人家的家，东头是漠河县长的家，西头就是县防火科秦副科长的家。大火之夜，四库失守，秦副科长率领全县仅有的三辆消防车守备在自家周围，他坚称这里是全县人逃命的通道。先用消防车将自家的屋顶、柴火堆浇透，再指挥推土机把四周的建筑统统夷为平地，名曰“保障出口畅通”。他一再引经据典称自己这么做是天经地义。秦副科长被捕已经一年，党籍却依然保留，他的上级和上级的上级还在张罗为他“评功颁奖”。

图强林业局（县团级）的部分群众情绪最大，局长被捕了，职工申请游行抗议，党员联名上书陈情，一股莫名的激愤指向漠河：大火是从漠河烧过来的，为什么不抓漠河的书记和县长，要抓通通抓。

漠河的书记、县长不是没被处理，一个连降三级，一个撤职开除，没被捕是因为他们在火场的临阵表现无懈可击。法庭上的另一被告是漠河县委副书记李某，他亦拒不认罪。那天早上，县里开会宣布他由组织部长升任县委副书记，分管防火。会还没结束，起火了，新官率众冲上山扑火。奋战一天一夜，终于扑灭了明火，全体人员筋疲力尽，他下令原地休息，人们倒头便睡。谁也没想到，午后突然刮起狂风。若按“惯例”，是可以休息的，但按“条例”，必须做到既无火也无烟，否则决不允许休息睡觉。凡事不怕一万，就怕万一，他作为分管防火的县委副书记（尽管只当了一天）和火场总指挥，铸成大祸被追责，责无旁贷。但他觉得自己太冤，比窦娥还冤……

大兴安岭火灾举国震惊，以此为戒，全国范围的“自查自纠”方兴未艾，而大兴安岭灾区本地却出现舆论倾向的巨大波折，一审“完败”，此事无论如何不应成为媒体关注的盲点。

大兴安岭火灾报道，是我们新闻史上的一个里程碑，突破禁锢，自主跨界报道灾害，从此成了“新常态”。其间，个别全国性媒体，大胆突进，不仅写天灾，亦写人祸，鞭辟入里，针针见血，一时国人争睹。

而地方媒体，跨界报道了灾难，还能不能跨地域报道外省、自治区、直辖市的重大“负面”新闻？在1988年上海的官方主流媒体，这种尝试尚还阙如。

熊能在电话里向我提出此线索可否深入采访报道，我表态说：有重大价值的新闻不要轻易放弃，外地的负面报道能不能登，不必多虑，报纸的舆论监督功能是不分地域的。将在外，一切见机行事。

记者此后的采访非常不易，既要完成随团“一天一站”紧张的正面成果采写，又要争分夺秒“隐蔽”地完成“负面报忧”长篇通讯的众多访谈。“兼听则明”，记者想千方设百计，打入监狱见到了所有在押当事者，走访了各处几十位见证人。这篇跨界披露外省“家丑”的重大报道《谁之罪》很快成稿，我审阅后也很快签发，1988年11月25日，便在《解放日报》“专稿特稿”栏目整版发表，旋即被国内媒体争相转载，激起很大反响。

首揭上海母亲河的严重污染

现在的媒体，面对环境污染不再那么噤若寒蝉了。每天的天气预报都敢公开报出“轻度污染”“中度污染”等资讯。

而在20世纪80年代，环境污染就像开封府街头的泼皮牛二，媒体全体识相，敢怨敢恨不敢言。那时候，一切都在国家“计划”中，排污和埋单，都是国家之事，无须媒体多嘴，更不许危言耸听打横炮。

一如巴黎的塞纳河、彼得堡的涅瓦河、伦敦的泰晤士河，苏州河是上海的母亲河。曾几何时，我们的母亲河就像条敞盖的阴沟，漆黑的河水从大上海闹市中心臭气熏天地淌过。这条哺育了上海繁荣的动脉，却被上海的繁荣窒息了。终年黑臭，臭不可闻，半座城的人每天从它身边掩鼻而过。

什么叫黑臭到了“无以复加”？苏州河的污染指数无法定级，无法测量，环保探头一入河中无异于毁灭性自残。没人知道它的含毒指标，没人知道它会对人体造成怎样的伤害。它肆无忌惮地全部流进黄浦江，而上海人则别无选择地同饮一江水。

媒体人也曾经大声喊过，只是所作所为实在令人汗颜！ 20世纪50年代搞“大跃进”运动，我们的媒体就把嗓子喊破了：“奋战××天，誓将苏州河变成西子湖！”媒体人居然把臭不可闻的苏州河居然吹成“聚宝河”——黄浦废品提炼厂的37名工人从苏州河废水中提炼出白银3000公斤！普陀橡胶废品厂综合利用苏州河废水一年产值翻十番！用苏州河污水浇田，“菠菜增产21倍”！随后媒体就哑了，集体失语。

如果说“大跃进”运动中的媒体是满嘴“经济妄语”，到了“文化大革命”时期，媒体人不由自主地又开始“政治抽风”。第二场“治河运动”始于1969年，上海革命委员会打响了一场“夺下污水管，气死帝修反的人民战争”。墨黑的污水直接排进郊区十多万亩的农田里，上海报纸这样写道：“……水来啦！水来啦！等候在渠道旁的川沙县广大贫下中农，眼望着这浸透上海工人阶级深厚无产阶级感情的油光闪亮的水流，个个眉开眼笑。……欢呼声盖过奔腾而来的潮声，久久在田野上空回荡。”但贫下中农很快就发现大事不妙，土壤污染了，粮菜污染了，水井污染了，水产绝迹了，沿渠所有村办小学的师生终因不堪蚊蝇肆虐、臭气威逼而仓皇出逃……媒体在哪里？媒体集体哑声。

20世纪80年代末，苏州河的污染达到顶峰。而此时国际上的环保理念已经深入人心，欧美大城市母亲河的治污相继竣工。上海的主流媒体，能不能就污染问题率先打开窗户说亮话？

应当说，那时改革开放已十年了，思想领域已经相对宽松。但谁发第一声，还是需要一点敢为人先的勇气，一点敢开先河的担当。我与“专稿特稿”栏目责任编辑熊能商量，撰写一篇长篇通讯，尽可能把苏州河的污染写清楚，绝不再搞文过饰非，绝不再出疯言妄语，要说真话，知无不言，言无不尽，兜底托出。

80年代，媒体怎么写环保问题，几乎没有范本。我们记者沿着苏州河两岸来回跑。这里是“禁区”，荆棘丛生；也正因为媒体从未踏足，所以遍地“珍闻”，涉笔现“宝”。

这篇通讯，是上海主流媒体第一次正面披露苏州河的污染问题，第一次披露曾经所谓“治污”的荒诞与不堪，第一次直言我们的失误与承受的恶果，第一次直言我们的环保与世界的距离与当下的尴尬，更是第一次坦陈眼前治污的困顿与阻碍。

当年，遗憾没能拿到“最高机密”苏州河污染数据，此外我们问心无愧：知无不言，言无不尽。

这篇发表于1989年1月20日的长篇通讯，其标题触目惊心——“黑色的泪”。该文长久地留在了读者的记忆中。过去了20年，上海电视台还专门采访该文执笔记者熊能，并在节目中还原了当年起意的初衷与久远的故事。

还是那句话，写了就写了。击中社会绷紧的那根弦，是广大读者的渴求，也是专业媒体人问心无愧的责任与尊严。

篇末附言

“专稿特稿”栏目责任编辑熊能，毕业于复旦大学哲学系，原在上海社科院任职，1984年解放日报社从社会招聘记者编辑时，他应聘入解放日报社评论部工作。1988年《解放日报》扩版，编委会决定把“专稿特稿”栏目设在评论部，由熊能任责任编辑，我时任副总编辑，负责签发版面，直至我1993年调离解放日报社到人民日报社履新时为止。

熊能的新闻嗅觉十分敏锐，具有超强的采访能力和娴熟的文字表达能力，而且出手快，有影响的精彩新闻作品迭出。1988年，他被上海市读者公开推选为十大名记者之一。他为《解放日报》新闻报道改革作出重大贡献，是解放日报社难得的后起之秀、大牌记者。

令总书记和总理大为感动的读者来信

1996年1月22日—26日，全国宣传部长会议在北京召开，我作为人民日报社副总编辑列席会议。会议主题是总结党的十四大以来宣传思想工作的基本经验，规划“九五”期间宣传思想工作的目标和任务，部署1996年的重点工作。

总书记和总理都在会上说：读了以后，催人泪下

令人印象深刻的是，1996年1月24日，江泽民总书记与出席会议的宣传部长们进行座谈，在发表重要讲话时，他讲到读了《人民日报》上一个母亲的来信。他说，最近报上登的苏州市一位母亲的信，反映了广大群众的心声。《人民日报》上那篇《警惕“电脑犯罪”》的评论写得也很好。这位母亲的信，读了以后，催人泪下。政治局常委们谈起这件事，都感到心情沉重。一个16岁的孩子，本来是个好青年，家长寄予厚望，为了让他学电脑技术，拿出家中所有存款买了电脑，结果受到黄色光盘的毒害。我们全党同志都有责任教育好青少年。如果对这样的事无动于衷、麻木不仁，怎么得了！

无独有偶。第二天，李鹏总理在全国宣传部长会议的另一次座谈会上，也不约而同地谈到了这封读者来信，他也说来信催人泪下，令人心情沉重。他说，政府一定要加强对文化市场的管理，对于那些毒害群众、毒害社会空气的精神垃圾，要坚决取缔，决不能手软。要坚持“扫黄打非”，促进文化市场健康发展。

党的总书记和国务院总理，在同一个宣传部长会议上，一起谈到了《人民日报》上发表的同一封读者来信，而且读了信后两人都感到“催人泪下”，这真

是非同寻常的事情!

《人民日报》突出刊登“一位母亲呼吁”的读者来信

它到底是怎么一回事呢?这要说到1995年12月18日《人民日报》头版的版面安排。这一天,《人民日报》在头版头条位置,以“一位母亲强烈呼吁扫黄打非不可手软”为大标题,编发了一位苏州女工的举报信,信中声泪俱下地控诉了苏州宝碟公司非法销售的黄色激光视盘(VCD)对自己儿子的毒害。同时配发本报评论员文章《警惕“电脑犯罪”》。

此信一出,全国震动,形成了一个声讨黄色和非法出版物,要求管好出版物市场的强大舆论声势。而全国宣传部长会议又传出总书记和总理发话支持“母亲呼吁”,要求加强文化市场管理决不手软。于是,1996年岁末年初,中央出台了一系列措施,整顿电子出版物市场,加强营业性录像放映管理,取缔营业性放映激光视盘(镭射影院),打击盗版活动,形成一个全国规模的声势浩大的扫黄打非斗争高潮,电子黄毒得到有力遏制。应当说,这同《人民日报》突出发表“一位母亲呼吁”的读者来信,并发表谴责“电脑犯罪”的评论是有直接关联的。

这封“一位母亲呼吁”的读者来信,是新华社播发的,不是《人民日报》的独家新闻。与《人民日报》同日刊登这封读者来信的,有《光明日报》等许多报纸。为什么江泽民总书记和李鹏总理在讲话中,唯独提《人民日报》一家呢?奥秘在于报纸的版面编排。

1995年12月18日这一天刊登“一位母亲呼吁”的读者来信,各报的版面处理是大不相同的。如《光明日报》虽然放在头版却并非突出位置,其他报纸更是放在后面几版不起眼的角落。当天,唯有《人民日报》将这封读者来信放在头版头条突出位置,而且全篇用黑体字排印,非常醒目。同时配发《警惕“电脑犯罪”》的评论员文章,令人触目惊心。因此,总书记和总理一谈到“一位母亲呼吁”的来信,只提到《人民日报》,就不是偶然的了。

说实在的,那些年《人民日报》将普通老百姓的来信登在头版头条是极为少见的。那么，这次作如此不同的处理，究竟是出于中央领导人的授意，还是报社编辑部自己的策划？说来凑巧，在12月17日晚上轮值夜班、决定头版版面处理的副总编辑，正是我。

大约一个多月前，中央宣传部和文明办发出通知，指出音像电子出版领域存在制黄贩黄、盗版盗印泛滥的现象，已经成为危害青少年身心健康、诱发犯罪、影响社会治安的不安定因素，因此，决定集中力量重点在音像电子出版领域开展一场扫黄打非的新战役。

新华社记者曲志红在此期间，从苏州市委获得一位普通女工写给市委书记杨晓堂的一封举报信，举报苏州当地一家企业制作黄色VCD光盘，毒害了她家16岁的儿子，她痛心疾首地呼吁党和政府管管这件事，全社会要重视治理电脑犯罪这个问题。

显然，新华社播发这封读者来信，完全符合中央精神，也是为在全国开展扫黄打非活动进行舆论动员。因此，在12月15日（双休日前一天），报社收到这份新华社电讯稿，在编前会上，总编辑范敬宜就决定把这封读者来信放在下周一（18日）头版的下半部分地位刊登，并要求评论部配发一篇评论员文章。

决定将来信刊登在头版头条

17日（周日）晚上，我任值班签发大样的副总编辑。一上班，我按职业习惯先通阅了当晚新华社发来的电讯稿，确定没有当天发生的特大新闻稿需要处理，于是就按上周五（15日）编前会决定的版面安排。当我读到苏州女工读者来信时，深受触动。来信一开头说，“我是一位普通的中年妇女，原本有一个幸福的家庭。可近来，我每每以泪洗面，夜不能寐，思前想后，便下决心给您写这封信”，就把人深深吸引住。然后她说她和丈夫都在企业中工作，生活条件比较差，“但我们有我们的骄傲——儿子很聪明，读书成绩一直不错，我们希望他能争气，能成材。去年，儿子自学电脑，学得不错，我和丈夫商量了半年，咬咬牙花了8000多元钱买了一台电脑。谁想到事情就出在电脑上，彻底打碎了我们的梦想”。

接着，这位母亲诉说，近两个月来，儿子一直神神秘秘，经常把自己锁在房间里，而考试成绩直线下降。直到有一天班主任打电话给她，说她的儿子几个月来上课一直不认真，精神恍惚，最近几个下午竟没来上课。她听了后立即请假回家，打开儿子房门，结果发现儿子正和两个同学看电脑里播放的黄色VCD，她当场气得手脚冰凉，呆呆站了十几分钟不知该怎么办。待晚上丈夫回来，气得打了儿子一顿，追问黄色VCD的来源，才知道是从苏州宝碟激光电子有限公司买的。这家公司不是地下工厂，而是一家正式的中外合资企业。在信的最后，这位母亲痛心疾首地说："杨书记，我想问一下，在我们国家里，中外合资企业难道可以为所欲为生产这种黄色的东西吗?！这难道不违反国法吗?！""我的儿子只有16岁呀！如果没有好的社会环境，他该怎样走完他的人生啊！"

读了这位苏州母亲的来信，我深受打动。来信写得情真意切，通过儿子身心受伤害的亲身感受，提出一个黄色电子产品毒害青少年的普遍社会问题。这对于宣传开展扫黄打非斗争的必要性和急迫性，是一个难得的典型事例。按照原来编前会的版面安排，这封信放在头版下半版位置。我看了当天安排头版头条的新闻是吉林省增创农业优势的报道，另外是军队高级干部学习党的十四届五中全会精神的通讯。应当说，这两篇稿件也都有较大的新闻价值，安排在头版头条发表也是可以的。但我思考再三，认为相比而言，"一位母亲呼吁"的读者来信最能打动广大读者的心，而且击中了社会绷紧的一根弦，即防止黄色电子产品毒害青少年的问题。这既符合中央扫黄打非的重要精神，而且同千百万青少年的健康成长密切相关，是每个父母师长以及青少年自身都关注的事情。

这样，我找来夜班编辑部主任李济国商议，建议将"一位母亲呼吁"的读者来信放在头版头条刊登，把原来安排发头条的吉林省增创农业优势的报道排在头版的双头条位置，把军队高级干部的学习新闻放双头条之下位置刊发。李济国与我的想法完全一致。

于是，我通过电话，向范敬宜总编辑报告了夜班编辑部对18日头版版面调整的意见。在取得范总的同意后，就决定把"一位母亲呼吁"的读者来信放头版头条位置突出刊登。

用多种手段醒目烘托“一位母亲呼吁”的读者来信

在具体排版拼版过程中，我和夜班编辑还解决了以下一些业务技术问题：

第一，在版面上究竟先放“本报评论员”文章还是先放“一位母亲呼吁”的来信？起先，组版编辑的方案是把评论员文章放在上面，然后带出母亲的信。这种做法也是常见的。按通常看法，评论员文章是代表党中央机关报发言，在“规格”上无疑要高于普通群众的信。但我认真考虑后，觉得还是应当突出“一位母亲呼吁”的来信，因为这封来信是事实本源，评论员文章是从新闻事实引申出来的议论，震撼人心的力量是来自母亲的信。读者先看母亲的信，受到触动，再看评论，就自然而然地接受应当警惕“电脑犯罪”这个结论了。事实证明，催人泪下的感召力、激发力正是来自于读者来信，把“一位母亲呼吁”的来信置顶作头条处理，完全符合新闻规律和读者认知习惯。

第二，母亲的信是在新华社新闻稿里大段摘录的，而新闻导语是新华社记者自己写的背景介绍，接下来就直接引用来信原文。在新闻稿中，记者的导语介绍同母亲的信之间没有过渡的语言，连接得很突兀，这是存在缺点的。然而，恰恰是这个缺点启发了我。我起先看头版的大样时，总觉得母亲的信不突出，不醒目，怎样使读者一拿到报纸就注意到这位母亲的呼吁呢？我想如果在新闻稿中，给“一位母亲呼吁”这一段读者来信换上不同字体，这样既可以纠正原稿没有过渡语言的缺陷，又取得了突出来信的效果，一举而两得。于是，我找组版编辑商量，决定用不同字体排来信。在考虑用什么字体时，有提出换楷体的，因评论已经用楷体了，再用就重复了；有提出换仿宋体，感到不突出，比楷体还要细。最后，还是夜班编辑部主任李济国提出采用小长黑体。这种字体在《人民日报》上很少采用，过去这种字体只有“最高指示”才使用。对这种非常特殊的编辑处理方式，我经过斟酌，认为李济国这个方案可以采用。这是考虑到，在这一个特定的版面上，采取这种特殊的处理手段才能充分体现“一位母亲呼吁”的重要性；“母亲呼吁”的内容使用黑体，消息使用宋体，评论使用楷体，也增添了版面的丰富性。结果，从宣传效果上检验，这个特殊处理非常成功，从中央领导到一般读者，都感到很突出很醒目。全国刊登这条新闻稿的报纸中，对来信作如此突出处理的，唯有《人民日报》一家。

第三，我事先了解到，江苏省、苏州市的领导在收到这封举报信以后，立即分别下达严厉查处的批示，督促有关部门采取了果断措施。这样，我在版面上处理好新华社的电讯稿和揭露宝碟公司违法犯罪行为的同时，又要考虑如何体现江苏省和苏州市已经做了工作的事实。于是，我进一步与夜班编辑商定，把新华社同时发来的“苏州宝碟公司被停业　涉案人员被收审”的消息配发在来信的下面，并且在消息中添上举报信“受到江苏省、苏州市领导的高度重视”的语句，又在评论中删去提到江苏省、苏州市的字样。对“宝碟公司”则使用全称——苏州吴江横扇镇宝碟激光电子有限公司，表明这只是一家镇办企业。后来发现，有的报纸是在发表“一位母亲呼吁”的读者来信的第二天，或更后面再发表“宝碟公司”受查处的消息，比较下来，《人民日报》的处理无疑更为稳妥。有了这个铺垫，《人民日报》在几天后刊发表“江苏加大扫黄打非力度”的消息就更显得顺理成章了。

第四，原来，评论员文章标题字数比较多，不够鲜明有力，夜班编辑大笔一挥，删改成“警惕‘电脑犯罪’”六个大字，简明扼要，把随着新科技的发展而出现的新的社会问题非常鲜明地提了出来。我当场表示赞赏。

第五，当天还有一篇张家港系列报道之三（张家港也属于苏州市），有人提出是不是推迟一天发？同天发了会不会冲淡了批评？我经过思考还是决定照发。以往认为表扬了就不能批评、批评了就不能表扬，我认为这个观念要改变。现实生活是多种多样、丰富多彩的，不是一好百好、完美无缺的；也不是发生了一些问题就一无是处、好也避讳。有好说好，有孬说孬，这才是实事求是，才能体现党报舆论的客观性、公正性。所以，我们还是把张家港的通讯安排在当天头版下部通栏发表。

经过这样的精心编辑处理，这位苏州母亲的呼吁就以最大的尖锐性和鲜明性呈现在读者眼前，取得了良好的宣传效果。

政治家办报不抽象，体现在每篇稿件和每个版面处理上

从“一位母亲呼吁”的读者来信的版面处理，可以看到夜班编辑的工作绝不是无所作为的文字匠、版面匠，而是一项极富创造性的新闻专业活动，夜班编辑对新闻的宣传效果起着十分重要的，有时甚至是决定性的作用。用“看似寻常最奇崛，成如容易却艰辛”这两句话，来形容夜班编辑工作，是再恰当不过了。同样一篇稿件，经过不同的编辑处理，效果就大不一样。像这篇“一位母亲呼吁”，放在头版头条配言论，与放到其他版面上相比，效果就大不相同。编辑的功夫，反映了编辑思想。编辑的思想又通过版面的处理，通过对稿件的取舍，通过标题的制作体现出来。

编辑如果能够在思想上把握全局，审时度势，准确地判断形势，对所处理的新闻的价值也就有了正确的判断。当时，利用高新技术“制黄”“贩黄”，直接影响到社会的安定和青少年的成长。对这样的事我们不能无动于衷、麻木不仁。从这个全局来看，这位普通女工提出的问题，正如“本报评论员”文章所说，确实“是一个社会环境问题，是需要一把手过问、全社会关心的大问题”，对她的来信给以突出处理就是理所当然的了。

新闻工作是政治性很强的工作。毛泽东作过“要政治家办报”的指示，邓小平要求党报“成为全国安定团结的思想上的中心”。政治家办报，并不是要求编辑记者都去当职业政治家，而是要求他们善于从政治上考虑问题，处理问题，具有政治的敏锐性和正确的判断力，把正确的编辑思想体现在版面上，对国家的改革开放、科学发展以及物质文明、精神文明、政治文明建设起到推动作用。对这位苏州女工来信的处理，就体现了从政治上着眼考虑问题。

因此，政治家办报不是抽象的、很玄乎的事情，它体现在每一篇稿件的处理上。政治家办报也不是很生硬的，只会写一些空洞的标语口号式的大话、套话，只会板起面孔训人，而是要用一些生动的新闻事实、能够震撼心灵的材料，起到一定的鼓舞、激励和警醒的作用。再有，在处理上也要有一定的灵活性，比如在对“宝碟公司”曝光的同时，也要给各级领导以主动地位，所以我

们就同时发表了查处的消息并加上了有关江苏省、苏州市领导重视的那些话。张家港的报道也同时刊登，不因为出了个“宝碟公司”就影响苏州的形象，这也是出于政治上的考虑。

值得一提的是，12月18日上午，北京一家大报的总编辑看到《人民日报》当天的报纸，就打电话给范敬宜总编辑说，你们对“一位母亲呼吁”的读者来信的版面处理是不是过头了？一封来信值得放头版头条吗？五天以后，12月23日的《人民日报》头版，刊登了以“非同一般的头版头条”为题的读者马宾的来信。信中说：在看到“一位母亲强烈呼吁……”的标题后，“当时我绝不以为是真正意义上的一个母亲，我以为是指我们的地球，我们的祖国，只有她们才适合《人民日报》头版头条这样大字标出。然而接着一看，确实是我国苏州市一个家庭的母亲”。他对《人民日报》“这样令人惊心动魄地登载”扫黄消息，给予高度评价。

马宾的来信就是范敬宜总编辑亲自批转到头版登刊的，为了与“一位母亲呼吁”的读者来信相呼应，以增强宣传效果，也是对兄弟报纸老总的一个巧妙回答。群众观点是我们党的基本政治观点，政治从根本上说，是对人民群众的态度问题，是同人民群众的关系问题。政治家办报就是要同人民群众站在一起看问题、想问题，人民群众就是我们党报的主角。把一位普通女工的信登上党报的头版头条是完全符合党报的群众办报传统的，有什么过头之处呢？

我的情结来自50多年前的一段读者来信缘

这里，我还想说一下我的读者来信情结。50多年前的1962年，我从复旦大学新闻系毕业，被分配到解放日报社工作。最初被安排到报社总编室读者来信组当实习编辑，每天处理大量的读者来信，接待许多读者来访。可以说，我的新闻生涯就是在处理来信、接待来访中起步的。也可以说，我从接触大量群众来信和读者来访中，真正了解了社会，了解了群众的喜怒哀乐，了解了党报与群众的关系，了解了新闻报道怎样去贴近社会和民众。

因此，1995年12月17日晚，我值夜班读“一位母亲呼吁”的来信时，就自然而然地想起30多年前的1963年，在解放日报社采写《我的妻子双目失明以后……》的往事。这是上海市一位邮电工人叙说自己怎么尽心照顾双目失明的妻子的感人故事。那时，我已离开来信组，在《解放日报》编辑一个评论专栏——“大家谈”。为了开展社会主义道德教育，在专栏上发表过一封一位妻子诉说自己遭到丈夫打骂凌辱的信，许多读者来信谴责这种行为。其中有一封信是一个名叫高长富的邮电工人写的，讲自己妻子双目失明后，自己如何尽心竭力地照顾她，全社会如何关心她，批评那个丈夫歧视妇女的思想行为。信写得很简单，却有真情实感，所以很感人。我看了这封信后，就去采访高长富，并以读者来信的形式整理成文，以高长富的名义发表。当时《解放日报》总编辑魏克明看了后说很好，决定发头版头条，还亲自撰写了一篇社论《从一封信看新人的成长》。隔了几天，新华社向全国播发了这篇来信和社论的电讯稿，全国许多省报都转载了，在社会上引起强烈反响。

不久，从上海市委传达下来一条精神，以《解放日报》刊登的《我的妻子双目失明以后……》为例，说要依靠社会主义积极分子办报。意思就是要用社会主义积极分子自己最生动的经历和语言来提出问题，进行宣传。我想，那篇文章如果是我用自己的名义来写成通讯，恐怕效果就不会那么好。高长富的信当时打中了社会绷紧的那根弦，今天这位苏州母亲的信也是如此。所以，我认为依靠社会主义积极分子办报这个命题是好的，是依靠群众办报的成功实践，在今天的新形势下还可以发展。

我们要重视在社会基层、在生产劳动第一线的群众，从他们的切身体会、切身感受中，发掘出好的新闻源。这也就是今天特别强调的，要贴近社会，贴近基层，贴近群众。

《人民日报》报道北约轰炸我驻南使馆事件始末

1999年5月8日，以美国为首的北约悍然袭击我驻南联盟使馆，这一公然践踏国际法和国际关系准则的野蛮行径，造成新华社贝尔格莱德分社记者邵云环和《光明日报》驻南联盟记者许杏虎、朱颖三位英烈为国捐躯，20余名使馆人员受伤，馆舍遭严重毁坏。对这一人类文明史上的罕见事件，我国媒体纷纷以最快的速度把事实真相告诉我国和世界人民。就这一突发事件的反应，《人民日报》的宣传报道走在了全国前列，而我从头至尾参与了这次事件的宣传报道及相关处理工作。

《人民日报》记者是传回使馆被炸消息的第一人

《人民日报》驻南联盟记者吕岩松，是将中国使馆被炸的惊人消息传到国内的第一人。事件发生在5月8日北京时间凌晨5时45分（贝尔格莱德当地时间5月7日23时45分），使馆顿时硝烟弥漫，火光熊熊。吕岩松从一片黑暗与窗毁梯残中摸索着逃了出来。他出来做的第一件事，就是将我驻南联盟使馆被炸的消息，通过海事卫星电话传到《人民日报》国际部前任驻南记者、《环球时报》副总编辑胡锡进的家里。

清晨6点，胡锡进正在睡梦之中，听到这一消息如晴天霹雳，难以置信。弄清基本事实后，胡锡进立即向《人民日报》国际部负责人陈特安报告，陈特安要胡锡进向外交部欧亚司南斯拉夫处处长李满长打电话通报，同时，自己立即向报社主管国际宣传报道工作的我报告。当时我已醒来，电话铃声刚响就接了。听到这一惊人的消息，我要求陈特安与记者吕岩松继续保持联系，随时报告使馆被炸的具体情况。我又立即打电话到邵华泽社长家汇报，邵社长要我在上午9时召开的编委会上报告这一消息，并准备报道意见。紧接着，我马上给我的老朋友、国务院外宣办主任赵启正打电话，通报我驻南联盟使馆被炸事件。我的意图是，想通过他立即向江泽民总书记报告这个重大而又紧急的外交事件。

大约半个小时以后，外交部总值班室来电话，说他们仍未能与我驻南联盟大使馆取得联系，希望《人民日报》记者进一步提供情况。此时，吕岩松又把新华社记者邵云环牺牲，《光明日报》记者许杏虎、朱颖夫妇和使馆武官三人失踪的消息传回国内。我感到问题的严重性，特别是外交部与大使馆失去联系这件事非同小可，便立即打电话给国务院李伟秘书，请他将我驻南联盟使馆被炸及记者牺牲的情况向朱镕基总理及时报告。

编委会第一时间做出宣传报道部署

当天上午9时，我参加《人民日报》编委会议，原安排这次会议学习讨论批评和自我批评，为编委会成员“三讲”教育进入第三阶段民主生活会做准备。会议一开始，主持会议的邵华泽社长就说，凌晨发生了以美国为首的北约袭击我驻南联盟使馆的重大事件，先让我向编委会报告具体经过及报道初步打算。我便把吕岩松记者陆续报告来的情况向编委们作汇报，并提出了宣传报道的初步打算。一是国际部要连续发表评论文章进行谴责与评述；二是《人民日报》（网络版）要以最快速度向全国发布这一举世震惊的新闻；三是国际部办的《环球时报》要准备发号外。邵社长强调，这是一件重大政治宣传任务，主要报道思想和要求要听从中央部署，但我们可以先把几件具体报道工作抓起来，以取得报道的主动权。他还宣布这期间由我主要负责这个事件的报道工作，同时负责国际部和网络版的审稿把关工作。

编委会后，我当即召集国际部编辑记者研究落实编委会的部署工作，着手赶写第二天见报的第一篇评论员文章，我提出题目定为“强烈谴责以美国为首的北约的血腥罪行”。

《人民日报》快速报道为政府决策赢得宝贵时间

《人民日报》记者吕岩松在使馆被炸的第一时间，在熊熊燃烧的烈火中陆续发出的消息，是中国甚至也是全世界关于这次事件的第一个反应。而《人民日报》在事件发生后的迅速报道反应，也为我国政府的决策和外交应对赢得了宝贵的时间。

根据编委会的安排部署，我迅速组织国际部、《环球时报》和《人民日报》（网络版）的力量，全力投入对此事件的宣传报道，使《人民日报》较好地体现了我国政府的态度，也充分反映了人民群众的心声。

5月8日9时20分，《人民日报》（网络版）在第一时序发布了这一举世震惊的记者快讯：北京时间凌晨5时45分，以美国为首的北约使用至少3枚导弹（第二天证实为5枚）从不同方向悍然袭击我驻南斯拉夫使馆，至少造成3人死亡、1人失踪、20多人受伤，馆舍遭到严重损坏。

接着，又在11时55分第一个在网上发布记者吕岩松的战地通讯《血的见证——中国驻南使馆被炸目击记》，报道使馆被炸经过及新华社记者邵云环、《光明日报》记者许杏虎及夫人朱颖遇难的情况。记者现场报道："当地时间7日23时45分，记者刚从楼下回到大使馆三层的住处，由于停电，满屋漆黑。刚进屋，就听到一声巨响，屋顶上一块水泥板就在记者脚前十几厘米的地方落下。"

"听到第二声爆炸，看到大使馆火光冲天，同楼的人马上撤离，楼道内浓烟滚滚，人们相互搀扶着、捂着鼻子撤到楼下。当时楼梯已被炸塌，被困在二层、五层的人有的用床单系成绳子从窗户顺下。有一枚导弹从楼顶一直贯穿到地下室，引起贮藏在地下室的汽油和煤气罐起火，整个使馆燃起熊熊大火。大使官邸也被导弹击中，楼顶被掀掉。"

"记者亲眼看见两人满脸鲜血，其中一人已神志不清，被送进医院。馆内共有三十人，竟有二十多人受伤。今年3月赴任的新华社记者邵云环、《光明日报》驻南记者许杏虎和夫人朱颖不幸遇难。记者含着热泪为三位遇难同行拍下最后的照片，作为血的见证。”

8日下午，人民日报社国际部主办的《环球时报》发行号外，发表记者吕岩松电话口述、编辑部整理的《我亲历中国使馆被炸》长篇通讯，详细报道了记者亲历被炸现场所见所闻的几声巨响、浓烟滚滚、火光冲天、水泥钢筋碎块横飞的情景，以及面对当天下午还一起外出采访、当晚却被炸牺牲的三位同行遗体时的情感震撼，愤怒揭露北约蓄意用5枚战斧式巡航导弹从不同角度轰炸使馆，妄图把使馆成员全部置于死地的险恶用心。同时，号外还突出发表了记者从贝尔格莱德现场拍摄传真回来的三位烈士血淋淋的照片，以及瞬间成为废墟的使馆被炸后的照片，给广大读者以极大的视觉冲击力。

当天下午，北京广大学生、民众已纷纷上街示威游行，强烈抗议以美国为首的北约袭击我驻南使馆的暴行。《人民日报》（网络版）以最快速度报道北京大学生抗议北约暴行的游行活动，并配以图片客观报道了有学生用石块砸碎美国驻中国大使馆大院前路灯的愤怒行为。这张新闻图片在上网前编辑曾送我审阅，说吃不准能不能发表。我对编辑说，美国把我国驻南使馆都炸了，死伤那么多记者和使馆人员，我们游行队伍砸碎美国使馆前的一只路灯，有什么问题？可以刊登。

8日晚上，《人民日报》第一篇评论员文章《强烈谴责以美国为首的北约的血腥罪行》定稿，当晚，中央电视台在《新闻联播》中摘播了这篇代表中国政府和人民愤怒心声的评论的主要内容。评论严正指出：“驻外使馆是一个国家主权的象征，受国际法的保护。北约袭击我国使馆是对我国主权的野蛮侵犯，是对《维也纳外交关系公约》和国际关系基本准则的粗暴践踏，不能不激起全世界爱好和平国家的强烈反对，不能不激起中国政府和中国人民的强烈抗议。这是北约对中国人民欠下的一笔血债。以美国为首的北约必须对此承担全部责任。”

5月9日，《人民日报》一版刊发我国政府严正声明，首都高校师生游行抗议北约暴行的巨幅图片，评论员文章《强烈谴责以美国为首的北约的血腥罪行》，北京、上海、广州、成都高校学生举行示威游行的消息；三版刊发通栏文章《强烈谴责以美国为首的北约的侵略行径》，把记者目击、遇难者图片、国际动态分析、有关国际关系准则等全国人民关心的问题，及时、全面、客观、公正地报道出来，以最快的速度把尽可能翔实的信息传达给人民群众。

与此同时，《人民日报》（网络版）于9日下午4时，推出“强烈谴责北约暴行BBS论坛”栏目，提供了一个反映民意的窗口。原来，网络版早就打算开辟BBS论坛，让网民自由发表意见，但担心把握不好舆论口径和议论分寸，所以迟迟没有开出来。这次遇到抗议以美国为首的北约袭击我驻南使馆的突发事件，网民同仇敌忾，开辟BBS论坛正是好时机。所以我果断提出开BBS论坛的建议，很快得到网络版负责人的赞同，决定下午4时推出，终于实现了敢为天下先的一步突破。截至20日11时，网民在论坛中已发表近4万篇（条）文章（意见），网民在论坛中的冷静、深刻、精辟分析出人意料，并没有出现原先担心的负面议论和现象。据当时网络版民意调查，接近100%的网民认为这次我使馆被炸不是误炸，有超过35%的网民是首先通过网络媒体得知我使馆被炸消息，接近85%的人主要通过网络媒体了解国内外最新动态。5月8日，《人民日报》（网络版）页面访问量达74万人次，点击数达625万人次；5月9日访问量即达117万人次，首次突破百万，点击数达1096万人次，破千万。5月10日，访问量再创新高，达124万人次，点击数达1258万人次。这说明网络媒体发挥快捷优长特点，强化了舆论综合渗透功能，是优化宣传效果的有效途径。

后来，就在这个基础上形成了影响广泛的人民网强国论坛。全国各报网络版也纷起效仿。网络媒体影响巨大，引起江泽民总书记的高度重视，短短几天他曾三次打电话给中宣部部长丁关根，要求切实加强网络宣传阵地，让我们的舆论宣传直接影响欧美国家。6月13日，丁关根部长带了国务院副秘书长刘奇葆、中宣部副部长徐光春、国务院新闻办副主任李冰，来人民日报社视察网络版。听取了汇报，调看了BBS页面，询问了国外的网站情况以后，丁关根部长明确表态说：“今天看了《人民日报》（网络版）以后，我感触很深。《人民日报》在网络版上是下了很大功夫的，做出了很好的成绩，而且还有继续往前走的雄心，今后我们一定要加大力度支持你们把网络版办得更好！”

抗议浪潮席卷全国，中央及时警醒防过激

5月10日，《人民日报》作为主流媒体，继续快速反应、客观准确地报道人民群众义愤填膺、同仇敌忾的愤怒心声。第二篇评论员文章《中国人民不可侮》，一开篇就发出“中国愤怒了！”的喊声。

连日来，以美国为首的北约悍然袭击我驻南使馆的罪恶行径，燃起了遍及中国的抗议怒火。继中国政府8日发表严正声明后，全国人大、全国政协、各民主党派、全国工商联、各人民团体以及新闻媒体单位，都纷纷发表声明，或举行座谈、集会，声讨以美国为首的北约的血腥暴行。大江南北，长城内外，义愤填膺的高校师生和人民群众纷纷举行示威游行，坚决支持中国政府维护国家主权和民族尊严的严正立场。

10日，我国外交部部长唐家璇代表我国政府再次就袭击我驻南使馆事件，向美国驻华大使尚慕杰提出严正交涉，提出了四项严正要求：（一）公开、正式向中国政府、中国人民和中国受害者家属道歉。（二）对北约导弹袭击中国驻南斯拉夫联盟共和国大使馆事件进行全面、彻底的调查。（三）迅速公布调查的详细结果。（四）严惩肇事者。中方还就此向美方递交了正式照会。接着，我外交部发言人朱邦造进一步宣布：中国决定推迟中美两军高层交往；推迟中美防扩散、军控和国际安全问题磋商；中止中美在人权领域的对话。

10日晚上8时30分，人民日报社召开编委扩大会议，邵华泽社长和许中田总编传达了下午召开的中央宣传领导小组会议的精神。中宣部部长丁关根在会上充分肯定了两天来新闻媒体的宣传报道，肯定了《人民日报》义正词严的评论，表达了中国政府和人民群众强烈谴责美国霸权主义行径的心声。会议要求，接下来要正确、及时地引导群众的愤怒情绪，使其化为理性、正义的力量。抗议活动应该依法进行，斗争要坚持有理、有利、有节的原则。所有抗议活动，都要文明理智，有秩序，要防止出现过激行为。

在两天来的示威游行中，有些地方已出现冲击麦当劳、肯德基、可口可乐等美在华企业的现象，更有冲击美在华领事馆的过激行为。根据中央精神与

现实情况，报社编委会及时作出决定，从11日起停止对全国各地示威游行的报道；评论文章要提出依法保护在华进行正常工作的外国人，欢迎一切来华的投资经商者，强调弘扬爱国主义精神的同时，一定要继续执行对外开放的基本国策，防止产生排外情绪。我在编委会上明确表示，《人民日报》作为主流媒体，应对这样的突发事件，务必要加强对人民群众的爱国激情的理性引导，防止狭隘的民族主义情绪抬头；同时要深入分析美国霸权主义的真面目，揭露北约战略新概念及其对21世纪世界安全与和平的影响。

这样，《人民日报》在连续发表5篇谴责以美国为首的北约的血腥罪行的评论员文章之后，又发表两篇观察家文章：《是人道主义，还是霸权主义》《论美国霸权主义的新发展》。这两篇文章剖析了“新干涉主义”的“北约战略新概念”，批判了所谓“人权高于主权”“主权有限论”“人道主义干涉论”“为价值观而战”等公然践踏国际法的奇谈怪论。

总书记重要讲话
引导军民卧薪尝胆振兴中华

5月9日凌晨，中国政府处理中国驻南使馆遭北约袭击事件专门小组的专机，平安抵达贝尔格莱德。使馆工作人员和祖国12亿人民的代表终于在战火纷飞的贝尔格莱德苏尔钦机场相见了。小组组长、外交部领导成员王国章抱着潘占林大使哽咽着说：“你们受苦了，党中央和国务院派我们来看你们。”

经过两天紧张的伤员慰问、烈士后事处理和外事活动后，在当地时间5月11日18时整，中国政府处理中国驻南斯拉夫使馆遭北约袭击事件专门小组搭乘专机离开贝尔格莱德，遇难英烈骨灰、伤员及使馆部分工作人员同机回国。

5月12日北京时间9时55分，专门小组专机抵达首都机场。胡锦涛、丁关根、张万年、钱其琛、罗干、曾庆红、布赫、王忠禹、胡启立等前往机场迎接。我当时代表人民日报社与新华社社长郭超人、光明日报社总编辑王晨一起，也身佩黑纱、胸戴白花，前往迎灵。

10时6分，在4名礼兵战士的护送下，邵云环的弟弟妹妹手捧邵云环的遗像，邵云环的儿子手捧母亲的骨灰盒走下舷梯。朱颖的父亲手捧女儿和女婿两具骨灰盒悲痛欲绝地走下飞机，全场动容。胡锦涛等领导同志默默目送灵车离去。

10时20分，伤员陆续下飞机。我驻南使馆武官等4位重伤员被担架抬下飞机。另有两名伤员瘸着腿走下飞机，踏上祖国的领土。胡锦涛与我驻南使馆参赞拥抱时热泪盈眶，代表党中央、国务院向遇难人员和伤员表示亲切慰问。人们向伤员送上鲜花，各界群众400多人到机场迎接。

当日下午，党和国家领导人江泽民等分别前往新华社和光明日报社，沉痛悼念三位烈士，亲切慰问烈士的家属。

5月13日，中共中央、国务院在人民大会堂隆重召开大会，热烈欢迎我国驻南斯拉夫联盟共和国工作人员，对我国驻南斯拉夫大使馆工作人员和驻南新闻工作者进行表彰。除李瑞环同志在国外访问外，中共中央政治局常委悉数到场。李鹏委员长主持大会，朱镕基总理代表党中央、国务院宣读《中共中央、国务院关于对我国驻南斯拉夫联盟共和国大使馆工作人员和驻南新闻工作者给予表彰的决定》。《决定》说，在以美国为首的北约对南联盟轰炸的50多个日日夜夜里，我驻南大使馆全体工作人员在使馆的坚强领导下，忠实执行中央的外交方针和政策，不顾个人安危，坚守工作岗位，认真履行职责，积极开展工作，不辱使命，不负重托，圆满地完成了任务。我驻南新闻工作者，不怕困难，不怕牺牲，及时、客观、公正地报道了科索沃危机的最新动态和事实真相。邵云环、许杏虎、朱颖同志在以美国为首的北约对我国驻南大使馆的轰炸中不幸以身殉职，20多位同志受伤，许多同志受伤后仍坚持工作。他们以自己的实际行动，展现了新时期外交、新闻工作者良好的精神面貌。党中央、国务院决定，对我驻南斯拉夫联盟共和国大使馆工作人员和驻南新闻工作者给予表彰。宣读完《决定》后，朱镕基总理郑重宣布：国务院有关部门已批准新华社记者邵云环和《光明日报》记者许杏虎、朱颖为革命烈士。全场响起了长时间的热烈掌声。江泽民总书记在大会上发表重要讲话。

根据江泽民总书记的重要讲话精神，《人民日报》从5月21日—6月8日，以“学习江泽民同志在欢迎我驻南工作人员大会上的讲话”为主题，连续发表了6篇社论：《始终不渝地坚持党的基本理论基本路线》《坚定不移地坚持以经济建设为中心》《坚定不移地推进改革开放》《坚定不移地保持社会稳定》《坚定不移执行独立自主和平外交政策》和《团结一心　奋发图强　振兴中华》。

从此，新闻媒体的舆论转向把人民群众的注意力，集中到埋头苦干，卧薪尝胆，把我国社会生产力、综合国力、国际竞争力搞上去，实现振兴中华的伟大目标上来。

优秀的战地记者吕岩松

5月25日下午，邵华泽社长向许中田总编和我，传达了中共中央宣传部和国务院外交部的通知，中央决定驻南联盟的中国记者除新华社留下1人、中央电视台留下2人外，其余的15人全部撤出南联盟，以避免发生无谓的牺牲。这是完全正确而及时的决定。这里有个背景需要说一下，5月13日，本报前驻南斯拉夫记者胡锡进，曾写了一份《关于撤回我在南联盟全体公务人员的建议》，提出目前保护我驻南联盟新闻记者和公务人员的生命安全至关重要，否则将对国内政局造成强大冲击。因此，建议中央从国内外大局出发，尽可能将我驻南新闻记者和公务人员撤出南斯拉夫。报社将胡锡进的建议送呈中央有关部门。中宣部和外交部5月25日的通知也许与这份建议有一定关系。我与邵社长、许总编原来都很担心吕岩松夫妇在南联盟的安全，这样一来，中央的决定让我们心上的一块石头放下来了。

邵社长要求我马上布置国际部具体落实吕岩松与他的妻子赵燕萍撤回北京的事宜。我当即找国际部陈特安主任及办公室负责人董黎明，要他们立即打电话通知吕岩松夫妇做好撤退的准备。第二天下午，我又通过国际长途电话，直接向吕岩松传达中宣部与外交部的决定精神，要他尽快听从大使馆的安排撤回，能早一天就早一天。我还告诉他，为嘉奖他战地记者的突出贡献，尤其是发生北约袭击我驻南使馆以来的良好精神面貌和出色的报道，报社编委会决定为他记大功一次，工资晋升两级，一次性奖励2万元。我还告诉他，报社已为他解决了住房问题，这次他们夫妇回来不用再住集体宿舍了。当时他听了非常感动，一再表示感谢中央和报社对他的关怀。

几天后，吕岩松偕夫人赵燕萍搭乘中国国航960航班从奥地利维也纳机场起飞，于6月3日上午9时40分准时飞抵北京首都机场。我代表报社编委会率领报社机关党委、国际部、人事局、外事局等部门领导十多人前往机场迎接。国际部前任驻南记者胡锡进和董黎明向吕岩松夫妇献花，并热烈拥抱。在从机场回报社的路上，吕岩松向我说了我驻南使馆遭袭及三位记者遇难的许多细节，并说，自己命大，人民日报社福大，记者站的电脑、车子、钞票等财产都没有受损失。我说，财产算什么，你们夫妇毫发无伤，安全归来，就是无价之宝，就是全报社的最大福气！

11时许，我们回到报社，邵华泽社长、许中田总编率全部编委成员及上百名各部门代表，迎候在五号楼前，邵社长发表热情洋溢的欢迎词，吕岩松也很朴实地说了几句话："从今天起，我就是一个普通记者了。我很惭愧，南联盟战争还没有结束就回来了，当了逃兵……"没待他说完，我马上插话说："这是中央的决定，不是逃兵，而是英雄！"也没待我说完，全场响起了热烈经久的掌声。

6月8日上午，人民日报社召开全社职工大会，听取吕岩松来自南斯拉夫战地、亲历中国使馆被炸的报告。大礼堂不断响起热烈的掌声，表达全社职工对我驻南使馆的中国战地记者由衷的赞许和敬佩！邵华泽社长在大会上要求全社职工向优秀新闻工作者吕岩松学习。

在吕岩松回国之前，人民日报社于5月21日在中国美术馆举办了名为"目击暴行"的吕岩松战地新闻摄影展，全国政协副主席张思卿、南联盟驻华大使翁科维奇、中央统战部副部长朱维群，首都新闻界领导人王晨、高明光以及华楠、郭林祥等20多位部队老将军，参加了开幕式。我主持影展开幕式，许中田总编致辞。四天后，以人民日报社与北京市委宣传部联合举办的名义，"目击暴行"在首都博物馆继续展出。后来，这个影展又到江西、安徽、广东等地巡回展出。"目击暴行"影展，展出了吕岩松从3月24日北约空袭南联盟以来在战地拍摄的250多幅照片，真实记录了5月8日北约5枚导弹袭击中国驻南使馆，夺去邵云环、许杏虎、朱颖三位同志生命的血淋淋的情景。这些震撼人心的血与火的瞬间画面，深刻有力地揭露了北约的暴行，向中国人民展示了北约入侵南斯拉夫以来对平民的罪恶杀戮，以及轰炸中国使馆的野蛮行径，使广大观众在悲愤和震撼之余，对以笔和相机为武器的中国战地记者产生了崇高的敬意。

吕岩松，1989年8月从北京大学毕业后分配到人民日报社国际部工作，开始任常驻俄罗斯记者，1996年5月赴南斯拉夫任常驻记者。科索沃战争打响之前，他多次深入科索沃腹地采访冲突双方的武装人员，甚至钻进科索沃大山里直接采访了对中国新闻记者极不友好的阿族“科索沃解放军”。他发回的数十篇关于南斯拉夫政局的分析、评论文章，成为《人民日报》国际报道的闪光亮点。他是与三位英烈一起出生入死的战友，使馆被炸后，作为唯一幸存的中国记者，他将个人安危置之度外，夜以继日，奋力拼搏，恪尽职守，不辱使命，成为详细报道我使馆被炸事件的第一人，发回确认我三位记者为国捐躯噩耗的第一人，也是发回烈士现场遗照，准确报道北约使用了5枚导弹从不同角度袭击使馆的第一人。1999年12月，南联盟总统向吕岩松颁发了“南斯拉夫之星勋章”，高度评价他为发展南中关系所做的贡献，尤其是在中国大使馆被北约袭击后表现出的勇敢精神和卓有成效的工作。

人民日报出版社很快编辑出版了他的《我亲历中国使馆被炸——来自南斯拉夫战地的报告》一书和《目击暴行》战地摄影作品集。吕岩松除被人民日报社编委会记大功表彰一次外，还被中宣部授予“优秀新闻工作者”荣誉称号，被评为第十届中国十大杰出青年和全国先进工作者，获得第四届长江韬奋奖（长江系列）。不久，他担任人民日报社国际部主任，全面主持《人民日报》国际宣传报道工作。后来，他又升任人民日报社副总编辑，现在到山西省任省委常委兼宣传部长。

潘大使解开美袭我使馆事件之谜

我驻南使馆被炸事件发生后，中国政府向以美国为首的北约提出四点严正要求。在中国人民强烈抗议和中国政府严正交涉下，美国总统克林顿和美国政府通过公开讲话、给我领导人写信和通电话等方式多次向我政府和人民道歉，向死难者家属表示哀悼。5月12日，我三名遇难者骨灰运抵北京的当天，美驻华使、领馆都下半旗致哀。5月14日，克林顿总统与江泽民主席通电话时表示，将认真调查此事，并将派总统特使来京报告调查结果，希望努力恢复美中关系。

6月16日，美总统特使皮克林副国务卿来华报告了美对中国驻南联盟大使馆被炸事件的调查报告。外交部部长唐家璇和副部长杨洁篪分别与皮克林会见和会谈。美特使表示，克林顿总统和美国政府已向中国政府和人民表示道歉。这是美政府一些部门在确定攻击目标、检验目标以及目标审查程序方面一系列"失误"导致的"悲剧性误炸事件"。美方"误炸"说的辩解，遭到我方的严厉批驳，表示中国政府和人民对"误炸"的说法是不能接受的，要求美方切实进行全面彻底的调查，严惩肇事者。中国政府还要求美国政府对这一事件承担全部赔偿责任。美方表示愿意解决中国人员伤亡和财产损失的问题。

由于美方始终坚持"误炸"的说法，未能对事件真相作出令人信服的解释。好多专家分析误炸的可能性非常小，美国和北约迄今没有公布相应文件和材料，成为不解之谜。

事件发生多年之后，当代中国出版社在2006年出版了时任中国驻南斯拉夫大使潘占林的书：《战火中的外交官：亲历北约炸馆和南联盟战火》。他以事件亲历者和直接处理者的身份，试图解开这个谜。

美国和北约轰炸中国驻南联盟大使馆后，各种流言蜚语不胫而走。说法之一是，轰炸针对的是南斯拉夫总统米洛舍维奇。说美国人获取了确凿情报证明中国使馆允许米洛舍维奇避难的消息后，断然采取行动，既从肉体上消灭米洛舍维奇，又给坚决反战的中国以难堪。关于米洛舍维奇总统在使馆避难一说，是彻头彻尾的捏造。迄至炸馆之日，北约对南斯拉夫的空袭已经进行了45天，南联盟虽然被严重破坏，遭受巨大损失，但南军抗击北约的士气仍很高涨，南军的军事实力并未遭到重创。南联盟国内局势稳定，秩序井然，没有发生内乱的迹象和可能。米洛舍维奇仍在主持大局，指挥抗击北约的战争。因此，对米洛舍维奇来说，不存在避难的问题。

说法之二，称米洛舍维奇要于5月7日夜来中国大使馆参加招待会。因此北约决定轰炸使馆，目的是置米洛舍维奇于死地。这一说法带有一定的欺骗性，消息的传播者竟是原南联盟军事情报官员。但一个众所周知的事实是，在北约空袭南联盟期间，没有哪一个使馆还举行招待会，更何况在断水断电的情况下。

说法之三，称美国人怀疑中国使馆曾被用作"无线电转播中心"。说美国人怀疑中国使馆里隐藏有先进的通信和电子窃听系统，中国方面把自己搜集到的军事情报传送给塞尔维亚方面；作为交换，南军将击落的F-117A隐形战斗机的残片交给中国。美国人以为中国已经搞到隐形技术，所以大为恼火，于是冒险进行了轰炸。其实，稍有常识的人都会知道，所有大使馆同其派出国都有无线电通讯联系，这一系统不可能移作他用。中国政府此后已多次发表郑重声明，中国大使馆不是南斯拉夫军队所谓“无线电转播中心”，不存在什么隐形飞机残片问题。

潘大使引用了当年5月中旬，美国国际行动中心华盛顿办事处负责人马尔科姆·坎依的话说，袭击中国驻南联盟使馆是美国干的，是有意所为，是美国战略的一部分。坎依说，美国和北约在解释这次事件的原因时前后不一致，先称是在瞄准使馆附近的目标，导致偏离方向。但当事实证明，5枚导弹是从不同角度袭击中国使馆时，美国防部长科恩又改口称，北约用了1992年的地图，中国大使馆没有被标进去。宣称美国情报部门使用旧地图是十分愚蠢又可笑的，使用旧地图这种说法根本站不住脚。

坎依认为，袭击中国使馆是一个大阴谋，是美国的战略。这一战略不仅向中国政府，同时也向世界其他支持南联盟的国家和组织发出信号：不要反对我们轰炸南联盟，否则我们将轰炸你们的使馆、你们的领土和平民百姓。这也是对俄罗斯的警告。同时，美国发出的另一个信号是：亚洲可能成为美国的新战场，朝鲜和中国可能成为美国袭击的目标，亚洲国家也要听我的话。在台湾问题和西藏问题上，美国已经在干涉中国内部事务。

潘大使说，美国及西方的有识之士对事情有洞若观火的辨析力和透视力，同时又能仗义执言，讲出人人心中皆有而言中皆无的话。他接着分析了以美国为首的北约轰炸中国驻南联盟大使馆的三大因素：首先，这是美国和北约在科索沃战争中无可奈何的表现。截至炸馆之日，以美国为首的北约已对南联盟连续轰炸了45天。南联盟所有的军事设施已经被轰炸了几遍，事关国计民生的工厂、企业、民用设施也几乎炸完，桥梁、公路也所剩无几，美国和北约还要为将来进军南塞留下通道。北约也间或轰炸平民住宅，造成不少平民伤亡。北约的决策者们知道，再大规模地轰炸民用设施和无辜平民会在世界范围内激起反战浪潮，进而会束缚北约的手脚。而此时南斯拉夫当局尚无投降的迹象，北约以打击关系国计民生的重要设施以激起民变、推翻米洛舍维奇总统的希望落空。北约骑虎难下，无计可施，于是采取“左道旁门”的卑劣做法，轰炸中国大使馆，打掉米洛舍维奇的所谓“精神支柱”，打击南斯拉夫人民抗击北约的战斗士气，达到扭转战局、便捷取胜的目的。当然，这也是对同情南斯拉夫，反对北约战争行动的俄罗斯的一个警告。

再者，轰炸中国大使馆，是对中国的火力侦察和战略试探。美国及北约其他国家中的一些敌视中国的强硬派把中国看作潜在对手，不愿看到中国的迅速崛起和飞跃发展，千方百计地遏制中国，挖空心思地在中国前进的道路上设置障碍，制造困难。借南斯拉夫战争之机炸中国使馆，是对中国人民的民意和士气，对中华民族的凝聚力进行探察，也相应地考验中国领导人的决策能力。中国人民愤怒的呐喊，中华民族同仇敌忾、共赴国难的决心，中国领导人应付裕如地驾驭复杂的国内外局势的能力和高超斗的争艺术，对那些对华强硬派是一副清醒剂。

最后，轰炸中国大使馆，是美国对华强硬派给克林顿总统出的难题，着眼于下届美国大选。克林顿总统表示致力于同中国建立战略伙伴关系，推动中美关系的发展，在中美关系上表示严守三个公报，在台湾问题上表示不支持台湾独立，不同台湾发展官方关系，不支持台湾加入由主权国家参加的国际组织。克林顿的对华政策引起了美国国内对华强硬派的不满。他们以轰炸使馆这种非常手段，干扰克林顿的对华政策，破坏中美关系，打击克林顿的威望，挖民主党的墙脚，为共和党竞选下届总统做铺垫。

正如潘大使所说，那些策划炸馆事件的一小撮人，阻挡不住中美两国人民要和平、要友好的潮流，真相终会大白于天下。

首届中国国际新闻奖在上海评定颁发

改革开放以来，各地陆续出现评选当地优秀新闻人、新闻奖的活动。上海市新闻界1984年就开始评选新闻奖，1988年还在全市评选“上海市十大名记者”，解放日报社的高肖笑和屠海鸣母子俩同时荣获“上海市十大名记者”称号，一时在上海滩传为佳话。

中国新闻奖的评选，始于1990年，由中国记协主办，是全国综合性年度优秀新闻作品最高奖，也是经中共中央宣传部批准常设的全国性新闻奖。

1994年12月，中央对外宣传办公室召开国际新闻报道座谈会，制定了《关于加强国际问题宣传报道的意见》（即26条），其中有一条就是定期举行中国国际新闻奖的评选。于是，国务院新闻办公室（即中共中央对外宣传办公室）在1995年增设了中国国际新闻奖评选项目，每年由国务院新闻办公室主办评选一次。2004年，中国国际新闻奖纳入中国新闻奖系列，没有再单独举办，只是在中国新闻奖定评前，举行国际新闻奖的复评暨年赛。

我在1989年任解放日报社主要领导职务后，参加过全国和上海多次新闻奖评选活动。调任人民日报社副总编辑后，1995年我分管《人民日报》国际新闻报道工作，正好赶上首届中国国际新闻奖的评选，担任了评委会副主任，参与了首届中国国际新闻奖的评选全过程，所以值得一叙。

为提高国际报道水平特设中国国际新闻奖

1995年8月28日，国务院新闻办公室向全国各省、自治区、直辖市人民政府新闻办公室及人民日报社、新华社、广播电影电视部和各有关新闻单位，发出了《关于开展1995年度第一届“中国国际新闻奖”评选工作的通知》。

《通知》指出，设置中国国际新闻奖的目的，是有利于坚持正确的舆论导向，提高国际新闻报道水平，探索和交流国际新闻报道的经验，激励国际新闻工作者积极开拓、勇于进取的敬业精神，提高这支队伍的政治、业务素质，以便更好地为我国的改革开放和社会主义现代化建设服务，贯彻执行我国独立自主的和平外交路线，增强我国在国际舆论中的影响。

《通知》附有国际新闻奖评选规则，规定第一届国际新闻奖从1995年1月1日至12月31日好稿推荐，1996年1月下旬进行初评，2月进行定评，3月召开颁奖大会，并组织出版国际新闻奖得奖作品集。评选的办法和范围，规定以报纸、通讯社、电台、电视台等新闻媒体公开发表的国际新闻作品为对象，主要分为四大类：国际消息、国际通讯（含新闻特写、人物采访、问答等）、国际评论（含新闻分析、述评、随笔、专论等）和国际专题（含国际副刊、专题节目、专栏文章等）。

根据国际新闻报道的现实情况，首届国际新闻奖把参选范围分为三类：一是人民日报社、新华社和广播电影电视部三家；二是一些中央和京、津、沪、粤地区国际新闻发稿量较大的新闻单位；三是各省、自治区、直辖市及16个有关城市的省报、区报、市报以及相应的广播电台、电视台。按照这三类确定每年选送参评作品的数额分配，一类14篇，二类4—6篇，三类2—3篇。

评选奖项按消息、通讯、评论、专题四种，共设置70个奖。其中一等奖12个、二等奖24个、三等奖34个。一等奖作者将获“中国国际新闻奖”奖杯、获奖证书及奖金；二等奖、三等奖作者只发获奖证书及奖金。获奖名单将公开刊登和播发。

通知最后提出设“中国国际新闻奖”评选委员会和评选委员会办公室。规定评选办公室进行初评工作，评委会进行定评工作。评委会主任由李源潮同志（中共中央对外宣传办公室、国务院新闻办公室副主任）担任，副主任由周瑞金同志（人民日报社副总编辑）、刘习良同志（广播影视部副部长）、高秋福同志（新华社副社长）担任。

“中国国际新闻奖”评委会及评委会办公室成员组成名单，由国务院新闻办公室于1995年11月15日再次发出《关于“中国国际新闻奖”评选工作的补充通知》，予以公布。评委会副主任增加了一名——国务院新闻办公室二局局长张治平。评委会委员由新华社国际部主任沈家松、人民日报社国际部主任马世琨、中国国际广播电台副总编辑李广才、外交部新闻司副司长郭崇立、中国人民大学新闻学院院长何梓华、解放日报社副总编辑吴谷平等17人组成。评委会办公室主任为张治平（兼），副主任为方铭迪（国务院新闻办公室二局副局长）、王国泰（国务院新闻办公室二局副局长）。特邀专家有王微（中央外宣办特邀调研员、高级记者）、芮英杰（新华社高级编辑）、刁升茂（广电部高级编辑）、周修庆（人民日报社国际部主任记者）等10位。

针对上次通知发出后各新闻媒体提出的问题，这次补充通知对参评的“国际新闻”进行了明确的界定，就是指中央和地方新闻机构采编的、在我国境外新近发生的、具有重要政治和社会意义的重大新闻，包括国外的政治、经济、军事、科技、文教和社会新闻，以及在境外发生的涉我外事新闻。不包括发生在我国国内的外事新闻和港、澳、台新闻（如涉及港、澳、台的国际斗争可以参评）。境外发生的国际体育新闻和图片新闻暂不参评。这就把第一届中国国际新闻奖的参评范围进一步说清楚了。

首届评奖活动由解放日报社承办

国务院新闻办公室向全国各地新闻媒体发出评选“中国国际新闻奖”的通知后，得到热烈响应。在1996年1月15日前，各媒体纷纷将推荐作品寄到“中国国际新闻奖”评选办公室。评委会按原定计划进行评选，评选办公室开始初评。

一天，评委会李源潮主任打电话告诉我，新闻办领导建议，第一届“中国国际新闻奖”的定评和颁奖活动放在上海，由解放日报社承办。我说这个想法好，上海是国际性的大都市，上海的《解放日报》《文汇报》和《新民晚报》，国际新闻报道和评论都做得很出色。尤其《解放日报》非常重视国际新闻报道，经常在头版突出位置发表重大国际新闻，还发表独自的国际新闻评论。比如，《解放日报》头一个把1989年布什和1993年克林顿当选美国总统的国际新闻放在头版头条发表；美国发动海湾战争期间，《解放日报》又在头版头条发布准确的开战预报新闻，这都在全国引起轰动。所以，首届“中国国际新闻奖”评选活动由解放日报社承办，可以说是顺理成章、实至名归。我把国务院新闻办这个意图打电话转告了解放日报社党委书记冯士能和总编辑秦绍德，他们说，国务院新闻办已与上海市委商定，市委领导也已向他们下达了任务。

首届“中国国际新闻奖”评选活动，中央和地方共有51家新闻单位参加，一共选送了300余件国际新闻作品参评。1995年11月29日，评委会办公室召开全体成员会议，成立了消息组、评论组、专题组、通讯组和秘书组，并就评奖程序、工作分工进行了讨论。1996年1月下旬，评委会办公室进行初评，各组分别推荐消息类、评论类、专题类、通讯类的获奖作品，写出小组评审意见。然后，评委会办公室举行全体会议，统一对获奖作品进行逐一筛选，并初步评定获奖等级。1996年2月初，在北京召开了评委会第一次会议，听取评委会办公室初评情况的汇报，秘书组向各位评委分发初评推荐获奖作品和后备获奖作品，进入定评阶段。要求评委们在2月底完成评审工作，填写好定评意见单和序列表，并提出评审意见。

人民日报社国际部选送的参评作品，着重推荐国际评论。我分管国际部工作后，也侧重抓国际评论。《人民日报》原来的重点国际评论“观察家”专栏，在历史上产生过重大影响，在广大读者中也印象较深。但这个专栏评论已中断多年，我分管国际部工作后重新组织撰写“观察家”栏目评论文章。总编辑范敬宜充分肯定这是扩大《人民日报》在国外影响的重要一招，大力支持“观察家”专栏文章上头版显著位置发表。1995年12月22日，《人民日报》头版刊发《中国发展有利于世界和平与进步——驳“中国威胁论”》的“观察家”专栏文章，时隔30年，《人民日报》“观察家”专栏文章再次出现在广大读者面前。西方通讯社和电台纷纷转发、摘播，不少国家和地区的报纸也纷纷报道，发表评论，在国内外产生了比较强烈的反响。

1996年3月24日，第一届中国国际新闻奖评委会全体成员到上海福州路的新城饭店报到，召开评委会主任碰头会，通过了在上海几天的定评活动日程安排，以及在解放日报社召开颁奖大会的主要议程。25日，李源潮主任主持召开评委会全体会议，履行最后的定评程序。经过一整天的反复审议，评委们郑重地调整几篇稿件的获奖等级，最终评出一等奖11篇、二等奖25篇、三等奖33篇，共69件作品获奖。另有11篇作品获鼓励奖。人民日报社获一等奖3篇、二等奖4篇《中国发展有利于世界和平与进步——驳“中国威胁论”》高票获评论类一等奖）。新华社获一等奖2篇、二等奖4篇、三等奖2篇，获奖篇数最多。

1996年3月27日，由国务院新闻办公室主办、解放日报社承办的第一届“中国国际新闻奖”，在解放日报社六楼会议厅举行了隆重的颁奖大会。会议由评委会副主任、广播电影电视部副部长刘习良代表因事请假的李源潮主任主持，评委会副主任、新华社副社长高秋福宣布第一届“中国国际新闻奖”获奖名单。《人民日报》的《中国发展有利于世界和平与进步——驳“中国威胁论”》（评论类）、新华社的《美日汽车贸易高级谈判开始》（消息类）、中央电视台的《外国政治家谈中国》（专题类）、中国国际广播电台的《只身闯波黑》（通讯类）、《光明日报》的《阴谋破产得道多助》（消息类）、《经济日报》的《粮食：世界沉甸甸的话题》（专题类）、《法制日报》的《辛普森案审批透视》（专题类）等11篇作品获一等奖，《解放日报》的《一超四强互动,形成四个三角》（评论类）、《文汇报》的《文明的冲突在哪里》（专题类）、山东电视台的《美国掠影》（通讯类）、《新民晚报》的《韩国三丰百货大楼突然倒塌》（通讯类）、北京人民广播电台的《波黑和平协议在巴黎正式签署》（消息类）、《天津日报》的《“强加”的和平》等58篇作品分别获得二、三等奖。另有11篇作品获鼓励奖。这届国际新闻奖获奖作品涵盖了中央和地方31家报刊、6家广播电台和10家电视台。

新闻办主任提出要从八个方面加强国际报道

国务院新闻办公室主任曾建徽在首届“中国国际新闻奖颁奖”大会上发表了重要讲话。他充分肯定了改革开放以来，全国新闻媒体在国际问题宣传报道上取得的显著成绩。一是增加了有见解、有深度的国际新闻评论。二是第一线的采访报道有所加强。第一手新闻不多，一直是我们国际报道的薄弱环节。近年来，无论是报社、通讯社，还是广播电台、电视台，现场感较强的国际新闻明显增加。三是积极主动地开展国际舆论斗争。围绕台湾、西藏、人权、“中国威胁论”以及美国强权政治等问题，我们许多新闻媒体都自觉主动地进行了有针对性的舆论斗争。四是较好地把握了重大国际问题的宣传报道。如成功地报道了联合国人权会议、社会发展会议、世界妇女大会、联合国特别纪念活动和亚太经合组织首脑会议。对波黑战争、车臣危机、神户大地震、拉宾遇刺等重大事件都能及时准确地进行报道。五是具有改革创新意识。新闻媒体都在采取改革措施,增派驻外记者或增加记者国外采访机会,突出处理国际新闻,增强报道时效,加强国际评论,丰富宣传形式。

在肯定成绩的同时,曾建徽主任也指出我们的国际新闻报道存在不足,时效性不够强,声音比较小,国际新闻报道队伍有待加强、提高。他在讲话中着重阐述了要从八个方面提高宣传报道水平,进一步做好国际问题的新闻报道工作。

第一,必须对当前国际形势有一个正确的认识。国际形势仍处在深刻复杂的变动之中,各种国际力量继续分化组合,多极化趋势进一步发展。国际关系中,竞争与合作、矛盾与协调、斗争与妥协相互交织,各种力量继续调整相互战略关系,谋求对己有利的地位。霸权主义和强权政治仍然是世界和平与发展的主要障碍。以美国为首的西方国家对我实行"西化""分化"的战略不可能改变。一定要从战略的高度,从为我国争取有利国际地位的角度考虑问题,努力把我们的国际新闻报道工作做好,更好地配合我国的外交工作。

第二,坚持正确的舆论导向。国际问题宣传报道应以马克思主义、毛泽东思想和中国特色社会主义理论为指导,要为我国改革开放和现代化建设创造良好的国际环境,以有利于中国社会的发展与稳定,有利于促进世界和平与人类进步。要引导人民群众正确全面地认识世界,激发他们的爱国热情。

第三,有理、有利、有节地开展舆论斗争。在涉及我国国家主权、民族尊严和现实利益等重大问题上,一定要旗帜鲜明,敢于并善于进行国际舆论斗争。在人权、西藏、台湾问题上,坚决反对西方干涉我国内政的各种表现。对外舆论斗争的主要对象是美国,要注意有理、有利、有节,保持"斗而不破"的态势。

第四,充分发挥新闻的优势,更好地配合外交工作。我们的国际新闻宣传是对外斗争的重要手段。希望大家在坚持党的外交路线的轨道上,积极探索,使我们的国际新闻报道更符合新闻规律,更具有吸引力和战斗力,更好地配合外交工作。

第五，要体现中国特色，增强对外竞争能力。在国际舆论“西强我弱”的情况下，“西热我也热”“西云我也云”是没有出路的。要使我们的国际新闻报道具有中国特色和深刻独到的见解，加强第一线采访，提高新闻时效，增强宣传效果。在对外舆论斗争中，该先发制人的时候、能先发制人的时候，一定要先发制人 。

第六，要充分利用国外传媒提供的材料，揭露西方社会的阴暗面。认真搜集国外传媒所披露的各种材料和数据，戳穿他们所标榜的民主、自由、人权的虚伪本质，帮助我国读者正确认识西方世界。

第七，鼓励正当竞争，增强整体力量。国际新闻报道在国内也有一个相互竞争的问题，应当鼓励。有竞争才有压力，有竞争才有创造力和活力。所以，要鼓励各新闻媒体发挥各自优势，开拓进取，以高时效、高质量、高格调的新闻作品赢得读者，每年评选国际新闻奖就是一种鼓励。当然，我们新闻单位之间要既竞争又协作，共同提高，形成合力，增强对外宣传的整体力量。

第八，进一步加强国际问题的对外宣传。要想方设法把我们的声音传播出去，提高对外渗透力，扩大辐射面。新华社、央视国际台、《中国日报》、中新社、《人民日报》（海外版）和《北京周报》等媒体负有重大责任。各新闻单位要发扬对外宣传一盘棋的精神，团结协作，使我们的国际新闻发挥最大的对外宣传效果。

首届评奖突出了加强国际报道的三个关键点

在首届“中国国际新闻奖”颁奖大会上，上海市委副书记代表中共上海市委作了热情洋溢的讲话。她充分肯定了第一届“中国国际新闻奖”评选活动是在国务院新闻办领导下一次认真严肃的、有影响、有权威的全国性评奖活动。它对总结交流国际新闻报道的经验，激励新闻媒体积极开拓、勇于进取的敬业精神，加强和改进国际报道工作，提高国际新闻队伍的政治业务素质，起到了积极的推动、激励和鼓舞作用。上海新闻媒体一定会认真贯彻中央的精神，增强国际报道意识，加强国际评论，主动参加国际舆论斗争，让上海人民更好地了解世界、认识世界，也让世界更好地了解上海、认识上海。

颁奖大会前，评委会根据国务院新闻办领导的意见，指定我以获奖单位代表的身份，在颁奖大会上重点讲一讲如何落实曾建徽主任的八条重要意见。

一开始，我就说这次《人民日报》有7篇作品获奖，固然是国际部记者编辑共同努力的结果，但是我们也清醒地看到，这主要是由《人民日报》的地位和条件决定的。作为党中央的机关报，《人民日报》的国际报道一直得到党中央、国务院，特别是新闻办公室、外交部领导的直接关心和指导。我们的国际报道力量也比较雄厚，仅采编、资料工作人员就有近百名，有33个常驻世界各国的记者站。这些条件是一般新闻单位所难以具备的。相比之下，条件不如我们的一些兄弟新闻单位，如《解放日报》《文汇报》等，这次都取得了相当出色的成绩，更使我们感到工作还可以做到更好，还要加倍努力，还要更好地向全国兄弟新闻单位学习。

接着，我结合这次参加首届"中国国际新闻奖"评选的体会，着重谈了如何更好地落实曾建徽主任的八条重要意见，提出需要从增强国际意识、加强国际评论、抓紧国际新闻队伍建设三个关键点作出切实的努力。

关于增强国际意识，我提出宣传要审时度势。所谓审时，就是要审时代变化之潮流；所谓度势，就是要度世界发展之趋势。世纪之交，世界的政治、经济、文化、科技在急剧发展变化之中。我们要赶上时代，要跟上世界发展潮流，就一定要让中国更好地了解世界，也要让世界更好地了解中国。这就需要加强国际新闻报道，及时充分地向全国人民介绍世界各地发生的事件和变化，引导大家正确地认识世界、对待世界。同时要让世界更好地了解中国，除了做好外宣工作，把我国的经济发展和社会进步全面、积极地向世界作宣传以外，很重要的一条就是还要把我国政府和人民对世界上发生的重大事件和主要舆情的态度、观点、立场，及时地鲜明地表达出来，以显示我们作为联合国安理会常任理事国、一个有12亿人口的社会主义大国在国际上的地位、作用和分量。而这后一条，正是我们国际新闻报道的重要任务。

关于加强国际评论，我提出这是关系积极主动参加国际舆论斗争的大事。近年来，《人民日报》一直在提倡国际评论要大胆解放思想，不要自设禁区，不搞自我束缚。对国际上发生的重大事件应尽量表明自己的看法，努力做到外交部发言人能说的，我们要写；外交部发言人不便说的，我们也积极配合，主动争取写好。当然，国际评论写作要严肃认真，注意把关，吃不准的要请示。但主要的还是要积极探索、主动尝试。特别是《人民日报》发表驳“中国威胁论”和驳“遏制中国论”的两篇“观察家”专栏文章（第二篇1996年初刊登，获1996年度“中国国际新闻奖”评论类一等奖），在国内外产生了比较强烈的反响。这给我们一个深刻启示：要使我国的声音在世界上扩大影响，一定要及时地对国际上众所关注的事件和舆论进行评论，鲜明地表明我们的观点。只有这样才能引起世界传媒的重视，才能提高和扩大《人民日报》在国际上的威望和影响。因此积极主动地、有理有利有节地开展国际舆论斗争，必然要求我们下功夫切实加强国际评论工作。

关于抓紧国际新闻队伍建设，我提出，从事国际新闻报道的编辑记者队伍，在政治素质和业务素质上要求比较高。目前我们的新闻行业，正面临着从传统的计划经济体制向社会主义市场经济体制的转变，从传统的传播手段向现代化传播手段的转变。这对我们掌握现代化技能和知识提出了新的要求，必须努力培养一批能熟练操作电脑、掌握一门以上外语、会驾驶现代化交通工具三项基本技能，又具有现代经济、现代科技、现代国际关系与法律三门基本知识的学者型记者、编辑。《人民日报》国际部记者、编辑具备前三项基本技能的比较多，但切实掌握后三门基本知识的却还不多。我们一定要加强对冷战后国际形势的研究，提高编辑记者审时度势、总览全局的水平和能力；要提倡做多面手，不仅要懂国际政治，还要懂国际经济、现代科技、国际文化、国际社会方面的知识，要能写报道，又能写评论、写内参。我们想要有计划地定向培养一批国际报道和评论人才。当前国际评论人才短缺，尤其需要加紧培养，力争培养几个像李普曼、赖斯顿这样的国际问题评论家和专栏作家。人才宝贵，人才难得，一定要爱护人才，创造有利于人才成长的环境和条件。

1998年率团访问台湾的见闻

1998年3月3日，我收到台湾“中央通讯社”邀请我率领《人民日报》新闻代表团访问台湾的函件。我1993年春奉调到人民日报社工作之后，曾多次率领报社新闻代表团访问欧美亚非等许多国家，恰恰是近在海峡对岸的祖国宝岛台湾，还没有机会前往一睹芳颜。所以，接到台湾“中央通讯社”主动发来的访问邀请函，我非常高兴，非常珍惜。当天，我就把邀请函交给了报社外事局的景宪法局长，要他与国务院台湾事务办公室确认一下落实的可能性，以便我筹划率团访问的事。

台湾“中央通讯社”主动邀请登门会见

不几天，景局长告诉我，国务院台湾事务办公室已经了解到台湾新闻媒体近日发出了两份邀请函，除“中央通讯社”邀请我率《人民日报》新闻代表团访台外，台湾联合报社也发函邀请新华社一位副社长率新华社新闻代表团访台。台办正在对这两个新闻代表团的访台时间进行安排。

当时，两岸关系经过1995年李登辉访美以来的波动，正在趋向稳定。1998年7月中旬，国务院科技部朱丽兰部长以海峡两岸科技交流中心顾问的身份，率领祖国大陆近百位科技专家、学者、产业界人士应邀赴台访问，同时举行“两岸科技成果交流研讨会”。这是两岸科技交流10年来，参加人数最多、规模最大、层次最高的一个活动，标志着两岸科技交流与合作达到新的水平，推动了两岸经贸合作、科技、文化、人才等方面的交流。

1998年8月5日，台湾中国国民党中央大陆研究工作会主任张荣恭先生，赶到人民日报社来见我。张荣恭先生在台湾新闻界工作20多年，曾任“中央通讯社”大陆部负责人和“中央通讯社”副总编辑等职，1998年2月到大陆工作会任职后，仍担任“中央通讯社”顾问。这次，他是来京参加台湾研究会和全国台联举办的“两岸关系研讨会”，特地前来见我。陪同他来的，还有台湾大陆问题研究所陈家芳先生和国务院台湾事务办公室王宪处长。

我先向他介绍了党的十五大以来的国内形势，以及两岸关系的发展新趋势，并询问台湾方面的情况及他对目前两岸关系的看法。张荣恭先生认为，两岸关系虽有摩擦，但一直在前进。两岸应保持和平互动，只要互动情况良好，在台湾讲统一就站得住脚。他还坦率地说，两岸究竟以何种形式统一，才能满足民众的需求，要双方共同努力去探讨，这是个很长远的问题。他还介绍了台湾的选举情况，说“中央通讯社”已经实现民营化。最后，他透露，我这次被邀访台，是他积极促成、操作的。

辜振甫轻松自如地畅谈：“访问大陆我有惊世之感”※

以汪道涵先生为会长的海峡两岸关系协会，分别于1998年2月24日、3月11日、3月26日三度致函台湾海基会，欢迎辜振甫先生率团前来祖国大陆访问。经过两会副秘书长级、秘书长级负责人在北京、台北的多次磋商准备，10月14日，辜振甫所率领的海基会参访团终于在海内外的关注之下抵达上海，海协会会长汪道涵会见了辜振甫。两个协会高层重启接触交流，并增加了政治对话的新内容。在汪辜两次会晤后，双方达成了要进行包括政治、经济等问题在内的对话，汪道涵会长在适当时候应邀赴台访问等四项共识。时任中共中央总书记江泽民在北京礼节性地会见了辜振甫夫妇，对两个协会达成的四项共识表示赞赏，就两岸关系的重大问题发表了意见，也听取了辜振甫先生的意见。

我作为团长率领的《人民日报》新闻代表团一行五人，包括报社记者部副主任杨振武（后为人民日报社社长）、华东分社副总编辑高海浩（后为浙江报

※ 参见周瑞金：《做清醒的新闻工作者：周瑞金新闻作品选》，上海人民出版社2004年版，第163—168页。

业集团社长）、国务院台湾事务办公室处长王宪以及报社事业发展部经理盖丽华，就在这样的两岸关系发展新背景下，于10月27日——也就是台湾海基会董事长辜振甫先生成功参访大陆返台一周之后——启程访台。

很有幸，我们到访翌日，即1998年10月28日，辜振甫先生就在台北市锦州街口造型秀丽的台泥大厦，他自己平时工作的办公室里，亲切地会晤了我们代表团一行。

辜振甫先生的办公桌上有块铜牌，上面刻着美国总统里根的一句名言：

You can accomplish much if you don't care who gets the credit.

辜振甫先生以此为座右铭，并把它翻译为“不居功，成就会更大”。辜先生一向主张“鸭子哲学”，认为一切有成就的大企业家、大商人，都应当像鸭子那样“脚在浮水，却不外露”，踏踏实实、兢兢业业做事，不显山不露水。

我们就在奉行“鸭子哲学”的辜先生的办公室里进行了无拘束的交谈。以下是台湾“中央通讯社”陪同我们访问的记者张珑整理的一份访谈稿，经辜先生审看过，也经我们审定过。

周瑞金：这次，我们《人民日报》代表团应“中央通讯社”之邀访问台湾，恰逢辜先生参访大陆，与汪道涵先生举行第二次会晤后返台不久。承蒙辜先生的惠顾，在百忙之中这么快就会见我们，非常感谢！首先，我要转达汪道涵会长对您的问候！

辜振甫：不客气。我是福建人，祖籍众说纷纭，有说是惠安、同安，也有人说是永春。太太是福州人。所以如果回福建家乡，会亲就得起码三五天。这次到北京见到很多福建同乡。

周瑞金：这样说来，我与您还有乡亲之谊。200多年前我祖上也是福建惠安、同安那一带人，明末迁到浙南温州地区，至今我一家都还讲闽南话。到台湾听到乡音有“回乡”之感。

辜振甫：我与大陆的关系很复杂。盛宣怀的女婿是我的舅舅，沈葆桢的媳妇是我姨妈，辜鸿铭是我的堂伯父。辜鸿铭是第一个到英国留学的中国人，喜欢吃生牛肉，我们很怕他，因为他常骂人，但小辈被骂得很服气。

周瑞金：我听说辜老很喜欢京剧，与汪道涵先生有共同的爱好。

辜振甫：是啊！11月3日是日本的文化节，东京盖了新剧场，我将在明天出发到日本唱三天京戏。我的京戏老师是已故世的孟小冬，人称“京剧冬皇”。现在她的门生只剩下两人，另一位是90多岁的老先生。唱戏的负担很重，而且我唱得不好。但是现在我每年都要登台唱戏。主要是考虑老师已故去了，年轻人对京剧的兴趣不浓厚，他们比较喜欢迪斯科。我有一个剧团，周末到乡下去唱给学生听。

我喜欢京戏源自父亲是戏迷，父亲告诉我不要忘记自己是中国人，唱戏、看戏会了解中国人的历史和为人之道。汪道涵先生说，京剧是迷人的，一迷上就忘不了。

周瑞金：辜老离开大陆已有半个多世纪了，这次大陆之行一定感慨良多吧！

辜振甫：在这次的大陆行之前，我有55年未到北京，53年未到上海，再到大陆我有惊世之感，和以前的情况不能比。大陆20年来改革开放的成功景象，令我印象深刻。这次的辜汪会晤，是在两岸关系冰冻很久后举行的，显示了两岸以协商代替对立的时代的来临。我看，两岸只要多接触，以中国人的智慧一定能找出一条解决问题的路子来。

周瑞金：辜老，您觉得这次大陆之行是否达到了您原先预想的效果？

辜振甫：这次到大陆访问，是想让大陆的朋友了解台湾经济转型成功，以及民主化的情况。我并不认为台湾民主化十全十美，它还有很远的路要走，但要求国家现代化，这趟路不能不走。大陆现在也在注意民主化和市场经济等，照此方向走，彼此会拉得更近，大陆和台湾为什么不能在一起？中国人有这样的智慧，一定会在一起解决问题的。

因为两岸协商中断了三年半，汪先生、海协会主张进行政治谈判前的程序性协商，我方则主张与人民权益有关的事务不能偏废。到目前为止，台湾已有1200万人次到过大陆，台商有百亿元的投资在大陆，有30万台商在大陆做事，有8万至9万人结成夫妻。这当中当然有问题产生，但是不要因为个案的发生而伤了两岸的感情。双方在谈的过程中一定会碰到政治性障碍，那就可以拿出政治性障碍来谈，不偏废。

辜汪恢复对话以后，要加强多方面对话，多层次交流，有个案发生时要互相协商解决。这样可以取信于民，老百姓觉得我们在解决他们的问题，如此两岸民间关系会拉得近些。政府方面要遵守新加坡协议，副秘书长3个月见一次面，秘书长6个月见一次面，回到制度化协商的轨道，这才能建立两岸互信。这样做一方面可以为民众解决问题，另一方面也可以建立长远的关系。

两岸问题不是国际关系，不需要国际见证，关键是要彼此信任。我向来主张不要回避任何问题。大家多沟通，中国有句古话，“见面三分情”，多见见是有益的。没有什么话，就是问问“今天天气如何”也好。不见面就会有误会。隔海放话，有时越放越糟，误会加深，产生误判。这一点我们在上海有共识，双方多走走，多看看，礼尚往来。

周瑞金：这次您与汪老会晤，达成四点共识，国内外舆论反映不错。

辜振甫：这次我们会晤获致四点共识，江泽民先生完全赞同，也说了让双方受到鼓励的话。我很受鼓舞，这是很好的开始。

周瑞金：四点共识不错，关键是如何落实。请问辜老，您对未来落实四点共识有何高见？

辜振甫：台湾方面是希望走得快些。这个月26日全国青联邀请台湾一个青年访问团访问大陆，后面还有言论界、司法界人士组织的访问团到北京，研讨共同打击犯罪问题，还有渔业纠纷问题。两岸要加强各阶层的交流，不要为一些琐碎的事伤害大局。台湾现在已开始规划汪道涵先生来访事宜，在汪先生来以前，唐树备、张金成会先来，预先沟通辜汪再次会晤的议题。作为辜汪第二次会晤也可以，作为参访也可以，两岸之间的参访也是很有用的，海基会董事长和海协会会长见面对两岸、两会关系发展有指标性意义。对汪先生到台湾访问，还有一点时间可以好好规划。两岸的事不能太着急，因为两岸隔绝多年，有不同的生活方式，不同的政治、社会体制，今后交流多一些，彼此的了解会增加很快，在这一基础上发展，两岸一定会越走越近。

周瑞金：您感到这次双方主要的分歧是什么？

辜振甫：国际空间问题，这是台湾人最伤心的了。我们的老祖宗几百年前为求生存从大陆漂洋过海到台湾，生活十分艰苦。所以台湾人个个有独立奋斗的性格，现在可以当家作主了，都希望有一个光明的未来，与大陆人民一起创造中华文明，这个心愿是存在的。要承认这个分治状况，现在台湾与大陆没有统一是前提，要在没有统一的前提下谈统一。在外交上不要打压，这个没有意思，台湾没有一定的国际空间，有些人是会豁出去的。两岸文化相同，很多事情一点就通。对发展国际空间的对峙状态，我认为这中间不要刻意去讲，要为台湾留一点空间，特别是政府发言人在发表谈话时要注意，犯不着刺激台湾。当然，你们不刻意去讲，这边也不要太敏感。

大陆方面说台湾"邦交国"越来越少是一种国际趋势，大陆并没有打压，但是对我们来说，觉得大陆是在打压。今年先是几内亚比绍，现在又是汤加，这种事大家要相互体贴些比较好。现在想坏你事情的人很多，不要上他们的当。我这次与江泽民先生、钱其琛先生聊得很好，很有帮助。

周瑞金：我认为谈两岸统一，首先应当确立一个前提，就是一个中国的原则。

辜振甫：现在谈统一，前提就是两岸还未统一，两岸是处于分治的状态，大家先要看清这一现实，要看得远一些，才有可能达到未来走向统一的路途。我这一辈的人在有生之年也许看不到两岸统一了。今年我已83岁，所剩时间不多。我的经历很复杂，从日本占领到现在，我想为年轻人留下一些东西，趁糊涂之前写点书，有我这样经历的人不多。我这个年龄已经无所求，只想为两岸统一贡献一点力量，希望两岸统一快一点，但也不要操之过急。未来两岸之间媒体的交流很重要，互派常驻记者是好的方向，媒体派经验丰富的资深记者常驻两岸，清楚正确地报道新闻，愈多愈好。

周瑞金：我非常赞同您关于两岸互派常驻记者的意见，只有媒体的交流加强了，才能促进两岸的沟通和交流，有利于营造相互了解和信任的氛围，推动两岸的统一。您这次参访大陆的感受，让我们深受鼓舞，不知您的感受是否被台湾高层所认同?

辜振甫：我这次访问大陆，与江泽民先生、汪道涵先生聊天都很愉快。此行是被当局肯定的，我在立法机构报告大陆之行，有三位民意代表高兴得唱京戏，还有人献花，这是前所未有的。关心两岸的人士现在都在想：下一步要怎么走，要好好走。我们回来后已向各方报告，也将作出规划，然后推动工作。大家对这次会晤达成四点共识，恢复两岸对话，是肯定的，还很有积极性。前天我与萧万长一起吃饭，他急于了解大陆的情况，我向他谈了很多，尽量提供他有关的资讯以了解大陆，希望对他的决策有参考价值。总之，他们都会正面看待此事。最近他们还要商量，看如何开展工作。这几天比较忙，到处在搞选举。台湾的选举有好处，也有许多地方需要改善。

周瑞金：辜老原来从事经济事务，现在介入政治，这对您从事经济有影响吗？

辜振甫：我过去长期做经济事务，现在我对两岸关系提供服务，这是一种造化。我与日本打交道30多年，当了33年日台关系会长，但我从不与日本人谈生意，谁要这样就是"大傻瓜"。中国人说富贵不过三代，你要想做好，就一定要先做员工，找别人来管，要有度量，我有100多个公司，没有人请示我，其实我根本就不会做生意。我请人来帮助，让他放手去做，他一定会卖力去做。学问与朋友才是财富，一辈子享受不完。这一点，我是无怨无悔的。

我已经好久没有去证券交易所了。台湾证券，我是创业人。台湾的经济改革，我当过总召集人。当年我们讲耕者有其田，为地主发证券、股票，让他变为工业主。搞经济很难，因为这不能试验，不是做试验室工作，一定要有你的社会认知、世界观。要使产品成为商品，这才重要。大陆每户农民耕种的面积只有台湾的二分之一，希望请大陆各省管农业的副省长到台湾看看农业。把农户的潜在能力都激发出来，不得了。这一点我们可以从技术上帮助。

周瑞金：台湾农业搞得好，这方面的经验的确值得大陆借鉴。我们代表团回去，一定要向有关领导部门转达您的意见。您还有什么希望让我们带回去？

辜振甫：这次参访大陆，唯一的遗憾是没有与朱镕基先生见面聊天。亚洲金融风暴还没有停止，我想跟他谈谈金融问题，还有一些具体的经济问题，希望下次去有机会与他见面谈话。

一个多小时的愉快交谈很快过去了。在即将告别时，辜振甫先生与我们代表团全体成员热情握手，并在他办公室亲切合影留念。据后来“中央通讯社”的记者说，这是辜老先生晚年与大陆来访新闻代表团最轻松自如的一次畅谈，也是他生前少有的对两岸关系充满乐观期待的一次交谈。遗憾的是，不久后李登辉抛出“两国论”，使他在台湾与汪道涵先生再度会见的愿望彻底破灭了。辜老先生当时是什么心情，可想而知。

但这是后话了。

新闻界要做“春江鸭”：两岸互派常驻记者是时候了

我们代表团于10月27日至11月5日参访台湾，10个日日夜夜，从台北、基隆开始，沿西线而行，由北而南，参访了新竹、台中、南投、嘉义、台南、高雄，直至最南端的鹅銮鼻，足迹遍及台岛13个县市。出生于浙江而祖籍福建南部的我，在台湾乡音乡情的环绕中，似乎被“回乡”的感觉拥抱着、感染着。代表团参观访问了证券交易所、银行、科技园区、水产养殖、农业栽培以及塑料、钢铁、航空等企业。所到之处，发现台湾各界民众对加强两岸经济交流与合作的呼声很高。我们代表团此行的最深感受，就是台湾上下对改善两岸关系抱有迫切的希望，尤以新闻媒体之表现最为直观。

我们一行抵台第二天，就发生了中国国际航空公司的袁斌劫机事件。台湾主要媒体报道客观、冷静，台湾舆论亦认同袁斌的劫机行为是犯罪。这表明台湾媒体近年来对两岸报道的反思和探索有所进步。

通过与台湾“中央通讯社”、《联合报》《中国时报》《中央日报》等新闻媒体进行交流，我们感受到台湾媒体对汪辜会晤后两岸关系改善反应积极，台湾比较负责任的新闻从业人员也在思考，新闻媒体怎样才能在改善而不是恶化两岸关系中进一步发挥舆论作用。

台湾《中国时报》社长黄肇松谈到，在有关大陆的突发事件报道上过于偏激和政治化容易误导台湾舆论，应争取多报道反映大陆主流价值的东西。他建议两岸新闻媒体要注意跳出传统的报道框架，寻找新的报道领域。《联合报》副董事长刘昌平提出，要客观正派地看待两岸问题，要提高派驻大陆记者的素质，要多开一些两岸沟通的渠道，两岸媒体要走在前面。他说，媒体能够顺利交流，对其他各方面交流可以产生正面效应。

我对岛内同行严肃认真的思索和尝试表示赞赏，深感扩大两岸民间交流应以新闻界为“龙头”。古诗云，“春江水暖鸭先知”，就像江水中最先感知春来水暖的鸭群，新闻界最能敏感察觉到两岸的互动。所以在两岸在进行科技教育、文化体育诸多交流的同时，要进一步加强新闻界的交流，有利于两岸加强了解，共享资讯。两岸正式互派常驻记者，此其时矣。希望两岸新闻界都来做“春江鸭”。

台湾工商业者对投资大陆的前景也一致看好，对两岸经济合作抱有信心。总管理处副总经理杨兆麟希望今后继续在大陆发展实业。台塑当时在大陆总投资额已达18亿元人民币，在南通、广州、东莞、芜湖等地均有工厂。台湾工业总会理事长高清愿亦对台湾几个大企业投资大陆仍须台当局专案审批感到不理解，称尽快检讨“戒急用忍”是台湾工商界的心声。在台湾中华航空公司，我们得知该公司已经同大陆十几家航空公司签约进行清账业务。华航在2003年前计划新增8架波音737-800型飞机，主要目的是为两岸直航做准备。

两岸三通是台湾也是大陆民众最实际的需求，通邮、通商事实上已经实现了。看来，经过两岸当局和民众的共同努力，实现通航也不会太遥远。

访《中国时报》，激起“余纪忠情结”

值得一写的是，10月30日下午我们代表团访问台湾中国时报社时那一幕情景。那天时报同人们盛情炙人，晚宴上双方都开怀畅饮，喝掉好几瓶“金门特高”。晚宴后黄肇松社长陪同我们参观报社，我们在夜班编辑部的一张大办公桌前停了下来。黄社长介绍说，这是中国时报集团董事长余纪忠老先生的办公桌。我当场惊讶地问，他老人家已88岁高龄，晚上还来值夜班吗？黄社长点头说，他一般晚上 9 点半来这里看当天要闻并审改社论。他一直主持报社社论委员会会议，定期确定社论选题，并审定社论，有时还亲自执笔起草涉及两岸关系的重要社论。听了介绍，我伫立在余老先生值夜班的办公桌前，沉思良久，心潮澎湃。

这才真正是老报人的品格，是把生命与事业紧密结合在一起的报坛耆宿的敬业精神。我想到下午与他单独交谈的一个多小时里，他对两岸局势的清晰分析，主张两岸统一的坚定立场，以及对于如何实现两岸统一的缜密而独立的见解，令我叹服。谈到兴起，他竟拉着我的手离开报社办公室，带我到他家的大书房，亲切而坦诚地向我展示了 1995 年台海两岸局势紧张时，他与新加坡总理李光耀互相交换对策的亲笔函件，还向我讲述了连战当时到他书房交换意见的情况。在谈到中国时报新闻集团的成功经验时，他说了一段老报人的心声："报纸一定要有自己观察新闻事件的视角，要有独立发声的勇气，关键时代不能成为缄口金人。如果国无诤臣，官无诤友，民无诤言，那是我们报人的失职，也就不得不为国事前途慨叹了。"

这么一位年近 90 岁的台湾老报人，深怀民族情感和历史大义，坚定不移地呼唤着"国要有诤臣、官要有诤友、民要有诤言"，深深关注着国家的统一大业，是多么值得钦敬和感佩啊！我一瞥他的书房，墙上挂着名家书赠的一副对联："高论明秋水，贞心比古松。"这正是他人品和文品的生动写照。

我与余老先生早在 20 世纪 90 年代初就有过交往。1992 年他曾派手下两位得力干到上海与当时主政解放日报社的我商谈合作办刊事宜。双方曾很快合作出版了一期名为《太平洋经济评论》的月刊试刊号，获得各方好评。若不是 1993 年 4 月我调至人民日报社，也许合作成功有望。因此，这次我们相见，分外亲切，坦诚交谈也就是自然而然的事了。

尽管如此，我绝对没有想到，他老人家如此高龄还能坚持上夜班、主笔政。因此，那天参观中国时报社夜班编辑部见到他的大办公桌时，我的震撼是可以想见的。我脑海里很快闪现着：大陆有哪位报社的社长还上夜班主笔政？大陆哪还有年过 80 的知名报社总编仍在为新闻稿而如此操劳的？我知道，在台湾，这么做的，除了创办了《中国时报》的余纪忠，还有创办了《联合报》的王惕吾。他们都倾注毕生之心血，打造了台湾最大的新闻媒体业，而且走向世界，影响了全球华人。两人都是台湾报界与政界举足轻重的名流。只可惜，在我访台的1998年，王老先生已经仙逝，因此造访联合报社时，我们已无缘相见。

访台的翌年，我年届六十，原本无心再为新闻传媒操劳，正盘算着结束终年辛劳的报人生涯后，如何去过一种闲云野鹤般的生活。然而，这次访台在我记忆里留下了难以磨灭的印象，重新激发了我"老夫聊发少年狂"的豪情。我想，在为新闻传媒奋斗了近40年以后，退下来还可以再用20年时间，为自己搭建一个发挥余热的平台，不就能像余老先生那样老而有为了吗？

也许，这是个梦想。但这个"余纪忠情结"，还是深深地烙印了在我的心中。如今的我已是步入耄耋之年的老夫了，撰写这段回忆时，仿佛又回到了当年在台北中国时报社夜班编缉部余老先生的大办公桌前。虽然今天的我不能像余纪忠先生那样主持一份报纸，但仍然能挥笔纵论改革、说论国是，当个老报人的感觉真好！

汪道涵精心指导，南怀瑾一语成谶※

《人民日报》新闻代表团启程访台前五天，即10月22日，我专程到上海向海峡两岸关系协会会长汪道涵请示访台注意事宜及应对方略。汪老先生当时刚完成接待辜振甫先生来大陆参访的任务，正住在瑞金医院疗养。22日下午，我在上海台湾研究所王金朝和李维琮两位同志陪同下，来到瑞金医院病房接待室，汪老笑容满面，热情相迎，连声说《人民日报》代表团访台正当其时、正当其务。

他听取了我对这次访台的主要安排和大体日程的汇报后，向我详细介绍了在上海与辜振甫先生会谈的情况，进而谈到李登辉的路线，以及我们的对策。他主动向我介绍了台湾主要政治人物的情况，要我见到他们的时候代为问候，并推荐了《美国对华政策与台湾问题》等好几本有关台湾的书给我，说

※ 参见周瑞金：《中国改革不可动摇——皇甫平醒世微言》，广东人民出版社2009年版，第178—186页。

对我了解台湾当前情势与确立对台报道思想有好处。

汪会长还引用古诗“春江水暖鸭先知”，殷切叮嘱我要多与台湾新闻媒体交流沟通，尽力团结台湾新闻媒体一起做推动两岸关系改善的“春江鸭”。他建议我以大陆第一大报的身份带头推动两岸媒体合作，争取台湾当局同意两岸主流媒体互派常驻记者。

他知道我们到达台北第二天就要拜会辜振甫先生，就交代我代他致意的同时，要深入了解台湾政界对刚达成的汪辜会谈四点共识的反应。他说最近接连接到台湾方面有识之士来电来函，对汪辜再次在大陆会见反响热烈，正面回应很多。最后，当我向他告辞时，汪先生握着我的手，郑重其事地交代说，在你们代表团返程途经香港时，你一定要前去拜会南怀瑾先生，听取他对这次汪辜会谈的看法和意见。

汪会长了解我与南先生的关系。1995年春节前夕，中共中央总书记、国家主席江泽民就发展两岸关系、推进祖国和平统一进程问题，发表了著名的八项主张。汪老当即向江主席举荐了南怀瑾先生，并将我当时在一家杂志上撰写的介绍南先生情况的《奇书·奇人·奇功——记国学大师南怀瑾》一文推荐给江主席参阅。同时，汪老又代表江主席邀请南先生回大陆，与江主席直接见面交谈台湾社情与推动两岸关系方略。由于南怀瑾先生抱有传统的士大夫气，对国共两党始终抱着“买票不入场”的态度，没有得到江主席正式的书面邀请。拖了两个多月后，南先生才以探望许鸣真先生为由（当时许先生处于病危状态），动身来上海与汪老见面。他用了四个多小时，向汪老叙述了台湾的历史沿革，民心民意所在，台湾政情、党情、社情，以及国民党近况与李登辉的变化，强调攻心为上，文化统一为先。

那么，汪道涵会长这次为什么这么真诚地要求我去拜访南先生，听取他对汪辜大陆相会的看法呢？这里面有着一个两岸密使会谈的大背景。

1985年7月，南怀瑾先生不得已“避迹出乡邦”，离开生活了36年的台湾，到美国华盛顿隐居了三年，直至蒋经国逝世后，才于1988年夏抵香港定居。不想，在香港刚住下来的第六天，当年南先生在成都军校的老同事、全国政协常委、民革副主席贾亦斌就突然找上门来，几个月后又介绍中央对台工作负责人杨斯德与南先生接上关系。

原来，在蒋经国逝世后，中央负责台湾工作的杨尚昆主席选中了南怀瑾这个“跳出三界外，不在五行中”的隐士式人物，作为两岸关系的传话人。之所以选中南先生，一是因为南先生与李登辉能够谈得上话（李登辉的儿子、儿媳妇都是南先生的学生）；二是因为南先生在两岸政治圈中有广泛的人脉关系，了解两岸的政治和历史；三是因为南先生有一定的社会地位和声望。应该说在当时的历史条件下，南先生确实是两岸关系唯一合适的牵线人。为了民族统一大业和两岸人民的福祉，南先生积极参与其中，不久即应李登辉的邀请返台与他共商对陆政策，终于促成两岸密使在南先生的香港寓所重开会谈。会谈进行了几次，未获进展。于是，南先生提议大陆方面增加汪道涵和许鸣真二人为密使，参与会谈。

由此，提升了会谈分量，增进了会谈效果，并促成了海峡两岸关系协会的成立，汪老被江泽民主席委任为会长。1992年6月，南怀瑾先生披挂上阵，亲笔起草《和平共济协商统一建议书》，提出“和平共济、祥化宿怨；同心合作、发展经济；协商国家民族统一大业”三原则。此建议书由汪道涵会长直接呈送给江泽民等中央领导，获得肯定。后来在汪道涵会长的努力下，两岸密使又分别在珠海、澳门、北京等地密会多次。1992年10月28日至30日，以汪道涵为会长的海峡两岸关系协会与以辜振甫为董事长的海峡两岸交流基金会，在香港举行了成功的会谈，双方终于达成“两岸均坚持一个中国的原则，各自以口头声明方式表述”的共识，这就是“九二共识”。

这个共识一直成为两岸对话与谈判的基础。1993年4月27日，在汪老的积极倡议和大力推动下，经两岸共同努力，备受瞩目的第一次“汪辜会谈”，终于在新加坡正式举行。4月29日，汪辜两位老先生共同签署了四项协议，标志着两岸关系迈出历史性的重要一步。这是海峡两岸最高当局授权的民间机构最高负责人之间的首次会晤，引起世界震动。

遗憾的是，两岸关系刚迈出历史性的一步，因李登辉1995年访问美国又中断了。直到三年后，两岸关系度过危机、处于微妙阶段时，1998年10月中旬，辜振甫先生应邀率领海基会代表团访问上海和北京，与汪老再度聚首，并同江主席进行坦率交谈，最后达成汪老应邀访问台湾等四项共识。应当说，是汪道涵会长以温和、理性、富有创意的和谈风格化解了双方的矛盾分歧，使两岸关系春意初现。恰在此时，我应台湾“中央通讯社”的邀请，率领《人民日报》新闻代表团访问台湾。因此，汪道涵会长理所当然要借我访台经港之机，了解当年两岸密使会谈的牵线人的见解。

我们代表团于1998年11月5日结束台湾访问，当天下午抵达香港。我们在香港还安排了拜访香港新华社、特派员公署、霍英东先生及光华文化中心江素惠女士等行程，与南怀瑾先生约定8日晚上前去拜见。

这是我第一次前往南先生的香港寓所拜访南先生。当时他82岁高龄，精神矍铄，称我为“南书房行走”来了。一语双关，既说我是中央机关报主持言论的副总编，经常要跑中南海；又戏称今天我是“到南怀瑾书房行走来了”。五年后南先生回上海定居，在苏州吴江建立太湖大学堂时，我已从人民日报社的领导岗位上退了下来，经常跟随南先生习禅修炼，果真应了“南书房行走”的戏言。

我见到南先生，首先代汪道涵会长向他问候致意，并恳切询问他对这次“汪辜会谈”的看法。想不到，南先生似乎早就知道我会提出这个问题，就哈哈一笑，心直口快地说道：“现在两岸都说好，我看不会有结果。”

我一回到上海，汪道涵会长很快接见我，听我汇报台湾之行。他特别关注南怀瑾先生的反应，我当时隐讳“黑锅”之说，只说南先生不看好两岸关系的改善，认为汪会长回访台湾机会渺茫，李登辉的地位和态度都已发生变化，不可能让汪道涵先生到台湾去宣讲两岸统一。果不其然，南先生对“汪辜会谈”的看法，竟一语成谶。1999年7月，李登辉公然抛出“两国论”，汪道涵会长的台湾之行终成泡影。从此，汪辜两老，对隔海峡，咫尺天涯，无缘再见，抱憾终生。辜老先生于2005年1月3日因病与世长辞，终年88岁。

有幸的是，汪道涵会长于2005年5月在锦江小礼堂和上海虹桥迎宾馆分别会见了台湾来访的国民党主席连战和亲民党主席宋楚瑜。会见后，他经历了一次大手术，从此卧床不起，于10月24日与世长辞，享年90岁。南怀瑾先生其时正在闭关，得悉汪老仙逝，撰挽联一副——“海上鸿飞留爪印，域中寒尽望春宵”，由我献到汪老灵前。

1998年《人民日报》新闻代表团的台湾之行，令我最难忘的就是与三位推动两岸关系改善的老人汪道涵、辜振甫、南怀瑾的接触、交谈，今天回首，一切都弥足珍贵!

汪会长赞访台之行取得丰盛成果

1998年11月9日,《人民日报》新闻代表团顺利回到北京。紧接着,我们向人民日报社和国务院台办作了访台总结汇报,向中央提交了包括应在台湾常设记者站等内容的改善两岸关系的11点建议,还在《人民日报》上发表了《春笋经雨已成林——访新竹科学工业园区》等6篇访台报道,并在中央电视台做了一场访台观感节目。中新社派记者采访我,向海外发了《两岸新闻界应做“春江鸭”》的长篇访谈报道,被国外许多华人媒体刊载,产生了较大影响。

一年多后,台湾当局终于宣布,同意祖国大陆新闻媒体在台设立记者站,新华社主任记者范丽青、陈斌华于2001年2月8日成为第一批赴台湾驻点采访的记者。

一次,我遇到汪道涵会长,他用赞赏的口吻对我说:“你们《人民日报》新闻代表团1998年访问台湾取得了丰盛成果,是一次成功的访问!”

1998年的访台之行,真是一种奇缘、一次巧遇。

在台北拜访辜振甫与余纪忠※

我在《1998年率团访问台湾的见闻》一文中，谈及了当年在台北拜访辜振甫先生和余纪忠先生的经过。我与辜振甫先生的会见，还整理了一份两岸均认可的谈话记录，存档于国务院台湾事务办公室。我在上文已全文发表，成为一份有价值的历史材料。

本文我将再进一步，将拜访两位老先生的过程，以及他们对两岸关系所作的历史性贡献，如实地向读者作补充介绍。

辜振甫：台湾儒雅精明实业家 两岸对话协商开启人

1993年我到人民日报社履新后，从第一次“汪辜会谈”的新闻报道中知道了辜振甫先生。台湾海峡交流基金会董事长辜振甫先生，致力于推动两岸关系走向和平统一，是两岸协商对话的开启人。

第一次“汪辜会谈”在新加坡举行后，由于李登辉访美和陈水扁当选台湾地区领导人后鼓吹“台独”，两岸关系停滞了五年多。直到1998年初，汪道涵先生审时度势，主动出招，让海峡两岸关系协会在2月24日、3月11日、3月26日三度致函台湾海基会，热诚邀请辜振甫先生率团前来祖国大陆访问。经过两会副秘书长级、秘书长级负责人在北京、台北的多次磋商准备，1998年10月14日，辜振甫先生率领海基会参访团在海内外的关注之下抵达上海，开启了有历史意义的新一轮“汪辜会谈”。

辜振甫夫妇抵沪的第二天，汪道涵携夫人在上海新锦江大酒店举行了一

※ 参见周瑞金：《做清醒的新闻工作者——周金瑞新闻作品选》，上海人民出版社2004年版，第163—169页。

场别开生面的茶憩。当时，汪、辜两位老者神清气朗，一边品茗一边交谈，双方相谈甚欢，不时地用手势加强语气。而两位夫人则轻倚茶几，悄声话着家常。在汪辜两次会晤后，双方达成了两个协会要进行包括政治、经济等问题的对话以及汪道涵会长在适当时候应邀赴台访问等四项共识。接着，辜振甫夫妇去北京见了中共中央总书记江泽民。江总书记对会晤达成的四项共识表示赞赏，并就两岸关系的重大问题发表了意见，也坦诚地听取了辜振甫先生的意见。

就在这样的两岸关系发展的新背景下，我率领人民日报社新闻代表团一行五人，于1998年10月27日启程访台，适值辜振甫先生成功参访大陆返台一周之后。

这次邀请我们代表团访台的是台湾“中央通讯社”，汪万里社长作了精心的安排。很有幸，我们到达台湾的翌日，即10月28日上午，辜振甫先生就在台北市锦州街口造型秀丽的台泥大厦，在自己平时工作的办公室里，亲切地会晤了我们代表团一行。

辜振甫先生在台湾工商界口碑甚佳，缔造了一流的政商关系。他一直在台湾经济贸易界有着广泛的影响力，是一代既精明又儒雅的著名实业家。20世纪50年代以来，他经常衔命为台湾周旋于国际谈判桌之间，因此获得“专业经贸大使”的美誉。1990年11月海基会成立，他成为董事长的不二人选。

那天我们就在奉行“鸭子哲学”的辜先生的办公室，进行了一个多小时无拘束的交谈。一见面，他就十分感慨地谈起大陆之行与汪老会晤的感受。他说：“我有55年未到北京，53年未到上海，再到大陆我有惊世之感，和以前的情况不能比。大陆20多年来改革开放成功的景象，令我印象深刻。这次与汪老会晤是在两岸关系冰冻很久后举行的，显示了两岸以协商代替对立时代的来临。我看，两岸只要多接触，以中国人的智慧一定能找出一条解决问题的路子来的。”

辜先生说到与江泽民和汪道涵见面聊天的情景，颇为感奋欢愉。他特别说到在台湾地区立法机构报告大陆行时，有三位民意代表高兴得唱京戏，还有人给他献花，这是前所未有的。他还说台湾地区行政管理机构负责人萧万长急于了解大陆的情况，在他返回台湾第二天，就特请辜先生共进晚餐，详尽听取他此次大陆行的情况报告。台湾政界人士大都正面看待四点共识，各部门也都着手作出规划，推动两岸关系前进。

我在访谈一开始，就转达了汪道涵会长对他的诚挚问候。辜先生说：“我们是老朋友了。这次我们会晤获致四点共识，江泽民先生完全赞同，也说了让双方受到鼓励的话。我很受鼓舞，这是很好的开始。照此方向走，彼此会拉得更近，大陆和台湾为什么不能在一起？”

我了解辜振甫先生祖籍福建，就说与他还有乡亲之谊。200多年前我的祖上居于福建惠安、同安一带，明末迁到浙南温州地区，至今我和家人都还讲闽南话。到台湾听到乡音有“回乡”之感。听我谈起乡谊，辜先生说他与大陆的关系很复杂也很深厚，盛宣怀的女婿是他的舅舅，沈葆桢的媳妇是他的姨妈，辜鸿铭是他的堂伯父。

在谈到辜老很喜欢京剧，与汪道涵先生有共同的爱好时，辜先生说自己的京戏老师是已过世的孟小冬，人称“京剧冬皇”。他说喜欢京戏是受父亲的影响，父亲是戏迷，告诉他不要忘记自己是中国人，唱戏、看戏能让人了解中国人的历史和为人之道。正如汪道涵先生说的，京剧是迷人的，一迷上就忘不了。

在谈及两岸协商中断了好几年，如何以这次“汪辜会谈”为新起点推进两岸关系时，辜振甫先生说，在进行政治谈判前的程序性协商时，要关注与人民权益有关的事务的处理。这样可以取信于民，老百姓觉得我们在解决他们的问题，如此两岸民间关系会拉得近些，也可建立长远的关系。

他进一步说，两岸问题不是国际关系，不需要国际见证，关键是彼此要信任。

接过辜老的话题，我问他对未来落实四点共识有何高见，接着向他请教这次会晤双方主要的分歧是什么。辜先生直言不讳地谈到了国际空间问题。他感慨地说，他这一辈的人在有生之年也许看不到两岸统一了。他表示自己到了83岁这个年龄，已经别无所求，只想为两岸统一贡献一点力量，希望两岸统一快一点。这是他真情的流露。

最后，辜老先生谈到，这次参访大陆的唯一遗憾，是没有与朱镕基先生见面聊天，希望下次去有机会与他见面谈话。

辜先生一直认同“一个中国”，使海峡两岸的交流与对话有了基础，并由此促成“九二共识”“汪辜会谈”。这是他一生最辉煌的业绩。可惜，他多年倾注的心血，却被两位同是祖籍福建的麻烦制造者李登辉、陈水扁或明或暗地给“蒸发”了。因此，垂暮之年的辜振甫常怀遗恨，积郁成疾，在2000年赴美做肾脏手术。在美国治病期间，他仍然放不下被陈水扁越弄越僵的两岸关系，50年没再作诗的他感于时局，特地吟咏《落叶三题》以抒发心情，并赠国民党主席连战先生。病中的辜振甫先生，每天早上一定要看台北传来的报纸，看台湾的电视新闻，了解台湾的局势。有次，他叫妻子搀扶，看看外面有没有喜鹊，有没有喜鹊带来的喜讯。这是辜老先生晚年期待与失望交织的何等复杂而悲怆的心情啊！

2005年1月3日，88岁的辜振甫先生与世长辞。当天，汪道涵先生给辜振甫先生的夫人辜严倬云女士发去唁电，对辜先生逝世深表哀悼：“惊悉振甫先生遽归道山，哲人其萎，增我悲思。振甫先生致力于两岸关系凡一十四年，夙慕屈平词赋，常怀国家统一，私志公义，每与道涵相契。汪辜会谈，两度执手；九二共识，一生然诺。而今风飒木萧，青史零落，沪上之晤，竟成永诀。天若有情，亦有憾焉。两岸之道，唯和与合，势之所趋，事之必至。期我同胞，终能秉持九二共识与汪辜会谈之谛，续写协商与对话新页。庶几可告慰先生也。”

接着，辜严倬云女士致信汪道涵先生，诚邀他赴台北参加辜振甫先生的追思会。2005年1月30日，90岁的汪道涵先生发表谈话，他将委托个人代表前往辜振甫先生的灵堂吊唁，并向辜严倬云女士转交亲笔信，称“唯道涵髦年，杖履不便，未克亲赴为憾。今特托亚夫、亚飞二君执礼代行，以申我悃。老友永逝，精神长存。云海遥念，思绪无限”。

2005年5月2日，汪道涵先生会见到访大陆的国民党主席连战，祝愿连战主席“和平之旅”成功，连战主席当场将辜振甫先生生前来不及送给汪先生的亲笔画作《纱帽山俯瞰》，郑重地赠送给汪先生。

历史常给人以“万事天定，人生如寄”的感慨。两岸闻名遐迩的汪辜会谈，两位主角、好友、会谈伙伴，谁也料不到，一个在年头(2005年1月3日)，一个在年尾(2005年12月24日)，相继驾鹤西行。两位老先生一为儒宦，一为儒商，同样酷爱中华文化，同样学贯中西、儒雅倜傥，如此紧密相随，也许他们可以在天上相逢神聊，但在人间已成绝响！

余纪忠：台湾新闻报坛一巨擘
两岸统一模式倡言人

1998年10月人民日报社新闻代表团访问台湾，遍访了台北主要报社，10月30日下午来到中国时报社，与报社骨干编辑记者座谈，我单独拜会中国时报新闻集团余纪忠董事长，那一幕情景令我至今也难以忘怀。

我与余先生是神交多年的报界同行。20世纪80年代中期，解放日报社订有台、港、澳的主要报纸，我每天浏览台湾的《中国时报》《联合报》和香港的《信报》《明报》，通过《中国时报》的社评对余纪忠先生的爱国情怀早有所了解。20世纪90年代初，我又有幸与余老先生有过一段两报合作办杂志的难忘交往。

余老先生是台湾最大的民营报纸《中国时报》的创办人。他的一生充满传奇色彩。1932年他从南京中央大学（即今南京大学前身）历史系毕业，1933年赴英国伦敦大学政治经济学院留学。1937年"七七事变"爆发，余先生当即义无反顾地放弃学业，返国投笔从戎，投入全面抗日战争。抗战胜利时，他已是中将军衔，担任青年军某师政治部主任和国民党中宣部特派员等职务。1949年他举家迁居台湾，1950年在台北创办了《征信新闻》，1968年印刷出全亚洲第一份彩色报纸，为全球华文报纸开启了彩印报纸的时代。从此《征信新闻》改名为《中国时报》，余先生明确提出《中国时报》的办报理念是"政治民主、民族认同、稳定大局"，并以"开明、理性、求进步；自由、民主、爱国家"为办报宗旨。《中国时报》对台湾和国际某些重要问题的评论、报道深受岛内朝野重视，发行量不断扩大，20世纪70年代末便突破日发行100万份大关。1975年，余先生又决定走出台湾到美国办报。当年9月，《美洲中国时报》在纽约和洛杉矶两地正式发行，深受北美的华侨华人欢迎。

余先生倾心新闻事业，大力发展海外华人知识分子读者群，开创了中国时报新闻集团，旗下的《时报周刊》《时报杂志》《工商时报》《中时晚报》等相继创刊。他还从办报纸、杂志，发展到经营出版业、影视业、旅游业及文化产业等。余先生有意识地借助报纸影响力促进岛内政治革新，在新闻报道和评论上经常新意迭出。台湾很多学者、政坛人士及企业家都习惯把《中国时报》的社论作为岛内政治气候的风向标。1984年，《美洲中国时报》在洛杉矶奥运会期间顶着巨大压力，大幅报道大陆选手斩获十枚金牌的消息，引起岛内外舆论轰动，也遭到当局打压，曾一度被停刊。

我们参访时，中时新闻集团已成为台湾最有影响力的新闻媒体之一，拥有报纸、杂志、出版社和互联网业务，旗下共有20多家公司，员工近万人。集团董事长余先生，更是台湾舆论界的巨擘，社会的风云人物。

由于具有丰富的政治阅历和新闻经验，余先生对政治、社会与文化动态的洞察力十分敏锐。早在1992年秋，他看到邓小平南方谈话激起大陆新一轮改革开放热潮，就判断推动两岸关系发展的有利时机正在到来。他主动派《中国时报》两位骨干编辑胡鸿仁和杜念中来上海，与我商谈合作办刊事宜。我先征求汪道涵先生的意见，得到他的首肯以后，又请示了市委主管的领导，然后派出解放日报社贾安坤、俞远明两位编委级的编辑，与之协商谈判，共同确定了办刊宗旨：推动两岸经济、文化、社会的交流，每月一期，在两岸三地发行。《中国时报》与《解放日报》各自设立编辑部，由贾、俞、胡、杜四人小组决定每期刊登内容，分头组织稿件，最后由我和余纪忠先生共同审定，双方各具否决权，只有我们两人一致认同的稿件才能刊登。刊物在台北印刷，重点在大陆和台湾发行。出版、印刷、发行事务由四人小组负责裁定。贾安坤担任小组的牵头人，四人小组曾在解放日报社举行过四五次往复商谈。最后，我与余先生批准了四人小组提交的关于双方合作出版刊物的报告，确定了刊物名称为《太平洋经济评论》。很快，《太平洋经济评论》月刊的试刊号在1993年年初合作出版了，印刷了几百本分别赠送台湾和大陆各界人士阅读，征求意见，获得各方好评。汪道涵先生也十分赞赏，两岸双方媒体都很高兴。遗憾的是，1993年4月中央发来调令，要我到人民日报社履任新职。我把此事移交给报社另一位负责人，虽然双方也进一步商谈了几次，终无进展，后胎死腹中。

因为有以上的交往背景，1998年10月30日当我率《人民日报》新闻代表团到《中国时报》参观访问时，我们虽是初次相见，却神交已久，像老朋友一样握手拥抱，坦诚交谈。余先生时年88岁，身体健硕，精神矍铄，谈吐儒雅。他在大陆生活40个寒暑，在台湾度过近50个春秋，对两岸都存有深厚的感情。

那天晚宴后黄肇松社长陪同我们参观报社。得知已88岁高龄的余老先生晚上还来值夜班后，我沉思良久，心潮澎湃。这种把生命与事业紧密结合在一起的老报人的敬业精神，确实令人感动。由此我产生一个“余纪忠情结”：职务可以到龄，责任没有年龄限制；官可以不当，文章不可不写。即使退休了，也应当以余老先生为榜样，继续挥笔说论国是。因此，2004年我退休以来，正是这个“余纪忠情结”，让我这10多年笔耕不辍，不断为改革开放呐喊和鼓呼。

我们新闻代表团返回北京后，曾在《人民日报》连续发表六篇访台新闻报道，并向中央有关领导送呈访台总结报告。我在报告中突出了余先生为化解台海两岸僵局，提出“中华邦联”架构的倡言。翌年5月，余先生重返大陆故乡，在上海受到汪道涵先生的热情接待，并在汪先生邀请下到达北京，于5月18日在钓鱼台国宾馆受到江泽民主席亲切会见，两人畅谈了110分钟。

2000年9月，《中国时报》创办50周年前夕，余先生亲撰长文，呼吁台湾当局痛下决心，与主张“两国论”者划清界限，强调中华民族不能分离，矛头直指李登辉。2001年10月，余先生和夫人捐资150万美元建造的南京大学浦口校区教学实验大楼“玉辉楼”落成启用。此前，余先生曾捐资743万美元设立“华英文教基金会”，专门用于资助母校南京大学提升学术水平。

2002年4月9日，余纪忠老先生在台北逝世，享年93岁。《中国时报》在题为《一代报人的典型、一世理念的坚持》的社论中说，余先生由于亲历战祸频仍、黎民生离死别的沧桑悲剧，“不愿再见到两岸同胞兵戎相见”。因而，余先生晚年一直殚思竭虑，为两岸如何迈向和平的进程“寻找模式与出路”。南京大学仙林校区将学校一栋基础实验大楼命名为“纪忠楼”，2012年，南京大学校史馆又为余纪忠先生设立永久陈列特展。

我于4月12日给余老先生长子余建新（2001年他从余老先生手中接过中时新闻集团董事长的职务）发去唁电表示深切哀悼：“余老先生青年时期爱国心炽，投笔从戎，返国抗日；中年时期呕心沥血，创办报业，中时业臻巅峰；

晚年致力两岸和平统一，悉心斡旋，慷慨文章。其一生高论明秋水，贞心比古松，堪称报界巨擘、爱国耆宿。忆及九十年代初期余老先生勠力推动《中国时报》与《解放日报》合作，以及1998年《人民日报》新闻代表团访台时余老先生同我促膝长谈，其情其景，历历在目，无限感怀。先生虽逝，精神永在，事业永在，爱心永在。”

我的唁电被当时的《中国时报》在显著位置刊载。

与汪道涵、南怀瑾的新闻缘※

在我的报人生涯中，与两岸三地四位历史老人的一段交往十分难忘。这四位历史老人分别是：大陆的汪道涵、香港的南怀瑾和台湾的辜振甫、余纪忠。本文我重点记述一下与汪道涵先生和南怀瑾先生的一段珍贵的新闻缘。

汪道涵：一代学者型行政长官，两岸关系卓越开拓者

汪道涵先生1980年与陈国栋、胡立教一起受中央之托，从北京来上海担任主要领导。1981年4月，他当选为上海市长，成为1949年以来上海的第五任市长。我当时在解放日报社任记者、评论员，工作上与汪市长常有接触，得到他热忱、诚恳的指导。

1982年李先念同志来上海过春节，汪市长在锦江小礼堂举办京剧晚会招待，解放日报社总编辑王维派我前去采访。当时在场采访的有上海多家报纸、电台、电视台的记者，晚会结束后我们都在现场写好新闻稿，请汪市长审阅。他当时唯独拿了我写的稿件，就坐在演出舞台旁的小扶梯上，认真推敲修改起来。改完后特地要我念一遍给他听，然后他对围在周围的记者说："你们都听到周瑞金写的稿子了，主要事实、提法、口径就以他的稿件为标准，各家单位可保留你们自己的特色，我就不一一审看了。"汪市长的领导风格和特色，就通过这次采访活动的细节生动体现出来了，给我和在场的上海媒体记者留下了深刻的印象。

汪道涵先生担任上海市长只有五年时间，因为他任市长时已65岁。当时

※ 参见周瑞金：《中国改革不可动摇》，广东人民出版社2009年版，第178—186页。

他所面临的是一个因十年“文化大革命”而问题多多、因计划经济而体制僵硬的上海，中央期望他迎难而上，带头破冰，让上海走出困境。在五年任期内，汪市长从住房建设、食品供应、子女就学到环境污染等，从头做起，非常务实，如整治苏州河，率先建立环保局，创设众多发展研究中心，成立上海航空股份有限公司，引进四大外资宾馆，等等。汪老治理上海不仅思路清晰，而且具有远大的战略眼光。他甫一上任首开论坛，对内邀请市民畅抒己见，集思广益；对外则遍邀海内外专家学者协同参与，共商良策。在充分调查研究的基础上，他领导制定了上海总体发展和城市建设两部发展战略，赢得了上海人民的赞赏，显示了他学贯中西、通古博今的学者型地方行政长官的本色。应当说，在他的全力筹划之下，上海城市未来发展的面貌，已具雏形，例如开发浦东并将之提升为金融中心，向日本世博专家取经，为上海争取举办世博会做准备。

《解放日报》在宣传上海总体发展战略时，我曾为撰写一篇社论前去请教他，他向我畅谈了三个著名观点：以科技立市，以贸易兴市，以金融活市。他说：“这是从上海特定地位出发的思考。上海不同于香港。香港是以贸易带动金融，但它缺乏科技，所以只能做转口贸易。上海有转口贸易的功能，但上海曾经是中国和东亚的金融中心、贸易总汇，有较强的工业基础，包括重工业和轻工业；有较完备的科技队伍和设施，包括高科技，所以上海在国际竞争的大环境中，应该充分体现这种特点。如今这方面有所不足。”汪老对上海的透彻理解和敏捷的思路，不由得深深启发了我。

1985年10月卸任市长后，汪老转任上海市政府顾问、国务院上海经济区规划办公室主任，并当选为中共中央顾问委员会委员。他还担任了复旦大学、上海交通大学和北京大学三校的经济学教授，同时应邀到美国塔夫茨大学讲学。1986年夏，我跟随他访问了东北的齐齐哈尔、佳木斯、牡丹江三市，他时常引经据典，言谈举止充满儒雅风度和学者风范。有次，他对我和随行的文汇报社评论员吴振标说，你们作为媒体记者编辑，一定要看到上海的开放意识不够，主要是市场开放不够，上海要走向繁荣，必须通过联合开展竞争。为了竞争要联合国际国内力量，包括日本和台湾地区。避免孤立地走向世界，这是摆在上海人面前的重要课题。他鼓励《解放日报》和《文汇报》多宣传这些观点。

1991年12月，海峡两岸关系协会成立，76岁的汪老出任会长。不久，我从上海调到北京在人民日报社工作。我每次回上海都要去拜访汪老，他很健谈，谈的最多的是两岸关系。1995年我特地回上海，参加了朋友们为他举办的80华诞寿宴，其情其景犹在眼前。值得一提的是，1999年8月下旬，人民日报社旗下的《国际金融报》在上海召开更名座谈会，第二天发表新闻稿，谈到汪老对该报的重视和指导时，新闻稿中用了“在病中的”几个字。当晚11点多钟，汪老从医院打来电话，严肃批评我说：“你怎么这么没有政治头脑，现在两岸斗争如此尖锐（正是李登辉抛出‘两国论’的时候），你们报纸竟然用这样的措辞，这是严重错误。”我当场向他作了深刻检讨，第二天立即发表《告读者》，挽回失误。

汪老一生从事革命，经历丰富，贡献良多。而他晚年担任海协会会长14年间，致力于两岸事务而创造出的业绩，从“九二前密谈”到“九二共识”，从1993年第一次汪辜会谈到1998年第二次汪辜会谈，这应当是他一生最辉煌的成就，也是他留给两岸国人最出彩的华章。

据我从南怀瑾先生处了解到，汪老介入两岸事务，早在他任海协会会长之前。1990年12月31日，中共中央台湾工作办公室终于促成两岸密使在香港南怀瑾先生的寓所会谈。会谈了几次，未获进展。于是南先生提议大陆方面增加汪道涵和许鸣真二人为密使，参与会谈。由此，海峡两岸关系协会成立，汪老被江泽民主席委任为会长。在南怀瑾先生退出会谈后，两岸密使在汪老的努力下，又分别在珠海、澳门、北京等地密会多次。终于在1992年10月28日至30日，海协会与海基会的代表在香港会谈，达成“两岸均坚持一个中国的原则，各自以口头声明方式表述”的共识，这就是“九二共识”。这个共识一直成为两岸对话与谈判的基础。

后来，由于李登辉访美和陈水扁当选成为台湾地区领导人，两岸关系、两会交往停滞了好几年。就在两岸关系刚度过危机、处于微妙阶段的时候，1998年10月中旬，辜振甫先生应邀率领海基会代表团访问上海和北京，与汪老再度聚首，并同江泽民主席进行坦率交谈，最后达成汪老应邀访问台湾等四项共识。应当说，是汪老以温和、理性、富有创意的和谈风格化解了双方的矛盾分歧，使两岸关系春意初现。

恰在1998年10月下旬，我应台湾“中央通讯社”的邀请，将率领人民日报社新闻代表团访问台湾。我为此专程到上海向汪老请示访台注意事宜及应对方略。汪老当时殷殷嘱我多与台湾新闻媒体交流沟通，要做“春江水暖鸭先知”的“春江鸭”。他要我以大陆第一大报的身份推动两岸媒体合作，争取台湾当局同意两岸主流媒体互派常驻记者。他还要求我去拜会辜振甫老先生，代他致意，并了解台湾政界对刚达成的汪辜会谈四点共识的反应。后来，我们的台湾之行，基本上就是按汪老的嘱咐进行的。我们到达台北的第二天就去拜会了辜振甫先生，他畅谈了这次回上海和北京会晤汪先生与江泽民主席，在整个宝岛引起的强烈反响以及台湾政界高层领导人给予的正面回应。我们代表团还遍访了台湾主流媒体，与台湾新闻界头面人物都见了面，取得了良好的交流沟通成果。

人民日报社代表团从台湾访问归来，途经香港。因汪老事先交代我，到香港一定要去拜访南怀瑾先生，听取他对两岸关系的高见。于是，我特地前往南怀瑾的寓所，听取他对汪辜会谈的看法。南先生对两岸关系改善表示悲观，认为李登辉不会容忍汪先生前去台湾讲统一。我一回到上海，汪老马上接见我，听我汇报台湾之行。我谈到因为李登辉的情况发生了变化，南先生不看好两岸关系的改善，认为汪老访台机会渺茫。当时，汪先生陷入沉思，久久沉默无言。不想1999年7月，李登辉果然抛出“两国论”，使汪老的台湾之行终成泡影。此后，汪辜两老，对隔海峡，无缘再见，抱憾终身。

进入新千年后，汪老一如既往，专注于两岸关系和祖国统一大业。然而，他的身体状况已使他力不从心。20世纪90年代中叶，汪老患胃癌动过大手术，后又不幸罹患前列腺癌和胰腺癌，病情相当严重，夫人又先他而逝，更是雪上加霜。但汪老以一个共产党员的坚强毅力，为两岸和平和统一鞠躬尽瘁，念兹在兹的仍旧是家国情怀。2005年5月初，汪老体内癌细胞已扩散，多次化疗使他头发疏掉许多，但他仍强撑病体在锦江小礼堂和虹桥迎宾馆分别会见来访的国民党主席连战和亲民党主席宋楚瑜。出现在公众场合的汪老，仍然是神采奕奕、温和醇厚的样子。但会见后，他经历了一次大手术，此后一直卧床不起。12月21日上午10时，他最后一次从瑞金医院打电话到办公室询问两岸情况。三天后，他与世长辞。

汪道涵，真是时代典范，是两岸关系的卓越开拓者！他对两岸人民的共同命运，有着深切的关怀与使命感，在人生最后岁月里，无私无我地奉献投入，其人品、气质、胸怀、意志，其学养、历练、视野、风度，不但在同侪中卓然拔萃，在后来人中恐也难有超越者。然而，历史在前进，时代在进步。两岸的良性互动不会停步，和平发展是大势所趋，祖国统一是民族的共同意愿。汪老的遗志必将实现，两岸交流必会再迈新步，诚如2005年1月汪老给辜老唁电中所言，“期我同胞，终能秉持‘九二共识’与汪辜会谈之谛，续写协商与对话新页”。唯如此，方能告慰汪道涵先生在天之灵！

南怀瑾：弘扬传统文化一宗师，两岸关系传奇牵线人

在20世纪80年代末90年代初，国内已出版一系列南怀瑾先生的作品。1991年初我读到了南先生的《论语别裁》一书，深为作者拈提古今的生动论述所吸引。这是我读过的众多《论语》章疏中最别具一格的一本书，书中每一节都像一篇蕴意深邃而又妙趣横生的小品，引人入胜。接着，我又读到南先生的《静坐修道与长生不老》一书。该书体现了作者精深的修炼功力，是一部难得的养生好书。这就引起了我了解南先生的兴趣。

不想一打听，南先生原来是我的温州同乡，他在上海的内侄王伟国是我高中老同学练性乾的姐夫。我从他们两人的口中了解到不少南先生充满传奇色彩的经历。他幼年就遍读诸子百家、诗词歌赋，兼及医卜天文。为探索宇宙人生的奥秘，他访求多位高隐之士，学到许多不传法门，并在高僧大德指引下闭关研读《大藏经》。由此南先生教化涵盖儒、释、道，人称“国学大师”“禅宗大家”，一度名列“台湾十大最有影响力的人物”。“上下五千年，纵横十万里，经纶三大教，出入百家言”，这是国民党四大元老之一李石曾先生对南先生作出的评价。

我正是在阅读其著作中结识了南先生。1993年春，我应上海一家杂志社的约请，撰写了在大陆算是第一篇较详细介绍南先生的文章——《奇书·奇人·奇功——记国学大师南怀瑾》，在社会上产生热烈反响。1995年春节前夕，

中共中央总书记、国家主席江泽民就发展两岸关系，推进祖国和平统一进程，发表了著名的八项主张，即“江八点”。汪道涵先生即向江主席举荐南怀瑾先生，并将我的《奇书·奇人·奇功——记国学大师南怀瑾》一文推荐给江主席参阅。

文章发表后不久，南先生在香港也看到了。南先生特地派弟子李素美、李传洪姐弟俩专程来上海看望我，并送来他在台湾出版的多部著作。他还委托王伟国和练性乾以东西精华协会名义设立助教助学基金会，支助复旦大学新闻学院培养新闻人才，并点名我忝列基金会发起人之一。不久，我奉调到人民日报社履任副总编辑，南先生得悉后，特地撰写一条幅派弟子从香港送到北京赠我。条幅写道，“潦倒云门泛铁船，江南江北竟头看。可怜多少垂钓者，随例茫茫失钓竿。——录雪窦寺禅诗为周瑞金正之”。我心领意会，他通过条幅警示我要为天地立心，为民众立言，不要做沽名钓誉的“垂钓者”，以致“茫茫失钓竿”。

南先生为祖国统一大业，是作了贡献的。1988年夏，南先生刚由美国返抵香港寓所的第六天，当年中央陆军军官学校成都分校的老同事、全国政协常委、民革中央副主席贾亦斌突然找上门来。南先生心中透亮，这位老同僚无事不登三宝殿，就笑说：您的情报真灵啊！两人就两岸关系进行了七次晤谈。三个月后，贾亦斌又介绍中共中央台湾工作办公室杨斯德主任与南先生接上关系。杨主任反复向南先生表示，北京有诚意与台湾通过和平谈判解决国家统一问题。

1990年9月8日，南先生专程从香港重返台湾，当晚就与李登辉当面商讨对大陆政策。南先生纵谈天下大势及和平统一的民族大义，并提出具体建议供决策参考。李登辉当时对大陆会不会派兵深感忧虑，南先生劝他先不用管出兵不出兵的事，先做好和平统一这件大事。

李登辉当时采纳了南先生的意见，于是终于促成两岸密使在南先生的香港寓所重开国共两党会谈。台湾派出“总统府”办公室主任苏志诚，北京派了杨斯德。南先生以化解两岸敌意、签署和平协议为重点，向双方建言献策。在两岸代表第一次会谈中，南先生即提出建议：我编一个剧本，你们审查。我建议成立一个中国政经重整振兴委员会，包括两岸两党或多党派人士参加，修改历来宪章，融合东西新旧百家思想，为中华文化特色的社会主义的宪法、国号、年号问题，都可以在这个委员会内商量，成为全中国人的国统会。这是上策。中策是大陆划出从浙江温州到福建泉州、漳州和厦门一块地方，台湾划出金门、马祖，两岸合起来搞一个经济特区，吸收台港等地百年来的经济工商经验。有力出力，有钱出钱，做一个新中国的样板。最重要的是为国家建立南洋海军强有力的基地，控制南沙及东沙群岛，对东南亚太平洋海域建立管制权力。下策是只对两岸经济、贸易、投资、通与不通的枝节问题商讨解决办法。大家谈生意，交换煤炭石油。①

会谈结束后，南先生分别给两岸领导人写了一封信，表达自己欲及时抽身、乐观其成的心愿。两岸领导人并未让南先生如愿退出。双方密使又陆陆续续在南先生香港寓所会谈了多次。其中，1991年春季，在两岸代表第三次会谈中，为打破僵局，争取机会，南先生提出以“和平共存，协商统一”八字方针为备忘录，建议双方代表签署。南先生的意思是，签了，回去双方领导人认可，就有法律效力；有一方不认可也没关系，放在口袋里想用时就可以拿出来用。当时大陆代表因未获授权，不敢签字，失去了这次机会。

此后，很多情况逐渐变化，双方虽会谈多次而未获进展。鉴于此，南先生提议大陆方面增加汪道涵和许鸣真二人为密使，参与会谈，以提升会谈分量，增进会谈效果。由此，促成海峡两岸关系协会成立。一年半后，即1992年6月16日的一次会谈，南先生亲自披挂上阵，为两岸密使亲笔起草《和平共济协商统一建议书》，一式两份，交密使分别送达两岸最高当局。建议书内容如下：

> 有关两岸关系未来发展问题，适逢汪道涵先生、杨斯德先生、许鸣真先生等与苏志诚先生等，先后在此相遇，广泛畅谈讨论。鄙人所提基本原则三条认为：双方即应迅速呈报最高领导批示认可，俾各委派代表详商实施办法。如蒙双方最高领导采纳，在近期内应请双方指定相应专人商谈，以期具体。如未蒙批示认可，此议作罢。基本原则三条：（一）和平共济，祥化宿怨；（二）同心合作，发展经济；（三）协商国家民族统一大

① 参见南一鹏：《父亲南怀瑾》，浙江人民出版社2015年版，第534页。

业。[①]

此建议书由汪道涵直接送达江泽民等中央领导处，获得肯定。而台湾方面由于苏志诚深知李登辉意图，竟私自将建议书压下了，终因李登辉没有回应而错失良机。南先生作为牵线人在香港寓所推动了九次会谈，都徒劳无功。从此，南先生退出了两岸密使的会谈。

后来，在汪道涵先生的努力下，本着在南先生寓所会谈的精神，两岸密使又另辟管道，分别在珠海、澳门、北京等地密会多次，曾庆红也曾介入会谈。1992年10月28日至30日，经海协会和海基会代表商谈，双方终于达成"九二共识"，成为两岸对话协商与谈判交流的基础。

1998年11月初，我率领人民日报社新闻代表团访问台湾结束后，返程途经香港时，遵照汪道涵先生的事先交代，特地前去拜会南怀瑾先生。这是我第一次去南先生香港寓所拜访神交已久的南先生。

南先生的一生，从1918年3月18日（农历二月初六）降生在浙江温州乐清，到2012年9月29日（农历八月十四）往生于苏州庙港太湖大学堂，享年95岁。他17岁离开家乡，闯荡社会，周游世界，以弘扬中华传统文化为己任，在台湾生活了36年，后旅美3年，又旅居香港15年，晚年（2003年）终于回到大陆。我从人民日报社领导岗位退下来后，就经常去他的上海寓所，听他讲述中华传统文化和他对禅与生命的认知。他帮我在台湾老古出版社出版了《周瑞金回肠荡气集》一书，并亲自题签书名，在港澳台三地发行，后又题写龚定盦的诗勉励我："沉沉心事北南东，一睨人才海内空。早岁曾参周史席，髫年竟坠晋贤风。功高拜将成仙外，才尽回肠荡气中。万一禅关豁然破，美人如玉剑如虹。"

2006年，南先生在苏州庙港创办太湖大学堂。他诚聘我为太湖大学堂教务长，在大学堂弘扬、传播中华优秀传统文化。2008年，南先生创办太湖国际实验学校，用文武结合、古今结合、中外结合的理念培养新一代。2012年6月，第一届学生毕业，他亲临毕业典礼向同学、老师和家长发表别开生面、生动精彩的临别赠言，我在现场感动得热泪盈眶。

① 参见南一鹏：《父亲南怀瑾》，浙江人民出版社 2015 年版，第 544 页。

不想三个月后，南先生遽然辞世。2012年9月30日晚，即壬辰年八月十五，中秋月圆之夜，太湖大学堂举行南先生祭奠告别仪式，来自国内外的亲人、朋友、学生共200多人，满怀崇敬、痛惜之情为南先生送别。仪式上宣读了温家宝总理的唁电，中央文明办负责人发表告别辞，我代表太湖大学堂学生致辞，并献上挽联一副：世外高士儒释道禅净密宏深誓愿圣绩远播教化无边众生堪称当代维摩；域中奇人军政经教科文筚路蓝缕甚多建树造福中华子孙史载功业千秋。

接着，我撰写了《南怀瑾：一代宗师未远行》万字纪念长文，介绍南先生一生的教化、弘道功业，先在人民日报社旗下的《国家人文历史》杂志分两期刊载，后又在上海《新民晚报》副刊连载十天，深受广大读者的关注和欢迎。"人若无贪天下太平，人若无嗔天下安宁。愿天常生好人，愿人常做好事"，这是南先生生前常说的一句话，值得我们每个人深思、践行！

主持三次中日经济讨论会

2018年是《中日和平友好条约》签订40周年。20世纪八九十年代，我国改革开放和现代化建设事业得到了日本政府和日本人民的颇多支持和帮助。回顾一下由人民日报社和日本经济新闻社自1984年联合举办的中日经济讨论会对增进中日两国的相互了解、推动中日两国经贸合作所起的积极作用，我认为还有一定意义。

日经新闻社长倡议举办中日经济讨论会，总书记指定人民日报社参办建平台

1978年10月，邓小平副总理成功访问日本，中日签订了和平友好条约。从此，两国经济贸易交流与合作明显加强。1984年6月，日本经济新闻社的社长森田康访华。他提议在北京举行中国对外经济问题讨论会，以推动两国的信息沟通和交流。此提议得到了时任中共中央总书记胡耀邦同志和其他中央领导同志的赞同，并指定由人民日报社与日本经济新闻社共同筹办中日经济讨论会。

从此，中日经济讨论会轮流在中国和日本召开。这个由两国主流媒体搭建的经济讨论平台，以交流讨论中日两国的重大经济发展趋势和宏观经济政策为宗旨，直接推动两国经济贸易的发展与合作，取得了良好的实际效果。因此，每次开会都有两国政府领导人致贺词，或到会讲话，并有众多的知名专家、学者和高层企业界人士参加。我于1993年调任人民日报社副总编辑，从1995年开始连续主持了第六次、第七次（1997年）、第八次（1999年）中日经济讨论会。

1984年11月，首次中日经济讨论会在中国北京的人民大会堂举行，主题

是“中国改革开放政策和中日经济合作”。会议前夕，胡耀邦同志会见日本代表团，王震、谷牧同志出席欢迎宴会，谷牧同志出席开幕式并讲话，会后又会见了日方与会人员，向他们详细介绍了中国的对外开放政策。

两年后的1986年11月，第二次中日经济讨论会在日本东京举行，两国企业界、学术界、新闻界共200余人参加，会议的主题是“中国对外开放政策和中日经济技术合作”。双方就当时中日经济合作中面临的几个问题，如中日贸易不平衡、技术转让、促进日本对华投资等进行了务实性讨论。会后，日本首相中曾根在会见我国代表团时表示，日本政府愿意按照中国政府的意愿，为促进日本企业在华投资和在中国建立出口产品基地提供支持。时任日本外相仓成正出席了讨论会的开幕式并致贺词。会上还宣读了谷牧同志从北京发去的贺电。谷牧同志曾两次对经济讨论会作出具体指示，要求代表团充分宣传《国务院关于鼓励外商投资的规定》，满怀信心地去做工作。

1988年11月，第三次中日经济讨论会在中国北京举行。中日两国经济界、学术界和新闻界人士及海南省、天津市、大连市、青岛市等沿海地区的代表共150多人出席了这次讨论会。会议的主题是“中国沿海地区的发展和中日经济技术的合作”。中方发言人利用这一机会，全面阐明了我国政府当时提出的“治理整顿”方针的重要意义及其与引进外资、办好“三资”企业的关系。日方也对我国当时的经济形势以及如何更好地吸引日资发表了看法。这次讨论会对澄清外界的某些疑虑起到了一定的作用。田纪云副总理出席了这次讨论会的开幕式并致辞。

第四次中日经济讨论会于1991年11月在日本东京举行。这次讨论会的主题是“亚洲太平洋地区新形势下的中日经济合作”。开幕式上，我驻日大使杨振亚宣读了李鹏总理的贺电，日本外务省次长宣读了宫泽首相的贺词，日本经团联副会长斋藤和日本经济企画厅长官野田毅分别致辞，宫泽首相会见了中方与会主要代表并就中日关系问题书面回答了《人民日报》记者的提问。

第五次中日经济讨论会于1993年10月在中国大连举行，双方与会代表共150人。这次讨论会的主题是“中国社会主义市场经济和中日经济合作”。会议筹备期间，李岚清副总理就如何开好这次讨论会作了具体的指示，并赴大连出席了开幕式并发表讲话。会后，李鹏总理在北京会见了日本经济新闻社与会的主要人员，并就国内外形势回答了他们的提问。

我作为中方主持人参加第六次东京讨论会

1995年8月10日，范敬宜总编辑正式通知我，报社决定派我参加定于11月在东京举行的第六次中日经济讨论会，并安排我担任讨论会的中方主持人。

当天下午，报社外事局局长景宪法就来向我汇报第六次中日经济讨论会的筹备情况，并送给我一大堆前几次讨论会的有关材料。景局长提出，与会的中方三位主讲人及演讲稿要早定。根据这次讨论会的中心议题“中日的新发展战略与中日经济合作”，我们商定从经济界、金融界和企业界各选一位演讲人，初定为中国人民银行行长、国家经济贸易委员会的一位副主任和上海汽车工业（集团）公司总裁。他们的演讲内容，确定围绕中国“九五”计划和2010年远景目标等重大经济问题展开。

我在与戴相龙行长、陈清泰副主任沟通，得到他们初步答应做主讲人后，于8月30日报请国务院主管全国经济工作的朱镕基副总理审批关于第六次中日经济讨论会的筹备报告。9月1日，李伟秘书来电向我传达了朱副总理的批示意见，同意戴相龙同志、陈清泰同志作为中方演讲人参加讨论会。因为上海汽车工业（集团）公司新任总裁刚接替到龄的老总裁，对上汽公司情况不是很了解，所以朱副总理建议还是由对上汽公司做出重要贡献、在国内外有影响的老总裁陆吉安同志以总裁代表的名义与会，作为中方主讲人。后来由于戴相龙行长临时有重要任务，决定由副行长殷介炎参加东京讨论会。这样，第六次中日经济讨论会中方主讲人就确定为国家经济贸易委员会副主任陈清泰、中国人民银行副行长殷介炎、上海汽车工业（集团）公司总裁代表陆吉安三人。

1995年11月8日上午，朱镕基副总理专为第六次中日经济讨论会，在国务院办公室召见了我，就日本当前的经济情况、中日关系，以及对这次两国经济讨论会的基调把握等，发表了重要的意见，我做了认真的记录整理。13日，邵华泽社长主持召开第六次中日经济讨论会中方在京人员预备会，宣布人民日报社代表团成立，邵社长任团长，我任副团长兼讨论会主持人。我传达了朱镕基副总理8日的谈话精神，殷介炎等三人介绍了演讲要点，景宪法介绍了这次讨论会筹备情况以及日方三位演讲人的演讲要点。

1995年11月26日，邵华泽团长与我偕陈清泰、殷介炎、陆吉安三位演讲人，以及来自四川、宁夏、山东、福建、广东等地的代表团成员，一起乘机离开北京，于当地时间下午2:30抵达东京成田国际机场，入住东京第一宾馆。当晚，我与日方讨论会主持人、日本经济研究中心顾问鲛岛敬治先生会面，商定讨论会开幕议程、讨论安排、会议注意事项等。鲛岛先生是前五次讨论会日方的主持人，经验丰富。我们早在一个月前就在北京见过面，他曾在1964年任日本经济新闻社第一任驻北京记者，在中国工作过较长一段时间，中文说得不错，对中国情况也熟悉。我是头一回当中方主持人，便恭请鲛岛先生多多关照。我们充满信心，一定要主持好这次讨论会。

1995年11月27日上午，第六次中日经济讨论会在东京第一宾馆国际会议厅正式开幕。应邀参加讨论会的有日本经济界、企业界、新闻界人士近300人，30多个中国驻日机构也派代表参加了会议。中国驻日大使宣读李鹏总理给讨论会发来的贺电，日方宣读了村山富市首相给讨论会的贺词。然后，日本经济新闻社社长鹤田卓彦和人民日报社社长邵华泽分别致辞，共同表示，作为东亚地区两个重要邻国，在新的国际发展潮流中，应当相互借鉴、取长补短、共同努力，为中日两国，也为亚太地区乃至世界的和平与发展做出新的贡献。

开幕式结束后，讨论会正式开始。中日双方六位主讲人以及鲛岛和我两位主持人在主席台就座。会议围绕中心议题“中日的新发展战略与中日经济合作”，着重联系中国“九五”计划和2010年远景目标等重大问题，进行演讲和讨论。双方主讲人进行交叉演讲，每人时间为15分钟左右。演讲嘉宾及演讲的题目分别为：日本贸易振兴会理事长丰岛格，《日中经济交流的变迁和展望》；三和银行董事长渡边滉，《信用是市场经济的基础》；索尼公司副会长桥本纲夫，《外资企业的几点希望》；中国国家经济贸易委员会副主任陈清泰，《深化改革必须解决一些重点难点问题》；中国人民银行副行长殷介炎，《中国经济和金融的对外开放》；上海汽车工业（集团）公司总裁代表陆吉安，《中国轿车工业的产业政策》。双方都派出了高级同声翻译，中日六位主讲人在上午按时圆满结束了演讲，会场效果不错，参会的双方代表都比较满意。

下午进入讨论阶段。由参加会议的代表自由提问，经双方主持人挑选，提供给主讲人作答。会议代表踊跃提问，主讲人也不回避尖锐问题，讨论气氛非常融洽。

首先，日方代表问：据说中国将对经济特区政策进行调整，这是否意味着经济特区的地位发生变化？国家经贸委副主任陈清泰回答：据我所知，经济特区，包括上海浦东新区的基本政策不会变化，中共十四届五中全会重申，经济特区的基本政策不变。国务院特区办内陆地区开放司司长金德本插话说：中国办经济特区的决心不变，基本政策不变，经济特区的地位、作用不变。但是有些具体政策可能会有所调整，使之更加完善，这是为了更好地向市场经济过渡，更好地适应世界贸易组织的规则。特区内企业进口自用物资的减免税会在若干年内逐步减少以至取消，但这不会影响经济特区的发展。

又有代表提问：听说中国发了文件，要控制外商投资？陈清泰回答：没有这样的文件。中国制定了对外商投资的产业指导目录，对不同产业，分别实行鼓励、限制、禁止的政策，同时鼓励外商参与国有企业的技术改造。正在考虑哪些行业的企业允许外商参股、控股。现在，有些人提出了相互矛盾的要求，就是一方面希望中国加快向市场经济转变，一方面又不希望调整某些具体政策，一调整就高喊政策变了。我们改革开放的基本政策没有变，也不会变。为了实现改革开放的目标，有些具体政策会有所调整，但这是向市场经济的方向调整，向更加开放转变。我国已经宣布，要对4000多个税目降低进口关税，取消170多种进口商品的配额、许可证，还要在上海进行外资企业经营外贸业务的试点。不能只看到取消外资企业进口设备减免税，而看不到中国整体上向市场经济转变和加速与国际经济接轨的进程。

日方代表对中国金融改革开放政策感兴趣，提问说：中国何时对外资银行开放人民币业务？中国人民银行副行长殷介炎回答：对这个问题正在积极研究。目前条件还不完全成熟，主要是外资银行与中资银行竞争条件不平等，比如外资银行在税收上享有优惠，有关的市场经济法规、金融法规还有待进一步完善。我们准备在部分地区允许外资银行试营人民币业务，并不断总结经验。条件成熟后，也可能加快这方面步伐。日方代表接着问：中国何时实现人民币自由兑换？殷介炎回答说：目前，人民币已实现在经常性项目下有条件的可兑换，但是还不可能完全自由兑换。中国已向国际货币基金组织承诺，在本世纪内实现人民币在经常性项目下的可兑换，当然，根据中国经济发展和对外开放的需要，也可能提前实现。

议题很快集中到汽车工业发展的上来，这是日本实业界很关心的一个问题。我国改革开放后，中日之间汽车贸易开展得红红火火，满街跑着日本牌的汽车。由于日本汽车商目光短浅，只热衷于从贸易中捞好处，而对投资中国汽车工业犹犹豫豫，动作迟缓，错过了到中国投资的最佳时机。中国已经确定了从德国、美国、法国等国引进 8 个轿车整车项目，这引起日本汽车业界极大关注。讨论会上就有日本代表直截了当地提问：现在中国的汽车工业是否不再需要日本的投资了？

上海汽车工业（集团）公司总裁代表陆吉安先生对这个问题作了非常巧妙的回答：汽车工业的竞争是必要的。中国现在全力以赴先让这 8 个项目走上轨道，之后会不会调整，将根据市场情况来考虑。有人说我是欧美派，说我们公司的副总裁是日本派，我说我们都是中国派。中国的对外开放对哪个国家都是机会均等的。上海发展汽车工业，最早找的是日本，日本认为条件不成熟，我们只好舍近求远。中国政府去年制定的汽车产业政策，限制整车项目数量，开放零部件产业。日本企业应该改变整车不动、零部件也不动的想法。是不是先从零部件投资做起？那也是很有前景的，我们拭目以待。

下午的讨论议题集中，气氛热烈，取得了良好效果。在暂告一段落后，日方主持人鲛岛先生兴奋地对我说，这是中日六次经济讨论会中水平最高的一次。按计划，第二天上午继续讨论，然后作总结。我与鲛岛先生商定，翌日上午讨论的重点转向中国中西部开发战略和知识产权保护问题。我考虑到，讨论知识产权保护问题有可能出现一边倒，即日方单方面批评中国的盗版现象。所以当晚，我特地找了几位在东京的媒体界朋友，向他们了解近年来日本大公司侵犯知识产权的案例，以及日本在知识产权保护上所存在的问题。

第二天上午8时30分，第六次中日经济讨论会继续进行。有代表提问：中国如何加快中西部地区发展？陈清泰回答：中国在第九个五年计划中，重视沿海地区发展的方针没有变。但是，缩小沿海地区与中西部地区的差距也是重要的目标。国家将实行规范的中央财政转移支付制度，优先安排资源性开发、基础设施建设项目，理顺资源性产品价格，鼓励东部劳动密集型产业转移。中国也鼓励外商到中西部地区投资，开发资源。中西部开发的重点是水利、交通、通信、能源、矿产等基础产业。“九五”期间，东部沿海地区较快发展，中西部加快开发，对日本来说都是极好的机会。如何利用这个机遇推进中日经济合作是个重要的课题。

会议代表问：中国对中小企业实行破产制度，日本企业担心会引发日本对中国中小企业投资的不利影响。对此，陈清泰坦率回答：合作伙伴的倒闭是可怕的，但长期亏损、扭亏无望、坐吃山空更可怕。健全企业经营的风险机制无疑对外资也是有益的。我们实行企业破产制度，是为了建立优胜劣汰的机制，保护债权人利益，提高整个经济的运行效率。从1987年开始实行破产制度，到1994年破产的企业也只有940家，破产的数量是很有限的。为了形成优胜劣汰的机制，我们在国有企业破产试点时，允许把土地转让费优先用于职工安置，一方面使该破产的能够破产，同时又减少破产造成的震荡。

这次讨论会最后的议题是保护知识产权问题。有代表尖锐提出，中国在保护知识产权上存在太多的问题，不但音像产品盗版很严重，电脑软件也盗版现象也随处可见，中国政府究竟是如何看待保护知识产权的？陈清泰副主任据实回答：中国政府十分重视保护知识产权，近年来已基本完成了保护知识产权的法律、法规的建设，现正加强执法和查处的力度。我们十分明白，如果知识产权得不到保护，不仅对外商投资构成威胁，对于中国企业素质的提高也危害极大。现在少数企业追求眼前利益，侵犯知识产权，破坏了市场秩序，损害了中国的长远利益，我们坚决反对。中国对侵犯知识产权的案件，态度是鲜明的，坚持公开揭露、严厉处罚。

针对会场出现单边责问我国企业侵犯知识产权问题的情况，我以主持人身份亮出了自己的观点：保护知识产权问题，是一个全球性的问题，需要各国共同努力。近年来日本也曾发生过一些企业侵犯外国企业知识产权的案件。我们并不避讳中国存在着某些盗版现象，但是中国政府保护知识产权的方针是坚定不移的，中国已制定了有关法律，正在加大执法力度，严厉打击盗版等违法行为。昨晚朋友提供的材料，正好派上用场。

28日上午，讨论会的提问和回答也保持了前一天下午的势头，十分活跃，气氛热烈而坦诚。11时讨论告一段落，进入总结环节。按惯例东道主的主持人应先作总结性发言，但鲛岛先生一定要让我先讲，我看他态度真诚，恭敬不如从命。我用20分钟左右时间，讲了对这次中日经济讨论会的评价，以及对中日经济贸易合作新机遇和新前景的看法。

我首先肯定第六次中日经济讨论会是一次高规格、高层次、高水平的讨论会。会议自始至终洋溢着友好、坦率、务实的气氛，双方展开了热烈的讨论，主旨发言人的演讲和回答相当精彩。与会人士的提问广泛而具体，讨论深入而实在，既不回避问题又实事求是，着眼于中日经济合作的长远发展。双方人士都给予了好评，加深了相互了解，对进一步加强中日两国的经济合作充满了信心。

接着我阐发说，这次讨论会中方侧重介绍了中国改革开放的新形势和经济发展的新战略，希望日方抓住历史机遇，进一步扩大对华投资，加强技术合作。日方则对中国经济发展的新战略表示了浓厚的兴趣，就中西部发展、特区政策、利用外资政策、加强金融监管、保护知识产权等问题提出了意见和建议。双方坦率交流、认真讨论、求同存异，进一步加强合作的愿望是真诚的。中日双方经济有很强的互补性，有着互相合作的客观需要。

我说中日经济合作，已经取得了相当大的成果。1995年中日贸易额突破500亿美元，日本在华创办合资企业1万多家，协议投资额在1994年就已达142亿美元。中国已是日本第二大贸易伙伴和第二大投资对象，日本则是中国的第一大贸易伙伴和第四大投资方。近年来，双方的合作领域在不断扩大。经济合作使双方得利，共同受益。两国在经济合作中不存在大的障碍，本着互谅互让、平等互惠、着眼大局、协商解决的原则，两国经济合作中的问题总是可以得到妥善解决的。

日方主持人鲛岛敬治先生发表总结说：他从1984年到1995年主持了六次讨论会，这次讨论会是内容充实、水平很高的一次。他说，中国在1992年提出社会主义市场经济的发展战略，在1994年越过分水岭之后，中国经济显示出很大的变化：由慢性的供给不足到基本满足需求，由发展劳动密集型产业到发展资金密集型企业和技术密集型产业，由过热的超高速增长到稳定协调的增长，由集中发展东部沿海地区到重视中西部内陆发展的战略，由重视经济发展到重视金融开放、知识产权保护，等等。所有这些，为推动日中经济贸易进一步全面合作，奠定了良好的基础。他乐见今后日中经济贸易合作发展的新前景。

1995年11月29日下午，日本首相村山富市在东京首相府会见了人民日报社代表团主要成员。村山首相对第六次中日经济讨论会予以积极评价。他坦诚表示，今年访问中国，与江泽民主席会谈后，日中关系展现了新的发展前景，他对日中经济贸易上的进一步合作充满信心。

第七次厦门讨论会突出香港回归，双方关注东亚金融危机如何突围

1997年11月25日上午，第七次中日经济讨论会在中国厦门人民会堂国际会议厅举行。中日两国金融、贸易、企业、新闻等各界人士，来自山东、四川、重庆等地的代表以及厦门特区、深圳特区、上海浦东新区、苏州工业园区的代表，共计150多人出席了讨论会。这次讨论会的主题是"香港回归与中日经济合作"。

第七次中日经济讨论会召开，是在中日邦交正常化25周年、香港主权回归中国和东南亚发生金融风波之际。中日双方的经济发展和改革都面临新的问题，中日经济合作有待向更高层次、更广阔领域和更高水平推进。所以，人民日报社社长邵华泽与日本经济新闻社社长鹤田卓彦分别致开幕词时，都直言不讳地提出应就问题进行更广泛深入的讨论，使讨论会取得更切实、更具建设性和预见性的成果。

邵社长说：25年来，中日关系在各个领域都取得了很大发展，1996年中日双边贸易总额超过了600亿美元，日本已连续4年成为中国最大的贸易伙伴。1997年中国发生了两件举世瞩目的大事，一件是我国政府对香港恢复行使主权，一件是中共十五大召开。这使得中日两国都发生了许多变化。中国扼制了经济发展过程中一度出现的过热现象，成功控制了通货膨胀，同时又保持了经济的快速增长。日本的经济发展情况也引起了世界关注。日本许多有识之士认为改革刻不容缓，并积极进言在行政、金融、财政、社会保障、经济结构和教育方面进行"六大改革"。在这种新形势、新情况下，第七次中日经济

讨论会一定会结出新的丰硕的果实。

鹤田社长开门见山地说：1997年对中国来说最大的事件就是7月的香港回归，香港和中国内地的经济会发生什么变化，已成为世界瞩目的焦点。由东南亚开始的货币动荡直接冲击着香港，引起了金融市场的震动。今后香港作为国际金融市场的机能还能保持吗？中国经济会受什么影响呢？这是人们极为关注的。对日本来说，中国是仅次于美国的贸易伙伴，但是日本对华投资则呈现踏步不前的状态，过去那种热热乎乎的气氛正在趋向降温。在两国国内，中国面临着国有企业改革和地区发展存在巨大差距的问题，而日本则面临着市场不景气和金融不稳定等困难。两国的重要市场——东盟各国的经济也即将进入调整期。用一句话说，现在已经不是只有顺风在吹，而是逆风也在刮的时代了。鹤田社长希望中日经济讨论会遵循良好的传统，对面临的问题坦率地进行讨论，大家共同研究解决的对策。

这次经济讨论会，仍由我与鲛岛敬治先生分别担任中方与日方的主持人。讨论会的主讲人依然双方各三位，交叉演讲，每人15分钟。

中方的国家计划委员会副主任王春正以《中国经济体制改革与经济发展情况》为题，中国银行副行长高德柱以《中国金融改革的成就与前景》为题，香港贸易发展局副总裁邱达宏以《香港回归以来经济情况及发展前景》为题，各自围绕香港回归这个中心进行演讲。

王春正先生讲了中国改革开放18年以来，国内生产总值年均增长9.9%，进出口贸易总额增长了13倍多，实际利用外资达2800亿美元，1.92亿人口摆脱了贫困；讲了市场经济体制改革的进展，实行中央和地方分税制改革，实现政策性金融与商业性金融的分离，积极推进国有企业“抓大放小”改革，采取了一系列加快中西部经济发展的政策措施，等等。然后，突出讲了香港回归后的政策与情况。他强调香港特别行政区依法自行制定经济、贸易、金融货币政策，保持国际金融、贸易和航运中心地位，保持自由港地位，保持财政独立，实行独立的税收制度，作为单独的关税地区，发挥它在亚太地区和世界经济中的独特作用。香港回归后不久，世界银行和国际货币基金组织就在香港召开了联合年会，集中体现了国际社会，特别是国际金融界，对香港保持其国际金融中心、贸易中心和自由港地位充满着信心。

高德柱先生讲了中国金融改革与发展的成就，中国的银行体制已由单一银行制发展成为一个以中央银行为领导，国有独资商业银行为主体，股份制和区域性商业银行及保险、信托、证券、外资银行、城乡信用合作社等多种金融机构并存的多元化体制。1994年以来，金融体制改革重点转入中央银行的改革，致力于将国有专业银行真正办成商业银行，并进一步推进汇率并轨、提前实现人民币经常性项目可兑换的外汇体制改革，发展货币市场、证券市场等。今后中国金融业改革发展的方向，一是建立以间接调控为主的金融调控体系；二是建立健全具有自我发展和约束机制的金融机构体系；三是建立一个金融工具多样化、依法管理、有序竞争的金融市场体系。他说香港回归后，香港经济金融继续充满生机和活力。中国银行在港澳地区的中银集团作为香港第二大银行集团及发钞行之一，严格遵守市场规则，公平合法地参与竞争，为保持和促进香港经济的繁荣与稳定发挥着积极的作用。近期，由于受外界投机性因素所造成的东南亚金融危机的影响，香港金融市场出现较大波动。但这种波动只是暂时的，香港金融业的前景还是好的。这是因为，香港经济现状及发展势头是良好的；在香港特区政府的领导下，香港金融监管机构金管局有成熟的市场监管能力与运作机制，有能力处理市场出现的特殊情况；特区政府有800多亿美元的外汇储备基金，为保证金融市场的平稳运行提供了坚强保障。

邱达宏先生一开头就切入正题说：香港回归祖国已经4个多月，最近的金融波动相信大家都非常关心。在近期东南亚金融风暴中，港元币值一度受到冲击，但香港的金融状况及理财政策一向稳健，特区政府又采取了适当措施，加上香港拥有高达881亿美元的外汇储备金支持，港币币值终于保持稳定。香港的股票市场虽然也经历了一场风暴，但由于香港的监管机制运作良好、市场成熟、透明度高，所以香港股市的根基也未动摇。回归以来，香港作为国际服务中心、金融中心、贸易中心的地位依然非常稳固，并正在稳步发展。

邱达宏先生着重分析了香港的三项独特竞争优势，一是服务型经济能提供全面的服务配套，从金融业服务到工程、法律、会计、咨询、设计、保险、运输、市场推广等，种类繁多，竞争力强，不受东南亚金融危机的影响。香港仍是世界第五大银行中心，而香港证券市场已跃升为世界第七大市场。二是香港制造业集中在高增值环节，30万家中小型企业40%以上在世界各地跨境生产运作，因此灵活变通、适应性强、交货快捷、增值有保障。即使区内汇率波动，也能迅速作出调整，尽量降低所受影响，高增值态势不变。三是香港与内地经济关系密切，内地一半外贸业务通过香港进行，全国1/3外汇经香港赚取，香港在内地投资占基投资总额的56%以上。在1997年头10个月已有16家大型国企成功在香港上市，还有其他39家国企在香港发行H股上市，而且这个数量还将继续增加，令香港占尽国企改革带来的先机。最后，邱达宏先生说，日本现时是香港第三大贸易伙伴、香港最大制造业投资者及第三大非制造业投资者，香港非常重视推动与日本的贸易发展。贸发局驻日本有东京、大阪、名古屋三个办事处，为港日两地商界提供商贸资讯，协助筹办推广活动，特行政长官董建华也于10月出访日本，会见了日本商界、政界领袖，这一定会大大促进港日两地的经贸往来。

在讨论会上，日方的三位主讲人伊藤忠商事副社长山村隆志以《香港回归与今后中国》为题，樱花银行顾问末松谦一以《香港回归后的中国经济与日中经济合作》为题，朝日啤酒株式会社社长濑户雄三以《对华商务工作感言》为题，各自发表了精彩演讲。

山村隆志先生高度评价香港回归，称其开启了社会主义和资本主义共存的一大实验，是中国人的智慧。他说，香港回归进一步推进中国的改革和发展，使中国经济到达了一个新的阶段。他列举了中国经济发展面临的十大重要课题，其中最重要的是缩小沿海地区与内陆地区的差距、振兴农业和改造国有企业三大问题。他预测，到21世纪初期，中国便可排在世界主要经济体的前列。他认为日本应该面向21世纪对中国市场采取战略性对策，要从贸易中心型向投资中心型转变，投资要从劳动密集型向资金密集型和技术密集型转移，官民一体，努力构筑面向21世纪的新的健全的日中两国关系。

末松谦一先生着重分析了东南亚金融危机发生后，东亚的资金流动会怎样、香港的作用会怎样、上海金融市场前景会怎样三个问题。他认为，短期内外资流入东亚的速度会放慢，但东亚各国凭借相对的低工资和丰富劳动力的独特优势，具备作为世界上有竞争力的制造业基地的条件，所以外来投资的潜力依然强劲，东亚地区还可以达到较高的经济增长率。作为国际金融市场的香港，近期内港元与美元联系汇率制继续坚持的可能性是大的，培育上海金融市场对香港影响不大，东京金融市场也不会威胁香港的金融地位，所以作为国际金融市场，香港的繁荣将会继续保持，发挥亚洲地区信贷的组织中心的作用。针对上海金融市场的问题，他认为上海将来有可能成长为纽约、东京类型的金融市场，但在金融软件基础设施建设上，在整治和健全债券市场上，在扩大外国金融机构的业务自由度上，还要作长期的努力。因此，末松谦一先生最后认为，由上海担当起国内金融中心的角色，同国际金融中心香港共存共荣，一道前进，才是现实的最佳方案。

濑户雄三先生从朝日啤酒在中国上海、杭州、温州市场上的成功，进一步结合向北京、烟台销售碑酒的实际商务工作，谈了事业成功的基本感言。他说，不论东方西方，最重要的是心诚，与客户建立信赖关系。另外，只要是能生产出品质优良、味道美好的啤酒，一定会被主顾们选中。

中日双方主讲人演讲后，是一天时间的讨论。由于这次中方代表提供的书面发言比较多，因此讨论气氛热烈。前几次的讨论会，一般是日方代表提问，中方代表回答比较多，大多是中方说明政策，解答疑惑，以此推动相互信任、加强合作。这次发生了变化，如参会的国务院特区办综合司司长柳孝华、外经贸部亚洲司副司长吕克俭和国家税务总局政策法规司副司长马林等，对中日贸易及经济技术合作提出了许多问题，与日方共同探讨。来自山东、上海、四川、重庆的代表也直言不讳地谈到了与日方合作过程中遇到的问题，并向日方咨询。

到讨论会总结阶段，鉴于上次东京讨论会时鲛岛先生主动让我先作总结，这次出于礼貌我就让他先作总结。鲛岛先生热情肯定了这次讨论会，说这是首次有来自香港特别行政区的当局者参加的讨论会。面对东南亚金融危机蔓延局势，中日双方共同研讨了财政、金融、证券、投资、贸易、产业结构等的应对战略，促使中日经济贸易技术的合作进入新的阶段。他特别提到这次讨论会“由点到面双向”广泛深入展开。过去关于中国的改革开放和引进资金政策的讨论，一直是由日方提出疑问或问题，由中方做出说明回答。这种做法大概已经完成它的历史使命了。这是与以往的几次会议相比较，他得出的直接感受。今后，宏观微观相交叉、现场参观与研究讨论相结合等新时代的新方式，将是大家所希望的。

我代表中方主持人作总结，突出了第七次中日经济讨论会的“三个第一”。一是第一次在中国经济特区厦门召开，二是香港特区政府官员第一次作为中方代表参加讨论会，三是第一次提出了讨论会改革的问题。我说，今年10月，在中国新闻代表团访日期间，我就和鲛岛、三森两位先生，在东京达成了要顺应时代发展、改变讨论会召开方式的共识。这次会议一开始，我们又在会议程上增加了讨论会改革问题的相关内容。如何把讨论会开得更具政策性、专题性、理论性和实效性，是改革的方向。今后要邀请两国制定政策的政界人士、专题研究的理论界人士和从事实业商务金融的企业界人士共同参与，深入讨论如何从实际操作层面推进合作、解决问题。这样，可使讨论会取得更切实、有深度、更具建设性及预见性的成果。

1997年11月28日上午，副总理朱镕基在北京中南海紫光阁会见了以鹤田卓彦为团长的日本经济新闻社代表团一行。朱镕基应客人要求，介绍了中国的经济形势、国有企业改革情况等，并热情坦率地回答了代表团提出的问题，明确表示中国政府不会用人民币贬值的办法提高出口能力。中国赞同亚洲搞货币基金合作应对东南亚金融危机，但合作办法一定要大家商量。朱镕基认为日本经济向好，与东南亚国家的经济情况根本不同。他对东南亚经济从长远看也抱乐观态度。这就为第七次中日经济讨论会画上了一个圆满的句号。

第八次讨论会首邀中小企业家参与，深入探讨面向新世纪中日改革合作

由人民日报社和日本经济新闻社联合主办的第八次中日经济讨论会，于1999年11月15日在东京日本经济新闻社礼堂举行。这次讨论会的主题是“改革与合作——面向21世纪的课题”。中日经济界、企业界、理论界、新闻界人士共400余人出席，是1984年以来规模最大的一次经济讨论会。

根据在厦门举行的第七次会议提出的改革要求，此次讨论会双方各邀请了一些中小企业家与会。中方除正式代表团外，另有一个由25人组成的来自

全国各地的中小企业家代表团。讨论会双方主讲人的演讲与讨论，由原来的一天半时间缩短为一天，第二天召开中小企业交流座谈会。

开幕式上，中国驻日大使陈健宣读了朱镕基总理的贺电。贺电上说，在人类即将跨入21世纪之际，两国经济界和新闻界人士齐聚一堂，对共同关心的话题——改革与合作——坦诚交换意见，这对促进相互了解，增进两国在经贸领域里的合作与发展，是很有意义的。中日两国经济在很多领域具有互补性，两国互惠合作的前景十分广阔。希望中日双方携手合作，共同寻求在贸易、投资等各个领域合作的长期对策，推动中日合作顺利迈向新世纪。

日本小渊惠三首相向会议发来贺词。贺词说，毫无疑问，对日本来说，与中国的关系是日本与其他国家关系中最重要的关系之一。已经举办过七次、有15年历史的日中经济讨论会对促进日中经济的发展做出了重要贡献。期待日中双方的有识之士通过本次讨论会取得新的成果，以进一步推动日中经济关系的顺利发展。

邵华泽社长与鹤田卓彦社长分别致开幕词。邵社长说，此次讨论会邀请了一些中小企业的代表参加，与日本一些中小企业共同交流经验。放开搞活中小企业是我国推动国企改革的重要措施之一，它对促进我国国民经济的发展具有重要的意义。改革开放以来，我国的中小企业已获得相当的发展，但也面临各种各样的难题，因此需要充分借鉴国外的成功经验。日本有许多闻名世界的大企业及跨国集团公司，也有发展得很好、积累了丰富经验的中小企业。相信这次讨论会，将对两国中小企业信息沟通、密切合作产生积极的促进作用。

鹤田社长说，中国已进行了20年的改革开放，不仅在国际政治方面，而且在经济方面也已成为世界的重要成员。日中两国的经济都面临着结构改革的问题，应当看到两国对恢复中的亚洲经济以及对未来世界的影响。我们正处在大变化的时代，希望日中双方资深经济工作者能充分讨论面向21世纪的课题及前景。

这次中方主讲人有三位：国务院发展研究中心主任王梦奎以《世纪之交的中国经济》为题，中国交通银行行长王明权以《当前中国金融体制改革与交通银行的发展》为题，国家经贸委中小企业司司长卫东以《中国中小企业的情况与政策》为题，各发表15分钟的演讲。日方主讲人也有三位：日本夏普株式会社社长町田胜彦以《在中国企业的建议及我公司发展战略》为题，国际合作银行副总裁筱泽恭助以《对华资金合作的方向与课题》为题，日本陶瓷株式会社社长谷口义晴以《以专业化高度化开拓中小企业的经营及在华经验》为题，与中方主讲人交叉演讲，也是各自15分钟。

王梦奎先生在主旨演讲中介绍了中国的经济形势和发展趋势。他说，目前中国经济发展中正在着重解决扩大投资和消费需求，产业结构调整和升级，发展农村经济和推进城市化，开发西部、解决地区差距，进一步实施可持续发展战略，注重人口、环境和资源等问题。1999年可以实现7%左右的增长，“九五”计划的结果将超过预定目标，2001—2005年的第十个五年计划将有一个好的开端。

王明权先生在主旨演讲中介绍了中国金融业的改革成果和主要任务。他说，到1998年底，全国金融机构总资产已达15.25万亿元，国家外汇储备达1450亿美元。面向新世纪，中国要建立与市场经济发展相适应的金融机构体系、金融市场体系和金融调控监管体系，增强防范和抗御金融风险的能力。当前，中国金融业的主要任务是防范金融风险，支持经济发展。

卫东先生在主旨演讲中介绍了中国中小企业的情况和政策。他说，中国中小企业占全部注册企业的99%，总产值占工业总产值的60%，实现利税占总税收的40%，出口额占每年出口总额的60%，提供了大约75%的城镇就业机会。中国政府对中小企业问题给予极大的关注，将更系统、更全面地研究制定支持中小企业改革与发展的政策法规，鼓励和促进专业化分工，建立中小企业信贷担保体系，拓展多种形式的中小企业创业风险投资资金问题。

町田胜彦先生在主旨演讲中说，作为有一定规模的在华经营的外资企业，我们切身的感受和愿望，一是希望进行不让外国投资者失去积极性的制度改革，制定和实行不让外国投资者失去投资热情、有透明度的制度；二是希望充分明确优惠政策，对向中国转让技术的外资实行政策优惠；三是希望实施内地引进外资的优惠政策。

筱泽恭助先生在主旨演讲中说，日本国际合作银行在中国改革开放20年来，向中国的贷款投向主要是能源和基础设施领域。1980年开始的对华日元贷款，1999年是第19年，在过去的18年间所提供的日元贷款总额达2兆2千6百亿日元，签订贷款合同239个。今后要提高贷款的有效性，促进资金的活用，增加日元贷款的经济合作项目。

谷口义晴先生在主旨演讲中说，中小企业要想生存下去，必然要积极拿出新产品，或者对以往产品的性能进行改良。努力降低价格也是必需的。在客观把握企业综合能力的基础上，他们公司将企业收益的约20%用于研究和开发，用十年时间在世界各地建立了销售网，其陶瓷红外线传感器在世界市场具有绝对的竞争力，已在中国建立5家公司，投资效率是在日本的四倍。

这次讨论会仍然由我与鲛岛敬治先生共同主持。在双方六位嘉宾作主旨演讲以后，因为中国正在制定第十个五年计划，双方便就西部地区发展战略以及日中经济合作的可能性等问题进行了热烈的讨论。王梦奎先生说，中国中西部地区开发，估计至少需要50年时间，我们想将外国政府援助和低息贷款的60%用于中西部地区。筱泽恭助先生说，他们对这个五年计划非常关注，希望能更积极有效地回应针对开发中西部地区的日元贷款项目申请。有人提出应当转让先进技术，町田胜彦先生说，到目前为止，夏普生产的产品几乎100%是高科技产品，今后仍然会把合资企业作为生产尖端产品的据点。谷口义晴先生说，如果把落后技术拿到中国去，等于是一种无谓的投资，那是毫无意义的。

有人问：中国加入世贸组织后，外汇交易方面会发生什么变化？王明权先生回答说，今后外资银行将进入中国，中国也将按照国际惯例办事。也许还需要很长一段时间，但最终人民币也将实现自由兑换。有人问：从1997年东南亚金融危机中你们将吸取什么教训？王明权先生说，中国金融界吸取了四点教训：一是加强中央银行的调控能力；二是企业结构要适应市场；三是金融的开放程度要适合经济发展的水平；四是要对商业银行进行监督管理。筱泽恭助先生说，今后我们必须具备一种适应变化的预测能力，一旦发生问题，单靠市场，亚洲各国是难以渡过难关的。有人问：地方行政组织巧立名目向企业乱收费的问题如何解决？卫东先生回答说，中央和政府曾多次发出通知，禁止乱收费，还成立了专门治理乱收费的办公室，布置各省检查落实情况，可以说收到了初步的效果。当然不能否认仍然存在乱收费的现象，从根本上解决这一问题，恐怕还需要时间。

有人问：中国将采取什么措施保护环境，有哪些与日本合作的规划？王梦奎先生说，环境保护是中国的重要国策，现在我们正采取措施，扼制对长江和黄河上游原始森林的采伐。因减少采伐造成的地方财政收入减少，中央将给予补贴。工业造成的环境污染、因水源不足而导致的干旱和沙漠化还是十分严重的。筱泽恭助先生说，国际银行支持了中国一些改善环境的项目，并设立了低于一般援助贷款利率的特别环境贷款利率。

在讨论的最后，我和鲛岛先生请双方演讲人分别用简洁的语言，展望一下21世纪中日两国关系的发展前景。

町田先生说，日中两国应该发挥主导作用，使21世纪成为亚洲的世纪。为此，至关重要的是观念上的革命，要保证制度的透明性和稳定性，提高在国际社会中的竞争能力。

筱泽先生说，毋庸置疑，中国经济的稳定与否对亚洲的经济乃至世界的经济都会产生巨大影响。希望中国进一步加快国有企业改革，从依靠投资为主的经济运行模式转到以提高消费为杠杆的经济运行模式上来，恢复金融部门的稳定性。

谷口先生说，如今，我们的企业如果失去中国的合作伙伴已经不可能发展。今后，我们仍然致力于与中国的合作伙伴共同开发新产品。希望中国政府给予中小企业大力支持。

王梦奎先生说，中日两国是邻邦，我们有一百条理由要加强合作，却没有一种理由让历史的悲剧重演。加强两国之间的友好关系，无论是对亚洲，还是对世界，都是有重要意义的。

王明权先生说，21世纪将进入一个经济科技全面发展和加强合作的时代。中日两国通过经济的发展和恢复，在金融方面的合作关系一定会更加密切。我们要加强与日本银行的合作，共同为金融业的发展做出贡献。

卫东先生说，日本的中小企业在经济发展过程中发挥了巨大的作用。我们希望在21世纪，中日两国的中小企业之间展开更加全面的合作，希望中小企业在促进亚太地区经济发展方面发挥更大的作用。

第八次中日经济讨论会有一个新议程，即在翌日上午举行中日两国中小企业界人士的座谈会。座谈会也由我和鲛岛先生共同主持。东京中小企业家同友会副会长井上三郎风趣幽默，说日本中小企业家的特点，就是想干什么就马上去干，失败了再重来，无论如何要一直向上。他说，一个中小企业培养职工最重要，让他们了解人生的意义，不能光想着赚钱。他的企业原来有65个员工，后来16个独立出去，办了16家企业，这就是中小企业的活力。

中方的中小企业家也在会上踊跃提出各种问题，有的希望日方企业家帮助自己的产品打通销路，有的希望学习日本的经营手法，他们向日本中小企业家求经取宝的热情，让对方留下深刻印象。这时，卫东司长提出建议说，东京中小企业家同友会有自己的机关刊物，能否把今天出席的中国中小企业的材料摘编刊登？中国中小企业家协会也有份《中国中小企业》周刊，每周发行1万份，我们也可以在上面介绍日本同行的情况。井上副会长马上回应说，这是一个很好的建议，我们同友会在全国有4万名会员，我们的机关刊物每月出版3次，这是一个宝贵的信息交流机会。

最后我说，首次开这样的座谈会，经验不足，相信今后会更好，重要的是我们增进了了解，彼此交了朋友，迈出了合作与交流的第一步。鲛岛先生说，中国的鲁迅先生说过，世界上本没有路，走的人多了，也便成了路。他用这句话作为座谈会的结束语，希望日中企业家的交流越来越多、越来越好。

当天下午，参加座谈会的中方中小企业家还参观了几家日本中小企业，山东莱阳鲁花花生油公司董事长孙孟全和南京金鹏铝业公司总经理赵林明深有感触地说，耳听为虚，眼见为实，日本中小企业的质量意识、服务意识、卫生意识，留给我们的印象极为深刻。虽说是走马观花，但看到人家的管理水平，不得不佩服！

在11月15日下午第八次中日经济讨论会的总结会上，主持过八次讨论会全过程的鲛岛敬治先生说，15年来的八次讨论会反映了中国在改革开放的现代化建设过程中所遇到的各种艰辛和所取得的各种成功。本次讨论会则反映了自1998年以来中国的战略大转移。从依靠出口型、偏重东部沿海地区、以引进外资为主，向依靠内需型、重视中西部内陆地区、以财政支出为主导加强基础设施建设和环保建设的方向转移。在新世纪，中国加入世贸组织以后，要进一步进行结构改革，加快对外开放步伐，进一步增强决策的透明度和公正性。日本也要进一步进行结构调整，日中两国经济关系将进一步密切合作、互补共赢。

我代表中方总结说，我很荣幸与老朋友鲛岛先生主持了三次中日经济讨论会。双方共同关心的改革合作的议题增多了，共识增多了。这是一次迎接新世纪的讨论会，对中日两国跨世纪的经济合作充满美好的展望。可以说，中国的经济发展离不开日本，日本的经济发展也离不开中国，亚太地区的和平与发展离不开中日两国经济的合作。中日两国能合作，则繁荣，则两强；中日两国如果闹纠纷、搞对抗，则两败俱伤。如果以这样的战略眼光，来看待我们的经济讨论会，一定会有更强烈的历史责任感。讨论会要通过更深、更广、更高层次的交流和研讨，为促进中日两国在新世纪的合作与发展，做出应有的贡献！

1999年11月15日晚7时，日本经济新闻社为第八次中日经济讨论会的成功举办，举行了隆重的欢迎宴会。除了鹤田卓彦社长与邵华泽社长分别热烈友好地致祝酒词外，还特地安排了一个节目，邀请中日双方主持人谈感想。我正好利用这个机会，把下午总结会上没有说出来的话，以谈感想的方式说了出来："我五次来日本访问，三次主持中日经济讨论会，其中有两次是在东京。我深感，在邵华泽和鹤田卓彦两位社长的直接领导下，由人民日报社和日本经济新闻社共同举办的中日经济讨论会，经过15年的实践，已经充分证明它是加强中日两国经济交流与合作不可缺少、无可替代的一个重要渠道。尽管目前中日之间经济讨论的渠道逐渐增多，各种讨论会、交流会每年不断地举行。但是我们这一讨论会仍具有独特的优势和生命力，是其他任何讨论会所不能取代的。这是因为，我们的讨论会具有以下三个明显的特点：第一，得到中日两国政府的高度重视，两国的政府首脑每次都专为此发来贺词；第二，由两国第一流的媒体联合举办，每次都编发相当数量的报道，社会影响巨大；第三，讨论会不墨守成规，常开常新，富有实际成果。由于这些鲜明特点，我们的讨论会成为中国改革与发展进步的历史记录，成为中日两国经济合作不断加强的有力见证。

"我三次主持讨论会，都是抱着向日本虚心学习的态度而来的。回顾历史，上个千年，日本向中国学习的多，受中国唐宋文化影响比较大。而本世纪这一百年，却是中国向日本学习的多。在本世纪初，中国一批追求真理的革命先行者，如孙中山、李大钊、陈独秀、周恩来以及鲁迅、郭沫若等，就是到日本来学习取经的。后来由于发生“老师欺负学生”的不愉快历史，这种学习中断了。但中国改革开放后，又迎来了本世纪第二次向日本学习的热潮。邓小平复出后很快访问了日本，他自己讲过，他是从日本学习到什么叫现代化的。

“20年来，中国有成千上万人来到日本学习培训、参观访问、从事商务等。也有成千上万日本人到中国参观访问、讲学、投资、从事商业活动。我们这个经济讨论会就是在这样一个学习日本的大背景下，由两国领导人发起组织的，一直坚持了15年。目前，我们两国正致力于建立和平与发展的友好合作伙伴关系，因此，向日本学习还会坚持下去。当然，这种学习是相互尊重、平等互利的学习，是取长补短、增进伙伴关系的学习。我们已开了15年的经济讨论会，我想还会再开15年。到那个时候，中国一定会学得更好、进步得更快，中日两国经济会合作得更好，两国关系会更加紧密，两国未来会更加光明！”

我的这番感想演说赢得全场热烈掌声，中国驻日使馆的同志也特地前来对我说，你主持三次讨论会，有了深切体会，才能讲出这样精彩的感言！

1999年11月17日下午，日本首相小渊惠三在首相官邸会见了出席第八次中日经济讨论会的中方代表。他对这次讨论会取得圆满成功表示衷心祝贺。由于事先有外交部的交代，邵社长在会见时特地提到东京都知事石原慎太郎访问台湾这件事。小渊首相当即表态说，石原访台是日本地方官员进行的城市间的交流，石原知事的讲话只是他个人的见解，不是政府的立场。促进相互理解是友好合作的基础，希望日中两国媒体为促进日中两国国民的相互理解不断努力。我驻日大使陈健也参加了会见。

要制度还是要周瑞金※

—— 一篇博士论文阅评意见成舆论热点

2003年，我因为给一篇博士论文写的阅评意见而成为媒体舆论的热点，影响一时，颇值得一记。

我兼任中国社科院研究生院博士生导师

我于1993年4月调进人民日报社担任分管评论、理论宣传的副总编辑。当时中国社会科学院研究生院新闻系由人民日报社管理，设在人民日报社的九号楼。我常被邀请去新闻系给研究生讲课，接着就被邀担任了硕士研究生的指导老师。1998年，新闻系开始招收博士研究生，我进而被研究生院聘为博士生导师。我因任职于人民日报社，承担着编务和一部分社务工作，比较忙，没有多少精力能花在新闻研究生的教学上，因此我带的研究生并不多，只带了三届硕士生和两届博士生。

中国社科院研究生院新闻系创建于1978年6月。新闻系的成立，是为了尽快扭转新闻队伍青黄不接的严峻局面，满足主流媒体对高层次新闻传播人才的需求。开始，由社科院研究生院、新华社和人民日报社三家共同筹建和管理，第一届招收了85名硕士研究生。1988年新华社退出对新闻系的管理，独自创办中国新闻学院，而社科院组建新闻研究所后参加了对新闻系的管理。2000年，国家整顿办学秩序，要求部、委、办都要与原所属大学或学院脱钩，于是2001年人民日报社决定退出对研究生院新闻系的管理（新华社也

※ 参见周瑞金：《做清醒的新闻工作者——周瑞金新闻作品选》，上海人民出版社2004年版，第290—295页。

在2002年停办中国新闻学院）。这样，中国社科院研究生院新闻系就完全归社科院新闻与传播研究所（1997年新闻研究所更名为新闻与传播研究所）管理，2008年，新闻系也更名为新闻学与传播学系。从1978年以来，中国社科院研究生院新闻系共培养了上千名硕士、博士研究生，绝大多数成为中央和地方主流媒体、新媒体及各条战线的骨干，有些人成为高级领导干部和学术研究的带头人。应当说，中国社科院研究生院是取得了很大成绩的。

2003年我应邀阅评一篇博士论文

2003年6月18日上午，中国社科院新闻与传播研究所副所长、主持研究生院新闻系工作的张西明博士，从北京特地给我打来电话（当时我已从报社领导岗位上退下来，大部分时间住在上海），他说博士研究生沈兴耕（在人民日报社工作）有一篇博士学位论文提交新闻系答辩，请我担任论文的评阅人。论文答辩委员会已决定6月25日举行答辩，所以阅评意见必须在24日前送交答辩委员会成员审读，时间比较紧。他言辞诚恳，我也不便因时间紧，就婉拒论文的评阅工作。何况，我当时还是社科院研究生院新闻系的博士生导师，所以就在电话里向他表示，时间紧了些，我尽力而为吧。

于是，新闻系办公室的秘书很快就给我电传来沈兴耕的博士学位论文。那几天我恰好应邀接受上海与香港两家媒体的访谈，还要赶写两篇应急稿件，所以一直拖到21日才着手阅读博士论文。这篇博士论文题为《党报要闻版编辑与读者的两种需要》，有十几万字，材料收集了不少，有些分析颇有见地。但总的读来创新不多，离博士学位论文要求差距较大。所以读完全文，我的第一个感觉就是：接受这篇博士论文的评阅，显然是一个错误，似乎把自己放在火炉上烤了。

博士生沈兴耕，是我复旦大学新闻系的校友，又是我在人民日报社的同事，他长期在夜班要闻版当编辑，担任过人民日报社夜班编辑部副主任。接着，他调任中国社科院研究生院新闻系主任，直到人民日报社退出研究生院新闻系时才离开，后来他又来到新闻系攻读博士学位。我原以为，博士论文的评阅一般总是与学生为善，以成人之美。这次论文的作者是我的校友、同事，他的导师又是我敬重的老领导，理所当然要高抬贵手，保其过关。我实在没有料想到的是，他论文的学术水平竟与博士论文的要求相差这么大。我从事党报工作40余年，又身为中国社科院研究生院的博士生导师，实在不忍心作出顺水推舟的违心评阅，有损学术良心。这一来，我就陷入了一种两难的境地了。

我以尊重学术之心直陈七个方面评阅意见

经过一番思考，我觉得还是应当从顾虑人情关系的狭隘思维中跳出来，以一颗尊重学术的正直之心，直陈自己的评阅意见。

我先根据论文的总体印象评阅说，论文作者在党报长期从事要闻版编辑工作，又是一个勤于学习、思考和有事业心的人，因此在工作中积累了丰富的素材和经验，也阅读了不少国内新闻业务方面的文献。论文收集的实际材料是相当丰富的，论文对党报宣传报道和编辑工作中存在的弊端有一针见血、切中要害的论述。同时，作者对新闻界近年学术研究的情况也比较了解，对其中的不同意见在论文中也有不少精彩评论。看得出来，作者写这篇论文是花了许多心血精力的，态度是认真的。

尽管整篇论文的不少论述过于一般化，研究方法也偏于单一的定性分析，说服力较低，却也不能说全无创新之处。我基本同意作者自己提出的，关于党报读者“双重角色”和“两种需求”的现象，关于“宣传价值与新闻价值统一”的观点，以及关于“假头条”和党报版面风格的分析，这些都有一定的学术新意，也是论文的亮点。此外，论文中提出各地党报要突出个性、办出特色，反对千报一面；提出扩大反差使版面具有现代气息；提出采编分离，实行内部运行机制改革等，也富有新意，值得给予积极评价和充分肯定。但我同时也认为，仅凭这些新观点、新论述，尚不能达到博士学位论文所要求的学术原创水平。

客观地说，如果用于给新闻专业的大学生或报社的夜班编辑讲课，用于参加媒体新闻业务交流，这无疑是一篇内容充实、富有启迪意义的好材料、好总结。但是，作为一篇博士学位论文，在学术水平上确实有较大的欠缺。我概括了七个方面的阅评意见。

第一，整篇论文有三个逻辑错误。首先，论文把当前党报存在的发行量下降、广告额下降、影响力下降的严峻挑战和许多领导干部、读者不愿意读党报的现象，同要闻版没有满足读者的“两个需要”紧密联系起来，并以此为根据提出“核心问题”在于要闻版的改革，似乎要闻版编辑工作做好了，党报存在的问题也就迎刃而解了。这样的论证属于削足适履的逻辑错误。其次，要闻版的改革，从根本上说取决于中央深化新闻改革的部署以及党报编辑部新闻观念的创新，而论文没有涉及这个本质问题，仅仅在“增加要闻版非指导工作新闻的供应量”“平衡原则在版面编排中的运用”“设置假头条”“突出新闻标题”“扩大版面反差”等这些具体编排技巧上大做文章。这样的论证，是舍本求末的逻辑错误。最后，论文是在党报要闻版编辑在工作中存在严重缺陷的前提下，提出用增加满足读者“两种需要”的内容来改进工作方法的。但在对要闻版改进内容加以重点论述的章节中，又都是以某一家党报要闻版作为范例（重要论据）进行论证的，也就是说这家党报的要闻版编辑，已经做得很好了，已经满足读者“两种需要”了。这样的论证，犯了前后自相矛盾的逻辑错误。

第二，论文选题存在问题。党报要闻版编辑的改进，确是新闻实践中亟待解决的课题。我也同意作者所说的，目前学术界对这个领域的研究显得薄弱。但这个薄弱的主要原因，并非如作者所说，因为“专家学者缺少上夜班，而要闻版编辑缺少必要的研究能力”（见论文的引言部分）。主要原因在于这个课题太大、太复杂，且是直接涉及我国政治体制改革的大问题，它绝不是专家学者和夜班编辑们的努力就能完全解决的。作者仅从要闻版编辑的角度，提出一个“两种需要”的观点，以为就“具有重要的理论价值和现实意义”，我以为未免把问题看得太简单了，未必会获得专家学者和要闻版编辑的一致认同。何况，对于党政各级官员“借此展示自己的形象和政绩”这种需要，把要闻版“没有写省委、没有写书记”就看作“不算数”这种所谓的“宣传需要”，我们能不加分析地加以肯定吗？新中国成立以来，党报宣传报道上的许多失误和教训——包括反右派斗争扩大化、“大跃进”运动中的浮夸风、共产风，直至改革开放以来房地产热、开发区热中 的泡沫现象、GDP掺水现象，以及对重大突发性事件的瞒报谎报现象，酿成报喜不报忧、爱吹不爱批、闻批则怒、文过饰非的不正党风、文风，等等——不都与这种所谓“展示政绩”的“宣传需要”有关系吗？同时，党政领导干部借党报宣传报道以“展示形象和政绩”、求得升迁的所谓“需要”，恰恰从一个侧面反映出党的干部人事制度的一个弊端。从这个意义上说，我认为论文选题不加分析地把“读者的两种需要”这种表面现象，升华成解决问题的关键和论文的核心论点，是值得推敲的，对它的“重要理论价值和现实意义”也是要打一个问号的。

第三，论文的文献综述存在偏颇。作者阅读了许多文献，论文中引证了许多文献材料，但少有那种独具创新价值的文献和给人印象深刻、富有说服力的材料。还有，论文大量引证中央领导人和报社领导人的内部讲话，有的属引证不当；有的缺乏科学性，经不起推敲，不仅没有给论文生辉，反而显示出作者学术水平的平庸。如论文引用一位报社前负责人2002年1月15日在一次会议上的发言：“有读者对报社的主要负责人说，同样的内容，登在你们的大报上，大家都不想看，而登在你们的小报上，大家都抢着看！这个情况难道还不值得我们深思吗？当然它同时也给了我们一个很重要的启示！”这个材料肯定是言过其实了，明显是偏激之言，如果承认这个意见是正确的，那只能得出这样的结论：党报的整个可信度发生问题了，即使报道再努力改进，报道内容再好，读者也不要看了，只能以子报取母报而代之。事实难道真是如此？党报难道真的到了如此不堪的地步？我相信这不是作者自己想得出的结论。问题在于论文作者非但没有辨析读者意见的偏激之处，还认为是“很重要的启示”，我实在难以理解。再有，论文仅引用一家传播研究杂志上某篇文章中的材料，就断定“《真理报》的所作所为，既加速了苏联的解体和苏共的垮台，也导致自己最终因此而走向了覆灭”。这样论断，似乎苏共垮台、苏联解体是由党报宣传造成的。1989年3月我随人民日报社总编辑谭文瑞率领的中国新闻代表团访问苏联，也访问了《真理报》编辑部，与《真理报》总编辑作了深入交谈。他对当时苏联一些媒体的公开化宣传是有看法的。而当时对公开化传播的最厉害的是《莫斯科新闻》《莫斯科真理报》以及《消息报》。因此，论文引证个别文献对《真理报》的论断也有偏颇之处。

第四，关于作者的科研能力和外语能力问题，我实事求是地指出，作者是新闻业务和新闻教育的实务者，并非学术研究者，因此不能脱离实际提过高的要求，比如作者外文阅读能力差，不能直接引用外文文献，这可以理解，不必苛求。（当然，在论文的英文摘要中，把“假头条”翻译成“顶级的假新闻”，这未免太令人尴尬。）

第五，论文研究方法上，既缺少定量分析，定性分析也过于单一空泛。作者自己承认，定量分析少，且全是引证他人的统计数字。作者说是由于个人力量和资金条件的限制，这可以理解，但也不能说与科研能力没有一点关系。即便是定性分析，我以为也可以尽力做得更好些、更多样化些。比如，可以进行中外古今的比较法定性分析。将《人民日报》作为中央党报与地方党报进行比较，将《人民日报》与苏联《真理报》进行比较，将《人民日报》在新中国成立前后的要闻版进行比较（即革命党党报与执政党党报的比较），将《人民日报》在改革开放前后的要闻版进行比较（即计划经济体制下党报与市场经济体制下党报的比较）。经过这样的比较分析，可以看出党报要闻版不断与时俱进改革创新的清晰脉络，从而创造出有理论价值和现实意义的原创性学术成果来。可惜，作者未能这样做，通篇平铺直叙、泛泛而论，只能说是科研能力尚未达到博士的水准。

第六，论文的学术原创性欠缺。博士论文的质量，很重要的是表现在学术理论的创新性上。这篇论文虽然有一定的新观点、新提法和新材料，但以博士论文的创新要求来看，还是达不到标准的。如“假头条”理论的提出，在要闻版的编排业务技巧上是有新意的，但对解决要闻版的质量并无多大的学术价值和实用价值。这个理论至今在党报要闻版的编辑工作中并未获得普遍认同和采用，就是一个证明。

第七，在论文写作规范方面存在不足。总的来说，这篇论文是符合写作规范的。但是论文的第五章，写平衡原则的运用时概括了十条，我以为有逻辑不严谨之处，因为其中七、八、九这三条是同义反复，都属于处理外交新闻中编排原则的运用，没有必要列出三条加以论述。相反，对国际要闻和国内要闻的平衡原则运用，作者恰恰忽略了，没有在论文中列出哪怕一条论述，不能不说是个“硬伤”。

评阅意见的最后，我提出了自己的建议。据了解，这篇博士学位论文在前一年没有通过答辩，答辩委员会建议限期修改后答辩。而修改后呈上的这篇论文，除了选题上加了一个副题，篇幅进行了适当压缩之外，论文的框架、论点、论据、论证方法，都没有作大的修改。既然如此，我郑重向中国社科院研究生院新闻系论文答辩委员会建议，鉴于这篇博士学位论文尚未达到合格水平，应当由答辩委员会主席找论文作者谈话，提出论文不合适之处，劝说作者在导师指导下，限期进行认真修改后答辩。我殷切期望作者再花一番苦功夫，提高论文学术质量，下次能顺利地通过博士学位论文答辩。

以上七个方面，就是我作为评阅人对《党报要闻版编辑与读者的两种需要》这篇博士学位论文的评阅意见。

答辩委员会全票否决了博士学位论文

我终于赶在6月23日把论文的评阅意见，通过传真件送达张西明手上。一个小时后，他给我来电话说：你的评阅意见写得非常好，摆事实说道理，逻辑性强，客观公正，以理服人，堪称博士论文评阅意见的典范。我回答说：谬奖了！由于时间匆促，来不及推敲修改，可能有主观武断的地方，仅供答辩委员会参考。

6月25日上午，博士论文答辩会如期在中国社科院研究生院新闻系举行。答辩委员会主席、中国人民大学新闻学院博士生导师成美教授主持答辩会，五名答辩委员与会并参加投票表决。博士论文答辩一般遵循以下程序进行：先由答辩人简述论文内容、主要观点及创新之处；接着，五位答辩委员分别向答辩人提问或质疑；然后给一定时间让答辩人进行准备并回答问题。随后，答辩委员会对论文展开讨论并投票。最后一个程序是答辩委员会当面向答辩者宣布是否通过论文答辩。

为加强监督，更充分地表达对答辩者论文的学术水平看法，在博士论文答辩之前，通常请三位教授对论文进行评阅。论文评阅人没有投票权，但可以提出任何反对意见，供论文答辩委员会参考。阅评意见一般是在论文答辩第四个程序中出台亮相。就在答辩委员会讨论论文并投票的阶段，成美老教授向答辩委员宣读了我的评阅意见。我与五位答辩委员都不太熟悉，事先也不能相互沟通，所以答辩委员会成员与几位评阅人都是背对背的看法，想不到最后大家的看法高度一致。成美教授对这篇论文的评价是，论文漫想式的随意论述太多，论述的严谨性不够，作为一篇工作总结是好文章，作为一篇博士论文尚不合格。同样是当时在场的论文答辩委员会成员，中国社科院研究生院新闻系教授卜卫说，博士论文必须有一定的原创性，有属于自己的科学研究成果。要严格遵照科学法则和社会科学的研究方法，不能是个体经验描述，不能限于常识概述和个人感想。论文的论点要有创新，论据要有理论和事实依据，论证过程要合乎逻辑，写作要符合规范。

成美主席最后向答辩人宣读票数：不同意授予博士学位，五票。对着失望的、还想再争取机会的论文作者，老人有些于心不忍，补充了一句："我们非常遗憾。"而五票是答辩委员会的全体票数，藏在手掌中的答案在投票时不谋而合。

没有争议，是一边倒的结论。

我为什么行使评阅的"否决权"

中国社科院研究生院新闻系的一篇博士学位论文，遭到五位答辩委员全票否决，这成为近年来新闻教育领域的一件大新闻，迅速在首都媒体界传开。先是《南方周末》驻京记者，接着是《中国青年报》记者，他们带着特有的新闻敏感前来采访我。以下是我与记者的谈话：

记者：作为博士论文的评议专家，您为什么说这次是"把自己放在火炉上烤了"？

周瑞金：我原本想评阅总要帮同行一把。论文作者是我的朋友、同事。因此，当社科院研究生院新闻系要我当论文的评阅人时，我没有迟疑，欣然接受了下来。但一读论文，发觉不对了。论文的选题、文献的引用以及在科研能力、写作规范上，都存在不少问题。后来还了解到，这篇论文在前一年就曾申请参加答辩，但被专家小组要求修改后再答辩。这时，我才感到自己处于被动尴尬的境地。若按原先的想法，帮一帮同行吧，觉得学术良心过不去，也不想写违心的评阅意见。但是，如果说真话，严格要求，估计这篇论文通不过。本来这是正常的学术评价，但在目前的社会风气下，这样做对我的朋友是有压力的，三年苦读不容易，如果论文答辩通不过，他的伤心可想而知。这一想，我感到左右为难，自己是被放在火炉上烤了。

记者：您最后还是选择了讲真话，行使了“否决权”，您又是怎样下这个决心的呢？

周瑞金：很巧，那个时候我正在读诺贝尔奖的材料。诺贝尔奖100年的历史，是年轻科学家的创业史。让我感到震撼的是，欧美一些国家有不少年轻人在做博士论文时，就有了重大的学科创见，博士论文便获得了诺贝尔奖。其中一个典型是施里弗，他选巴丁为导师，巴丁从抽屉里拿出一张单子，共10个题目，要他自己选择研究方向。施里弗经过琢磨选择了超导这个课题。在读博士期间，施里弗在超导领域取得了重大突破，后又经过巴丁和库珀的帮助，通过计算彻底解决了超导理论问题。1972年施里弗便与巴丁和库珀因超导理论一起获得了诺贝尔奖。又比如，1915年布拉格父子用 X射线研究晶体结构，小布拉格纠正了其父亲的错误而做出重大贡献，创造了父子同获诺贝尔奖的佳话。小布拉格获奖时年仅25岁，至今保持诺贝尔奖最年轻得主的纪录。此外，1961年德国的穆斯保尔获诺贝尔奖，他在读博士期间发现了后来以他名字命名的“穆斯保尔效应”，其博士论文正是获奖的依据。1973年诺贝尔奖得主之一的约瑟夫森，1975年诺贝尔奖得主奥格·玻尔，获奖依据也是他们的博士论文。

说真的，读了这些材料，对照一下我们今天一些博士生的论文水平，我实在汗颜。要培养一流的博士生，首先要有一流的博士生导师，那些凭博士论文获诺贝尔奖的，背后都有很优秀的导师在指导。再回到博士论文评阅上，今天如果对论文的严格把关都做不到，那还对得起国家、对得起社会吗？我还有什么脸面当博导？

恰在这时，北京大学以创建世界一流大学为目标，在酝酿教师聘任和职务晋升制度改革，试图通过竞争和淘汰机制，选拔优秀人才，筛除平庸之辈。这个被称为“癸未变法”的改革，对我触动也很大。在这种形势下，我实实在在地感到，是应当对博士论文严格要求的时候了，是应当清除学术领域庸俗之风、腐败之风的时候了！否则，何时能够真正实现理论创新、体制创新、科技创新、学术创新?!

正是基于以上这些原因，我下定决心：坚持学术标准，对博士学位论文作出实事求是的阅评。这样做，也许会得罪一些人，但有益于我们的国家和人民，我感到心安。

媒体热烈议论：要制度还是要周瑞金？

《中国青年报》记者刘万永的《我为什么行使“否决权”》的访谈报道，在该报8月12日教育科技专版头条位置见报后，引起了众多媒体和广大读者对博士论文被否决事件的关注和议论。《社会科学报》9月初在学术批评版就此事展开了讨论。《大众日报》《检察日报》相继发表文章，强调严格学术要求、提高博士论文质量，是事关科技创新、理论创新和增强综合国力的大事，教育界、学术界的知识分子一定要坚守学术良心，抵制庸俗风气。

《中国青年报》发表报道后，在教育科技版进一步展开讨论，先发表了董迎春的《“庸俗之风”与坚守良知》一文，指出目前一些硕士、博士论文质量下滑，引起学术界人士普遍关注和忧心，不能不说这与一些人顺水推舟、成人之美的心态导致对论文把关不严有关，在无形中纵容了论文质量的继续下滑。对“庸俗之风”难以抵御，可以总结出许多原因，比如面子问题、感情问题，以及顾虑方方面面的关系，等等。然而人有七情六欲，也有良知；人需要社会的温暖，也同样应当有“温暖社会”的责任感。所谓“庸俗之风”的形成，就个体来讲，其实就是抛弃良知和逃避责任的过程。而是否选择抛弃和逃避，我们个人本来是有着决定权的，我们本来可以选择不助长庸俗而引进一缕清风。可惜的是，不少人做出的是另外一种选择。

作者说，我们一直在强调制度建设，这无疑十分必要。但我们同时必须清楚地意识到，法治和制度建设不可能一蹴而就，它的基础需要每一个人共同培育。即便将来法治和制度建设相对完善了，也不可能将我们的一言一行、一举一动都纳入其中，我们有什么理由推卸责任呢？文章最后强调，坚守良知、尽职尽责，是我们现在需要而且永远都需要的一种品质。不管做什么事，当我们把良知和职责作为一种标准的时候，我们也许就会感到一种新风气的降临。不要忘记，不论风气好与坏，我们都是其中的一个“创造者”。

几天后，《中国青年报》刊出曹林的《要制度不要周瑞金》的文章。文章说，周瑞金教授坚守良知的选择，得到媒体和时评家的高度评价，认为他是在向学术领域内泛滥的庸俗之风和腐败之风挑战，向学术评议中的顺水推舟、成人之美、虚饰、拔高、面子、感情等说“不”。虽不能至，心向往之，周教授的确非常值得敬佩。不过作者认为：对于根除学术领域内的庸俗风气，周瑞金可敬而不可取，可遇而不可求。如果道德说教对每个人都能起到“魔弹”效果（一发即中），这个世界就不需要警察、监狱和法官了。理性的社会中，一切问题的解决思路都应该从制度中去寻找。

文章说，大家似乎都忽略了这样一个问题：既然论文评阅涉及作者的切身利益（能不能拿到学位），周瑞金作为论文作者的同事和朋友，理应回避，或者他被邀参与评阅应该得到评阅制度的禁止。可现实呢，这么一个既是同事又是朋友的熟人，竟能参与论文评阅，这是什么样的制度？连最基本的熟人回避都不讲了！难怪现在博士、硕士论文那么好过，原来都是些熟人在搞评阅！难怪现在从象牙塔中流出来的“水货博士”“水货硕士”一大堆，原来都是些熟人在把关！不错，周瑞金没有把自己当成熟人，铁面无私地行使了否决权，这种精神很值得赞美，但是有一点可以肯定的是，他彻底把这位同事兼朋友得罪了。他得到了公众的掌声，但将背上“对不起朋友”的心理包袱，这就是他为什么觉得是“把自己放在火炉上烤了”。如果他与论文作者素昧平生，根本没有必要权衡什么。

文章进一步分析说，显然这种学术评阅缺乏最基本的回避制度的约束。回避制度的缺位，导致了学位评审和学术评议中的制度性腐败；论文答辩的普遍做法是由导师决定、约请评阅和论文答辩专家，一些导师为了让学生顺利过关，就约请与自己的学术观点接近和好说话的专家来参加评审；有些评审专家受人之托也往往将答辩变为友情出演，答辩走过场，不合格的论文也给通过。西方社会的学术体制中有一套完备、严格和成熟的回避制度，比如通行的博士论文匿名评审制、导师回避制等，以尽量排除人情的干扰，使答辩比较公正、客观。试想，一个制度让人产生“对不起朋友”的心理负担，承受

“把自己放在火炉上烤”的心理煎熬，它是好制度吗？一个制度把公正的结果系于人的道德水准，是好制度吗？周瑞金是豁出去了，也熬过来了；然而更多的博导们在进行心灵选择和道德衡量时没能熬过去，选择了违心地睁一只眼闭一只眼，这就是缺乏回避原则的评议制度产生的制度性、道德失范，周瑞金的选择只能算这种蹩脚制度下的另类。文章最后的结论说：我们必须要制度不要周瑞金；周瑞金固然好，却可遇不可求，只有制度才能让公正的结果得到保障。

曹林文章的观点引发热烈议论，《中国青年报》接着发表了刘乃银的《既要制度，也要周瑞金——与曹林先生商榷》的讨论文章。文章说，说是缺乏必要的制度，其实不是没有制度，也并非制度一无是处。只不过即使是好的制度，也不一定有好的结果。执行制度的人，甚至制定制度的人，其实也会将制度玩弄于股掌之间。如今的学界是有制度问题，却又不仅仅是制度问题。制度真正成为制度可能要经过长期的努力。在此期间，我们更需要周瑞金这样的人。中国知识分子本来有忧国忧民的传统，但是这个传统在如今官本位的学府中的许多教授、博导身上看不到了。于是，出现了一个周先生，就如同出了一个久违的英雄。本来是一件正常的事情，现在好了，需要有宁愿被“放在火炉上烤”的勇气，才能不做对不起国家和人民的事情。这个问题，已经不仅仅是单纯的学术良心问题。

刘乃银在文中指出，目前的学校已经不是净土，学术领域也早已不是圣殿。人们最关心的不是教授有没有学问，也不是博导到底能不能指导博士。不学无术，斯文扫地，也不是新鲜事。高校已经到了非改革不可的地步，但是不管是改革前，改革中，还是改革后，道德自律永远是需要的，因此，周先生这样的人也是永远需要的。周先生在决定忍受“被放在火炉上烤”的时候，他才无愧于知识分子的称号。教育制度的改革更须内求于己，多一点学术良心，多一点道德良知，多一点对国家和民族的责任心，成为真正的知识分子，而不是甘为乡愿。

《中国青年报》就博士论文的热烈讨论，终于引起了国家通讯社的关注。新华社资深记者朱玉经过深入采访，在2003年9月11日以“新华视点”专文的形式发表了长篇通讯报道——《说“不”的勇气—— 一篇博士论文未获通过的启迪》。记者在第一部分“进退维谷兼左右两难”中详细报道了我对博士论文说“不”的心路历程，接着在第二部分“成美不能成人之美”中详细报道了论文答辩委员会主席成美教授的心路历程。

报道说：“与周瑞金有类似痛苦的还有中国人民大学新闻学院教授、博士生导师、论文答辩委员会主席成美……成美老师也是看了论文后，觉得质量不高，不想成人之美，找了个理由想婉拒参加论文答辩委员会，但最终未能推辞。”

记者在第三部分“要制度还是要周瑞金”中有针对性地写道：“难道说，不能用回避制度来约束这一切，让周瑞金既保有学术廉洁也保持了朋友之情？或者说，我们应依靠制度，而不能仅仅把最后的底线悬在周瑞金这些老师的学术道德上？”我的回答是：“道德和制度不是两个对立的东西，在强调制度作用的时候，不能忽视道德的作用。即使是就回避制度本身而言，也不是尽善尽美的。另外，就我们国家学术研究的现状而言，博士生一般都在导师研究的领域选择论题，而相关的专家大都很熟，在这样的情况下，坚守学术良知是一个不可回避的抉择。道德固然不是万能的，制度同样也不是万能的，再好的制度也要人去实践。

“制度需要人执行，学术良知也任凭人把握。只有制度和学术良知的互动，才可以使学术道德的栖息地牢不可破。正因为人的因素不可剥离，所以身处其中的周瑞金必定苦恼，应了他自己著作中的一句话——宁做痛苦的清醒者，不做无忧的梦中人。周瑞金气血充沛又充满善意的阅评意见在答辩现场被朗读。在场的答辩委员们事后说，真想当面对周老师表达敬意。”

新华社记者朱玉的这篇通讯刊发后，全国有10多家省、市、自治区的报纸在第二天（9月12日）纷纷转载，这起博士论文事件从此便由北京的报纸关注和讨论，扩散到全国的媒体关注和议论了。我当时就收到全国各地读者给我发来的短信、电话和信件。我真没有想到一篇博士论文的阅评意见，竟会引起那么大的反响，也许真的应了新闻界的一句行话：击中了社会绷紧的一根弦。

最后我还得发表“不想辩白的辩白”

事情并未到此结束。博士论文评阅事件成舆论热点后，我成了焦点人物。2003年11月22日，上海市记协安排我与《新民晚报》总编辑金福安，陪同来上海参加传媒业博览会论坛的香港新闻代表团参观。金总编原是我在解放日报社工作时的老同事，他一见到我，就十分热情地聊起我评阅博士学位论文的那件事。他告诉我，上海新闻界有人不理解我为什么这样做，究竟是为了扬名，还是为了个人恩怨，有许多传言。他说不相信我会为了扬名或私人恩怨做这种事，认为这不是我的人格。但有人继续在新闻同行中散布不实之词，所以建议我通过适当方式把具体经过说一说，澄清一下事实，免得谣言继续流传。

听到这种议论，一开始我并不想为自己辩白，因为退居二线后我犹如闲云野鹤，看淡个人的得失荣辱。“是非审之于己，毁誉听之于人”，“谁人背后无人说，哪个人前不说人”，世事从来如此，何必计较。想不到第二天，我作为主题演讲嘉宾参加2003中国（上海）传媒业博览会论坛，遇到另外一些新闻界朋友，他们也同样向我说起这件事，还说是市记协有的领导在上海新闻界传播的，以致复旦大学新闻学院个别研究生也受此影响，在报上写文章提出，不能让一个人否决一篇博士论文。这才引起我的警觉，我认为个人可以不予计较，但事关中国社科院研究生院的声誉，不可不慎重对待。于是，我就提笔给金福安总编写了一封“不想辩白的辩白”的信，请他适当时候在《新民晚报》上刊登，以澄清不实之传言。

我首先在信中表明：“我只是一个博士学位论文的评阅人，并非论文命运的决定者，这是稍稍了解研究生论文答辩程序的人都知道的常识。一篇博士学位论文要请好几位评阅人，从不同角度提出意见，供论文答辩委员会成员在答辩时参考。一般来说，它对论文通过答辩与否，并不起主要的作用，更不起决定性作用。通常一篇博士学位论文要在3—5人组成的答辩委员会中进行认真严格的答辩，然后由答辩委员会成员无记名投票来决定通过与否。即使被答辩委员会多数成员否决了，只要论文作者认为答辩委员会的决定不当不公，还可以向学术委员会申述，重新进行答辩。因此，一篇博士学位论文绝不可能由一个人否决得了的，无论这个人是答辩委员会成员，还是学术委员会成员，甚至是研究生院院长，也无权否定得了，更不用说一个评阅人了。”

“我不否认，我的评阅意见对论文答辩委员会成员的审核答辩起了一定作用。这并非由于我是什么‘特殊人物’（我不过是一个退下领导岗位的普通博士生导师），主要在于这篇论文确实存在许多问题，很难成为一篇合格的博士论文。我只不过认真地从论文的选题到文献综述，从科研能力到论文创新，从写作规范到总体印象，写出了长达三四千字的实事求是的评阅意见。我在评阅意见中还是肯定了论文的创新之处、材料引用、作者的认真写作态度和丰富的新闻实践经验的，并不是全盘否定。在评阅意见最后‘我的建议’一节，还郑重其事地建议答辩委员会主席找论文作者谈话，指出不合格之处，劝说作者在导师指导下，限期进行认真修改后答辩，并殷切期望论文作者再花一番苦功夫，提高论文学术质量，下次能顺利通过答辩，不负三年苦读。应该说，我完全是以一个朋友、同事的态度和心情对论文进行有理有据的评阅，倾注了我作为老党报工作者的一份真情和一位博导的正直学术良心。这不是我个人的表白，而是得到全体答辩委员会成员和大多数学术委员会成员的认可和通过的。”

针对有人说我“如果是与人为善，那为什么不在评阅之前就向论文作者提出修改意见，帮他提高论文质量呢”？对此，我在信中实事求是地加以说明：“我不是论文的指导老师，这点很难做到。今年上半年，由于‘非典’肆虐，我大部分时间在上海。中国社科院研究生院新闻系负责人是打电话到上海，约我评阅论文的。我与论文作者多年未见，他没有告诉过我论文的选题和内容，我对此一无所知，又如何事前提意见帮助修改？而接受这篇论文评阅，开始我也是基于熟悉作者，原想帮他一把，成人之美。因为在我印象中，作者新闻科班出身，工作能力比较强，实践经验比较丰富，当过夜班老编辑，工作认真，学习努力。我完全想不到他的论文竟会出现那么多‘硬伤’，让人想帮也帮不了。所以，直到阅读了论文我才感到左右为难，实在觉得是把自己放在火炉上烤了。而此时，按规定同行评阅人是保密的，不能与作者通气联系。而给我写评阅意见的时间又十分急促，我是在答辩委员会开会前一天才把自己的评阅意见从上海传真到北京研究生院新闻系办公室的。显然，在这种情况下，我是没有可能事先帮助论文作者的。”

最后，我在信中写道：“我想尊重事实的最好办法是公开。我打算在一定时候公布我的评阅意见，相信到时候自有公论。论文作者有不同意见也可以提出反批评，我相信他读了我的评阅意见也不会得出我是故意与他为难的结论，只要他不抱成见，这点我可以肯定。”

金福安总编收到我这封信后，打电话对我说，信把论文评阅经过说得很清楚，是有说服力的。他赞同我先发表这封信，以后有机会再公布我的博士论文评阅意见。《新民晚报》于2004年1月15日在副刊《夜光杯》上全文刊登了我给金总编的信。这封信发表后，不实传言就没有了。

只是公布博士论文评阅意见这件事，一直拖到撰写回忆报人生涯时才做了。

附录

周瑞金：勇为改革鼓与呼中显真情

沈惠民

这期《中华智库》封面人物是周瑞金。章琦社长几次在电话中嘱咐我“写篇高屋建瓴、气势恢宏的介绍文章”。

原先，周瑞金担任人民日报社副总编辑兼华东分社社长时，是我的大领导也是我的老师，他每次来分社时，都走进我的办公室与我亲切交谈。我成为出版人以后，他热情地将主编的相关书籍交由我社出版；并应我请求，多次为我社出版的图书作序。在相关首发式和研讨会上，我有机会坐他身旁一次次倾听他带有温州口音、极具亲和力的讲话，语速沉稳却气场十足。写周瑞金，我还真有独到条件。

但写作难度也显而易见。案头放着周瑞金馈赠的《宁做痛苦的清醒者》《中国改革不可动摇》《皇甫平改革诤言录》《皇甫平：中国改革何处去》等力作，书中除了收录他那些“为天地立心”的文章，也有《我与皇甫平》《格言·读书·人生之悟》等自述实录，还有《有胆有识的总编周瑞金》《一个总编辑的成长历程》《周瑞金：文才可用，心术尤正》《周瑞金：宁做痛苦的清醒者》等专访，详细记录了他的成长经历以及撰写、组织、审改评论的方方面面；其他媒体对他的采访随处可见，本刊也多次刊发他思路开阔、针砭时事的文章，我本人也写过《深化改革：用行动检验决心——周瑞金访谈录》的整版文章，因此有种“眼前有景道不得，崔颢题诗在上头”的感觉。

但我还是决定要写。不仅是受人重托，而且确实想写。即使写不出新意，热情还是充沛的；即使没有“高屋建瓴”，写得“接地气”还是有信心的。

我因此把本文分成两部分：前半部分是我的文字，算是开篇导读；后半部分摘录周瑞金的改革诤言及相关警语，以此满足“气势恢宏”的要求。

“机缘巧合”的自觉担当

在《皇甫平改革诤言录》《皇甫平：中国改革何处去》两本书中，周瑞金都用《勇为改革开放鼓与呼》作序，可见他对此文的重视。

初读此标题，让我想起彭老总的《故乡行》：“谷撒地，薯叶枯，青壮炼铁去，收禾童与姑。来年日子怎么过？我为人民鼓与呼！”1958年，在党的总路线鼓舞下，全国人民意气风发、斗志昂扬，希望尽快摆脱一穷二白的面貌，却也导致农村浮夸风泛滥。彭老总没有被那廉价的欢呼声所迷惑，他深入了解民众疾苦，写下这首饱含忧国忧民之情的诗篇。如今，周瑞金老师借用彭老总的诗句点题，表达勇为改革鼓与呼的坚定信念，真是恰到好处。

改革开放30多年来，从“实践是检验真理的唯一标准”的讨论，到冲破改革开放姓“社”姓“资”的束缚，再到改革不可动摇的争论，到党的十八大重启改革的期待和呼唤，周瑞金“铁肩担道义”，以敢为天下先的勇气和超凡胆略，一以贯之地执笔诤言“鼓与呼”。他和“皇甫平”已成为中国改革进程的标志性符号，在改革开放史和新闻史上写下了不可磨灭的一页。

说起皇甫平系列评论的来龙去脉，周瑞金将此归之于“机缘巧合”。

1991年2月11日晚，上海市委分管思想宣传工作的副书记在家里约谈周瑞金，给他看小平同志视察上海的最新谈话材料。1月28日起，小平同志来上海准备过春节期间，在视察参观后发表了一系列有关深化改革、扩大开放的谈话。朱镕基亲自记录整理了其中的许多谈话。

周瑞金回忆：“我看后的第一感觉是，小平同志对改革开放的强调更进一步、更迫切了。对我触动特别大的是，他在谈话一开始就特别强调，改革开放还要讲几十年，光我一个人说话还不够，我们党要说话。小平同志在谈话中还强调要扩大开放，开放不坚决不行，不要害怕‘三资’企业的发展。发展经济，不开放是很难搞起来的。”

1989年春夏之交，我国发生了一场政治风波，由于国际制裁和经济整顿等众多因素，从这一年开始到1991年，我国经济连续三年下滑，1990年更是跌到了改革开放以来的最低点。改革开放事业面临“向何处去”的严峻考验。

在这关键时刻，小平同志的讲话振聋发聩。

时任解放日报社党委书记兼副总编辑的周瑞金迅速组织，撰写并发表了署名皇甫平的系列评论。第一篇《做改革开放的“带头羊”》赶在1991年2月15日，即辛未羊年大年初一在《解放日报》头版显著位置刊出。紧接着，《改革开放要有新思路》《开放的意识要更强一些》《改革开放需要大批德才兼备的干部》三篇评论也相继发表。四篇文章的主题一以贯之，内容相互呼应，文风鲜明犀利，及时宣传阐发了小平同志最新的改革开放思想，形成为推进改革开放“鼓与呼”的完整舆论先导系列，一场关于改革开放的激烈的交锋与论争由此引爆。

“皇甫平的文章有何背景？是谁授意写的……”对于种种疑问，周瑞金退休后写的《我与皇甫平》一文做出详细披露，包括皇甫平文章发表前后的具体细节，为什么署名皇甫平，等等。人们终于明白，“授意”他组织撰写皇甫平系列文章的，是党的新闻传媒工作者的职业敏感性和为改革开放鼓与呼的高度责任感。如果说奉命，那也是奉历史、人民之命，而不是奉哪个人之命。事实上，当他在市委领导家里看到小平同志讲话记录时，也可以一看了之，等待指示；或仅在周围熟悉的领导圈子中神秘兮兮地吹吹风。但自从进入新闻评论领域那天起，周瑞金就将“我为人民鼓与呼”视为至高无上的神圣使命。他要用手中的笔“击中社会绷紧的那根弦”“敢于写出新观点，敢开第一腔”。

他当然明白，敢开第一腔、勇于“鼓与呼”往往要冒风险甚至付出沉重代价。心怀坦荡、性情耿直的彭老总不就因万言书的“鼓与呼”而惨遭迫害吗？古往今来的类似事例不一而足。但知识分子的良知和媒体工作者的使命，使周瑞金“明知故犯”，不惜屡屡“闯祸”。

1986年，他决定在《解放日报》的一期专刊中以漫画手法表现领导人的风采：一幅《中国牌》——邓小平在打中国特色社会主义“桥牌”；一幅《唱新歌》——胡耀邦指挥现代化建设大合唱。报纸出版后在国内外引起强烈反响。称赞者认为漫画使领导人们更有亲和力，体现了政治民主化；反对者说是丑化领导人、“文化大革命”阴魂不散……最终还是中央领导表态，肯定了这种版面的改革举措。在专刊上刊登领导人漫画，周瑞金在全国党报中创下“第一”。

1989年1月，新当选的美国总统乔治·布什宣誓就职。周瑞金决定将此国际重大新闻放在头版头条。报纸一出版，立即“被议论的唾沫淹没”——又“闯祸”了。他却义无反顾：“长期以来，我们党报头版充斥着不痛不痒的领导讲话，国际新闻，包括有重大影响的国际事件都没上过头版，更别提头版头条了。是有明确禁令吗？没有。是新闻工作者束缚了自己的手脚。我决定试一试、闯一闯。”他这一“闯”，在全国党报中又创造了“第一”。市委领导也充分肯定了这个历史性突破。

之后，周瑞金又因皇甫平文章遭“围剿”。当时他已受命任香港《大公报》社长，机票都已买好，却因“左”的理论家告状，中组部临时一个电话突然取消了对他的任命。“其实，在撰写文章时，我们是做好了冒风险准备的。但绝没料到会招致如此火力凶猛的‘大批判’，拿大帽子吓人到如此程度。”周瑞金对此感慨不已。两周后，报社为庆祝建党70周年举办书画展，他挥写的大字条幅挂在醒目之处以表达坚定信念：“咬定青山不放松，立根原在破岩中。千磨万击还坚劲，任尔东西南北风。”两年后果然雨后见彩虹。随着小平同志南方谈话的发表，那些激烈抨击皇甫平系列评论文章的人终于偃旗息鼓。皇甫平文章在第二届中国新闻奖评选中，以高票荣膺一等奖。

东方风来满眼春。1993年4月，周瑞金调任人民日报社副总编。事后来看，两年前执掌地方党报时，他的心胸和视野早已跃上了更广阔的平台，朱镕基因此评价他“文才可用，心术尤正”。进入中国第一大报，对他也算是工作岗位上的一种“名至实归”吧。

“重出江湖”的淡定从容

皇甫平重出江湖。一时间，湖面上风急浪涌。

2006年春节后，一篇《改革不可动摇》的文章引起海内外广泛关注。文章认为，一切改革中遭遇的问题，应当依靠深化改革来解决，并尖锐批评了当时否定改革的部分言论倾向。

文章署名“皇甫平”。又是皇甫平！

人们不禁联想起15年前发表在《解放日报》，倡导深化改革的“皇甫平系列评论”。

不同的是，这次的文章最初发在网上，周瑞金称此“很讲策略”，因为“网络上可以反对，可以支持，比较自由，也不会成为正式的论争。我作为一名退休人员，依靠自己对社会的见解，发出醒世微言。海外媒体揣度我言论背后的动机时，我马上在网上回应，讲清来龙去脉，避免产生不必要的怀疑和猜测。及时澄清，这就是策略”。

周瑞金想要表述的，就是对改革反思的各种意见不应该陷入姓“资”姓“社”的制度之争，而应该关注改革如何深入的问题。推进行政管理体制改革，从政府主导型的经济体制转变为市场主导型的经济体制，深化政府职能、机制与管理体制改革，才是深化改革、解决民众诸多不满意的关键所在。

“我观察改革争论了两年，发现主流媒体都不说话，任凭异见汹汹，混淆视听。我看得清楚，所以才写了《改革不可动摇》，引起中央和社会重视，促成改革共识达成。”周瑞金这样介绍写作背景，同时明确表述，“作为党和人民培养起来的老报人，工作可以退休，但我的笔是不能退休的。我关心着国家和人民的前途命运，我还要经常为改革发声，这是本分，就算是损害到副部级身份，我也在所不惜”。也就是说，这位惯看秋月春风的老报人从没在“江湖”隐退，因此也谈不上复出。所谓“复出”的，只是“皇甫平”。

令他尴尬的是，也恰恰因为“皇甫平”这个署名他在文章中真正想表达的意图被遮蔽了。其实，这次沿用“皇甫平”这个具有特定历史背景的署名，并非周瑞金本意，而是《财经》杂志主编在转载时认为用“皇甫平”会有更大影响力，没有征求他的意见就用此署名了。有人借此大做文章，甚至说周瑞金的言论置民生疾苦于不顾，鼓动改革是为改革中的既得利益集团代言。

周瑞金不无感慨地说：“我同意自己是改革的得益者。一个农家子弟一步步走到今天，完全是因改革才有的。我能有机会、有平台用自己手中的笔，写出皇甫平的文章，推动思想解放，这也是因改革才有的。但我绝不是那种依靠腐败、损人利己、以非法手段获取利益的得益者，我更不是什么利益集团的代言人。这些自有时间、公众、历史、实践去检验。”

面对网络上反对、非议的声音，周瑞金从容淡定：“受到攻击说明有影响，我就怕文章石沉大海。引起争议，可以促发大家思考。这个时候应该有静气，几篇反对文章算什么？我自认站在真理的一面，顺应潮流。这不是求个人安稳不安稳的问题，我有话就要说，这是一种社会责任感。我家里人不赞成我写文章，说一篇文章能改变什么？我说，一篇文章是改变不了什么，但我作为老报人、老干部，应该有改革成败、匹夫有责的责任感。我想安度晚年，但我还有一支笔，就这么一支笔，能说说话。”

这些年来，在上海影城旁的“真锅咖啡”，或在去参加会议的途中，我曾有机会多次与周瑞金深入交谈，面聆教诲。因此也对这位可敬可亲的前辈有了更多了解。当年，他从浙南偏远山区翻山越岭到温州城读中学，常因家贫不能及时交伙食费而被学校停伙。他饥肠辘辘却心比天高，课桌上摊开的是《莎士比亚戏剧集》。有一次，因为写了《致诗人闻捷的一封信》而大受老师赞赏，周瑞金因此萌生作家梦，希望让全国人民都能看到他的作品。从复旦大学新闻系毕业后，他最终成为新闻大家。

事实上，家境贫寒，是他们这一代人的共同背景。他的同学几乎都有拿着“人民助学金”完成从小学至大学学业的经历。他所就读的温州一中，班上几乎都是贫寒子弟，在1957年有44人报考大学，36人被录取。光是复旦大学新闻系，这一年就录取了温州一中4名学生，堪称空前。他所在的复旦大学新闻学1957级的80多位同学，也大都是寒门子弟。他们极尽聪明才智，将改革开放所给予的机遇拓展到最大，成为各领域的翘楚。其中有的出任部长，有的当上了将军，周瑞金则成了中国第一大报的副总编辑……周瑞金这一代知识分子有个共同特点，他们是在党和国家直接培养下成长起来的，所以有很浓的感恩之心和很强的责任感。这也许就是周瑞金上下求索、勇为改革开放事业鼓与呼的思想根源吧。

唯大英雄能本色，是真名士自风流。周瑞金虽已职务到龄，从人民日报社副总编辑的领导岗位上退了下来，但他认为责任不受年龄限制：“官可以不当，文章不可不写。作为中共的一员，我从不以为从领导岗位上退下来，就可以放弃政治责任和社会责任。坚持党的基本路线、基本纲领、基本方针和基本政策，这是不能动摇和放弃的。”这也决定了他到了身可由己时，依然宝刀不老，驰骋江湖。

“犯上不乱”的醒世诤言

“曾有人评我近年来所撰写的评论、政论文章，是‘犯上不作乱’‘离经不叛道’。我坦诚接受这种评论。”周瑞金由衷坦言。

2009年，举国欢庆新中国成立60周年之际，他百感交集，不禁思考起小平同志在1993年9月16日同其弟弟邓垦的一次谈话内容：“十二亿人口怎样实现富裕，富裕起来以后财富怎样分配，这都是大问题。题目已经出来了，解决这个问题比解决发展起来的问题还困难。”这位已退休多年，“个人了无牵挂”的党报老兵，大胆越雷池，发表了《勇于解决发展起来以后的问题》一文，直述盘绕心头的忧虑与思考。这是全国最早阐述小平同志晚年重要观点“解决发展起来以后的问题比解决发展问题还困难”的文章，在当时引起了强烈反响，也引起高层的重视。这些在2009年提出的观点已被今天的反腐现实所完全证实。

在文章中，周瑞金疾呼要“纠正利益格局的倾斜”“与特殊利益集团的切割”“遏制基层权力的失控”“反思维稳逻辑”，枪挑社会痼疾。他列举近几年的一些突发公共事件及群体性事件，忧心忡忡地指出：“民众心目中，政府的公信力和美誉度，呈现逐级下降态势。特别是一些基层政府，比如群体性事件高发的县城和县级市政府，对于民众特别是一些弱势群体的基本生活保障和基本人权，表现得麻木不仁，甚至胡作非为，到了惊人的地步。”如何落实党的十七届四中全会提出的“健全权力运行制约和监督机制”，遏止某些基层官员的恣意妄为，直接关系到“保障新中国的红色江山不因那些无良官吏而变色”。

谈起民怨沸腾的房地产行业，周瑞金鞭辟入里、直言不讳：中国的房地产行业可能是世界上最典型的政府与民争利的产业，而且是腐败高发领域。“从征地拆迁、土地出让、调整土地用地性质、规划审批，到项目选址、施工监理、工程验收、调整容积率、产权登记等环节,充斥了权钱交易。”“当普通百姓眼巴巴期待背离实用价值和远超国民收入水平的楼市大降价的时候,地方政府却能从扶持、提振房地产行业中收获经济上的政绩,而一些官员则可以继续中饱私囊。”

2004年，周瑞金办了退休手续后，到一家大型国有企业当起了独立董事，同时兼任一家民营企业的顾问。在了解了国企的弊端和民企的艰难后，他一针见血地指出，每一个民企被限制进入的领域，都成为民企和全体国民被迫向特殊利益集团输送利益的管道。“强势资本精英与强势权力精英合谋和交易，左右政府的公共政策，瓜分鲸吞国有资产，占据和挥霍本应属于全民所有的公共资源，这才是典型的‘特殊利益集团’！”

“特殊利益集团”不仅“垄断”自然资源，还收买专家为其垄断行为辩护，掌握话语权；甚至还渗透进政法系统，动摇社会对法治的信心；有些地方政府也成了“特殊利益集团”代言的橡皮图章。

而在“特殊利益集团”的另一端，老百姓被住房、医疗、教育、养老四大难题压得喘不过气来。“各个发达地区和繁华都市的灯火阑珊处，都有不少的贫民在生存线上挣扎。”眼看着弱势群体的生计更加艰难，一幕幕沉痛辛酸的人伦惨剧不断上演，周瑞金义愤难平，在文章中疾呼“要痛下决心，与只图眼前灯红酒绿而不管将来洪水滔天的‘特殊利益集团’毅然切割，要像史书记载的那样：‘救一路哭，不当复计一家哭’”。

同样，对政府的维稳做法，周瑞金也觉得大可反思。公权力在平息突发事件的过程中，往往滥用强制手段，动辄把警察推到前面。对于群体性事件的判断，已形成习惯逻辑：大多数群众“不明真相”，少数人别有用心“煽动破坏”，境外敌对势力“策划支持”。结果不但事态不能及时平息，甚至扩大了事端。

值得重视的还有“维稳”的成本问题：比如各地的“截访”就需要一笔不小的财力开销；所谓“人民内部矛盾要用人民币来解决”，花的也都是纳税人的钱。这其实都事关执政党的执政能力问题。

在辛亥革命100周年之际，周瑞金发表《辛亥百年：从世界演变看中国改革路线图》一文，提出改革要分经济体制、社会体制、政治体制三步走（文化体制改革融合其中），目前处于以社会体制改革为重点的阶段。这一“改革路线图”在海内外产生了广泛影响。

2012年2月，周瑞金有感于邓小平南方谈话20周年，在《同舟共进》杂志上发表题为《中国，是否需要一次新的“南方谈话”》的政论文章，直言不讳地指出发展起来以后的问题之繁复尖锐，“中国改革再度到了最危急的时刻”。文中列举当时面临的最迫切、公众反映最激烈的“发展起来以后的问题”：未能形成公平的分配制度；未能建立惠及全民的社会保障体系；未能解决最基本的民生问题；环境污染加剧，食品、水、空气问题严重；社会腐败除经济领域腐败之外，向吏治腐败、司法腐败和舆论腐败发展蔓延。因此，他迫切期待党的十八大以后的党中央，能重新凝聚全党全国改革共识，全面深化重要领域和关键环节的改革。

2013年7月6日，周瑞金作为嘉宾，在“岭南大讲坛”发表演讲，主题是“社会改革目标：建设自由平等公正法治的社会”。针对经济社会转型期的新矛盾、社会转型期的陷阱、深化改革的方向路径以及可能的结局，他提出要加快社会体制改革。他从改革开放带来的社会结构、社会治理的变化，谈到对社会管理创新和建设公民社会的理解，提出了社会管理的主要问题与改革创新的基本思路，尤其提出政府的现代化转型在未来经济社会建设中的重要作用和意义。

从2014年10月起，周瑞金启用新笔名“皇甫欣平”，相继发表《终结腐败》《砍树救林，除恶务尽，标本兼治——再论终结腐败》《杜绝买官卖官，改革干部选拔制度——三论终结腐败》三篇系列文章。其中第二篇是根据中纪委领导的意见和要求所撰写的，在《财经》杂志重点推出后，产生了很大的社会反响；第三篇在《同舟共进》杂志刊登，也产生了很大影响。

周瑞金解释，选在这个时间点发这三篇系列文章，是希望在党的十八届四中全会前后，对十八大以来新的中央领导集体的反腐败工作作一个评价。他期望更强调按法律来惩治腐败。“一个权力配置失当且无足够监督约束的官僚制度体系实际上是一个巨大酱缸或者说绞肉机，这边进去的是一个有为青年，那边出来的则是一个贪官污吏。”只有通过制度反腐、法治反腐，才能彻底终结腐败。

时隔23年，从“皇甫平”到“皇甫欣平”，从位高权重到退休老兵，周瑞金不改初心，一如既往地为改革开放事业和新闻事业鼓与呼，立下独特战功。

“出世”“入世”的人生智慧

2012年8月，周瑞金主编的《五十年后的感悟——来自复旦大学新闻系一九五七级同学的报告之二》出版，书中收录的他的文章《格言·读书·人生之悟》由《解放日报》连续转载一周。在此文中，人们看到了周瑞金更多的报人本色和心路历程：他一辈子信奉的四句格言；影响了他一生的六本书；他抱定“以出世之心，为入世之事”的佛家信念；他每日参禅，诵《心经》《大悲咒》；他恪守养生的平衡之道……

在曾任中央党校宣传部长黄晓河的新书发布会上，压轴发言的周瑞金高僧悟道般讲起“善待人生五个‘最’”：“人生最大的追求是事业，人生最大的智慧是舍得，人生最大的财富是朋友，人生最大的幸福是健康，人生最大的安慰是亲情……”当时天色已暗，与会者全神贯注，顾不上晚餐，听得津津有味。

为了推动改革开放，为了坚持独立思考和自由见解，周瑞金不时遇到一些曲折。一次游览长沙岳麓书院时，他看楹联头三句“是非审之于己，毁誉听之于人，得失安之于数”，顿觉醍醐灌顶，并作为格言砥砺自己。平时，他把别人用在唱歌、跳舞、打牌上的时间，全用来看书、读报，还有每天三个多小时的“网虫”活动，关注国内外时事，看网友的评论，他还加了不少微信群。

周瑞金说《金刚经》对他一生产生了重大影响。我也一直在研读《金刚经》。正好有天他来到我办公室，我借机向他请教。他说：读《金刚经》既可深入观察客观世界，又能潜心主观精神世界，修炼心灵，体验生命的真谛，追求“无所住而生其心”，修悟“无我相无人相无众生相无寿者相”的本体。

在主持解放日报社工作时，他曾感觉身体微恙。上海中医药大学王若水教授建议他以打坐和修禅去浮躁，防失据。从此只要条件许可，他便盘腿入座。参照南怀瑾的《静坐修道与长生不老》一书，他一招一式地学了起来。他的《奇书·奇人·奇功——记国学大师南怀瑾》，是大陆第一篇全面介绍南怀瑾的文章。经汪道涵推荐，此文放到了国家最高领导人的案头。南怀瑾获悉后，专程派弟子到上海看望周瑞金。1998年，周瑞金率人民日报社新闻代表团赴台湾访问，专程绕道香港拜会南怀瑾。耄耋之年的南怀瑾精神矍铄，见到周瑞金就说“南书房行走来了”。这既指周瑞金是中共机关报主管言论的副总编，常跑中南海；又戏称他是到“南怀瑾书房行走来了”。这对“忘年知己”由此演绎出一段奇妙缘分。

从进入大学开始，周瑞金始终遵循“无为不入世，有情始作人”的原则。他崇尚张载倡言的“为天地立心”。解放日报社现任总编辑陈颂清认为，敢为天地立心者，才能为民众立言。像周瑞金这样的前任老领导，敢于坚持真正的人文精神，写评论既讲究策略，又有一种势如破竹论述天下大事的气概和胆量，敢开第一腔，勇于鼓与呼，已成为“立言”的榜样。

1986年夏，时任齐齐哈尔市政府驻上海联络处主任的章琦，促成了上海市老领导汪道涵、陈沂带领上海企业家代表团访问考察黑龙江，随团同行的周瑞金由此与章琦熟识。当章琦与艾丰共同创办中国发展研究院时，周瑞金欣然出任顾问。他为章琦《智利天下写春秋》书稿作序的标题是“位卑不敢忘忧国”。章琦深有感触地说，其实，周瑞金不仅“位卑不敢忘忧国”，而且“宁做痛苦的清醒者”，坚定不移地为我国改革开放事业鼓与呼，这种抱负和情怀，值得有责任心的新一代知识分子坚守。

《岁月·人生·思考》杂志的两次年会，周瑞金都应邀到场指导。在杂志主编、上海爱建集团党委书记范永进看来，在岁月中的艰苦历练、对人生的深刻感悟、对时代和社会的独到思考，使周瑞金独具人格魅力。经过高位权重的洗礼，他依然能保持“峥嵘岁月”的激情，可以说是修禅的最高境界。范永进特别喜欢周瑞金写给他的一段话：“大其心究天下之物，虚其心纳天下之善，静其心观天下之势，平其心论天下之事，定其心应天下之变，雄其心创天下之业。”他觉得，这正是周瑞金的写照。

周瑞金诤言录

政治体制改革的共识

我已到古稀之年，与许多老党员、老干部一样，深切地关注着国家的政治体制改革。目前，我国又到了一个重要关头，即经济实力的巨大增长，与贫富分化、贪腐蔓延、社会不公等导致的利益阶层固化现象，到了需要认真对待、切实解决的关口。

改革依旧是当今的主题词

改革更重要的是要进行体制改革，30多年来问题的症结在于体制问题。吏治腐败、司法腐败、舆论腐败，这些都超出一般经济领域的腐败，这是制度的腐败。当然还有社会问题、生态问题，这些问题加起来，形成了阶层的固化，或者说利益的固化。

意识形态工作也要改革创新

新闻宣传要为改革提供强大的精神动力，而不是拖改革大局的后腿。忽视甚至蔑视民众的诉求和心理感受，与民心渐行渐远，就有可能成为执政党的某种“负资产”。

把人民给我的回馈给人民

我是个老报人，当然，也是一个有副部级身份的老报人。从到复旦大学读新闻系开始，就是国家和人民培养了我。我在《解放日报》和《人民日报》干了几十年，是党和人民培养了我的这支笔。作为一名老报人，我只有把人民给我的回馈给人民。我的人生价值不在“副部级”，而在“老报人”。工作可以退休，但我的笔是不能退休的。我关心着国家和人民的前途命运，我还要经常为改革发声，这是本分，就算是损害到副部级身份，我也在所不惜。

希望不能都寄托在“清官”身上

解决国家存在的问题，推动社会改革和进步，需要我们知识分子，特别是关注公共利益的知识分子来努力。我们不能把希望都寄托在“清官”“好领导”身上，我们每个人都有一份公民责任。

中国在向好的方向发展

无能为力之感还是有的，但社会前进遇到的问题都是客观的存在，个人再有忧国忧民之心，社会也不可能完全按照你的希望演变。虽然会有无力之感，但是我从不悲观。我们不能只相信《新闻联播》里的中国，它的光明面太多了；也不能完全相信网络里的中国，它揭露的阴暗面太多了；我们更要看老百姓日常生活中感受到的中国。只有把这三个方面结合起来看，这才是真正的中国，这样的中国在向好的方向发展，因此让人抱有希望。

“痛苦的清醒者”和“无忧的清静者”

我希望能成为有佛心、道骨、儒表的人。对国事、社会事、天下事，我宁做痛苦的清醒者；对家事、子女事、个人事，我愿做无忧的清静者。自己这一辈子前20年是一个学习做人、接受教育的阶段，后来用了15年真正熟悉新闻，采访、报道、评论、拼版都会了，真正发挥自己作用的是改革开放这30多年。我现在76岁了，大概还能干到80岁吧。

新闻管理体制的问题

我觉得现在地方党报的作用在下降，地方党报根本发不出什么声音，也没有一个地方党报有一篇有重大影响的文章，包括《解放日报》，我的母报，以前我还可以在《解放日报》写“皇甫平”的文章，今天这种文章也出不来了。这其中牵扯新闻管理体制的问题，也就是说我当年在解放日报社工作的时候，有相对宽松的环境，我的言论我自己把握负责，报社社长有权决定发表他认为可以发表的评论和报道，在20世纪80年代是可以做到的。

管理宣传不能像“列车运行时刻表”

坦率地说，党的思想宣传部门有些领导同志像管理“列车运行时刻表”一样，把行政管理方式搬到新闻宣传管理中，直接介入新闻报道方式和流程；管宣传的部长甚至局长、处长颐指气使，俨然成了报纸的总编辑，而报纸的总编辑反倒成了总编室主任，等因奉此，照办不误。这种做法从表面上看是强化了对新闻媒体的管理，确保任何环节不出一点纰漏，实际上却扼杀了新闻工作者的能动性和创造性，降低了宣传管理的实效，反而让党管新闻的位势降低了。按照这种管理做法，出现了千报一面的现象，全国媒体按某个时刻表同时宣传树立某个典型，而不是由领导部门提出当前宣传的某种主流价值观，让各媒体自行寻找与之相匹配的典型人物。

周瑞金：宁做痛苦的清醒者※

张志萍

20世纪90年代初，中国正处于改革的十字路口。时任上海解放日报社党委书记兼副总编辑的周瑞金组织撰写《改革开放要有新思路》等四篇针砭时弊、呼唤改革的系列评论文章，在《解放日报》头版以“皇甫平”名义发表后，在全国引发了一场激烈的思想交锋，吹响了第二次思想解放运动的号角，在当代中国改革开放史和新闻史上写下了浓墨重彩的一笔。

斗转星移，日历已然翻到2018年。值此改革开放四十周年之际，笔者再次见到周瑞金，谈起“皇甫平”系列评论的历史影响，以及2006年1月“皇甫平”再度出击，发表《改革不可动摇》，鲜明地回击了当时否定改革开放的错误思潮；2014年10月，又以别具深意的“皇甫欣平”新笔名，撰写了万字评论《终结腐败》，再度引发强烈舆论反响。周瑞金，这位年近八旬的人民日报社原副总编辑报以淡淡的一笑说：“个人命运总与国家命运紧密相连，人生道路总与时代风云难分难舍。作为老报人，勇为改革开放鼓而呼，是顺应历史潮流的应尽责任，也是一位共产党员不忘初心的本分。”

一根扁担，承载寒门学子求索之路

浙江省平阳县的腾蛟古镇，钟灵毓秀。南宋著名爱国诗人林霁山和现代饮誉世界的数学家苏步青的故居在此，百岁棋王谢侠逊的碑林也立于此。1939年10月，周瑞金出生于兹。

创办于1906年的腾蛟中心小学学风浓厚，清末民初平阳县教育家刘绍宽

※ 本文首次发表于2018年。

到国外考察带回来的近代教育理念和教学方法，贯穿于这座小学日常的教学活动中。时年7岁的周瑞金，进入这座小学就读。

恰当的平台，给活泼好动的周瑞金提供了广阔的舞台。学校体育课活动特别丰富：不但有跑步、爬杆、跳远、跳高，还有篮球、排球，甚至有垒球，这让周瑞金如鱼得水；宽松的教学氛围，使他有更多的空余时间看闲书：《西游记》《水浒传》《薛仁贵征东》《薛丁山征西》《济公传》《三侠五义》等都是他的最爱。书籍，培养了周瑞金的想象力，也培养了他正直侠义的情感。

6年后，小学毕业的周瑞金，正碰上解放初新中国教育改革，公办学校停止春季招生，一律改为秋季招生。为了不耽误学习，他翻山越岭，跋涉百余里，到温州市的私立初中建华中学学习。一根小扁担，两头不仅承载着周瑞金全部学习用品和换洗衣物，也承载着父母的殷殷期望。之后，为了赶上高中秋季招生，周瑞金初中提前半年毕业，考进被称为“数学家摇篮”的温州一中高中部学习。

创办于1902年的温州一中，出过我国星光熠熠的一代人才：除了数学家苏步青、谷超豪，还走出了文学家郑振铎、考古学家夏鼐、史学家苏渊雷、美术家马公愚等。宽松、富有人文关怀的创新氛围，丰富、全面发展的校园生活，培养了热爱文学的语文课代表周瑞金独立思考、开拓创新的能力，也使他成为一名德智体全面发展的好学生。他初中就阅读了苏联著名作家肖洛霍夫的《静静的顿河》，高中阅读了《莎士比亚戏剧集》中大部分喜剧、悲剧、历史剧，并浏览了许多世界名著；不仅如此，热爱体育的周瑞金在100米短跑和跳远两个体育项目达到国家三级运动员标准；跳远还获得了温州市少年级冠军。

1957年秋，周瑞金高中毕业，与三位同学一起，以优异成绩考进复旦大学新闻系。一届同时录取一所中学4名新生，这在当年复旦大学新闻系传为美谈。

三次挨饿，淬炼周瑞金的心志

困难，是对人意志最好的淬炼。对家境贫寒的周瑞金来说，更是如此。

因为贫困，周瑞金曾经大半年因没有鞋子穿而打赤脚；因为贫困，周瑞金几次交不出伙食费而被停伙。这些经历，在他的初中、高中、大学阶段，分别有过三次。

第一次是上初中的时候。私立建华中学食堂实行挂餐牌就餐制。每到月初就餐时，如没有交足当月伙食费的，餐牌会被摘除，就没有饭吃了。周瑞金父母从平阳腾蛟山区每月托人带伙食费到温州建华中学，都要耽搁几天。这样，他每个月开头的两三天吃不上饭，是经常的事。食堂摘就餐牌的那几天，他就只能到校门口买几个一两分钱一个的米粿子充饥。那时，他的零用钱很少，牙膏也舍不得用，两个多月才理一次发。叔叔给他写信，他收到两三封后才回复一封，因为连八分钱的邮票也是奢侈品。

第二次挨饿是1955年，全国实行粮食统购统销制。当时不知何故，中学的学生食堂粮食供应不足。周瑞金正读高中一年级，住集体宿舍。早上吃稀饭的时候，大家像饿狼一样抢着喝滚烫的稀饭，每餐像在比赛吃烫粥。他说，你如果一上来舀了一碗，等到吃完再去舀第二碗，肯定是没有了。所以我每次只能先舀半碗，不怕滚烫赶快喝下去，然后再去抢舀一碗，这样可以吃到一碗半了。

读高中时正处于长身体阶段。因为限粮，每天吃不饱肚子，那种饥饿感与初中时每月饿几天的感觉不同，真正有难以忍受之感。因为饥饿，班级里有两个女同学在上体育课时竟然昏倒在操场上……周瑞金说，我能理解西方很多文学作品中所描述的，包括雨果的《悲惨世界》里的冉阿让，就是饿得受不了，去偷面包吃，被当作犯罪的。一个人饿到那种地步，可以说偷和抢都会来，根本顾不上什么礼义廉耻。

第三次挨饿是读大学的时候，1960—1962年挨饿。是因为正处在全国性的困难时期，大家都尝到了“大跃进”运动的苦果。农村更是饿死了成千上万人。当时复旦大学学生食堂口粮和食油供应紧缺，学生只能吃又薄又稀的稀饭，再喝几碗没有油水的菜皮汤，硬把肚皮撑着。“那时我一个晚上要喝七两稀饭（小两），但到睡觉时又饿了，翻来覆去睡不着。”

周瑞金这一代人，学生时期的三次挨饿经历，今天说出来，年轻人听了会觉得是天方夜谭。周瑞金说，无论在中学还是大学，他挨饿的时候特别想念孟子的一段话：“故天将降大任于斯人也，必先苦其心志，劳其筋骨，饿其体肤，空乏其身，行拂乱其所为，所以动心忍性，曾益其所不能。”正是孟子这段话，一直激励着周瑞金，并把成长过程中的一切艰难困苦，看作是对自己意志的淬炼和心志的培养。

咬定青山，终究成为一名评论写手

1962年秋，从复旦大学新闻系毕业的周瑞金，进入上海市委机关报社解放日报社工作。刚开始被分配在读者来信组做见习编辑；半年后，他从处理大量读者来信和接待读者来访中，积累了从事新闻工作必不可少的社会经验。总编辑王维决定把周瑞金调到评论组，参加编辑“大家谈”专栏，并指定郑拾风、储大泓两位老评论员作为周瑞金的业务指导老师。

1963年9月的一天，周瑞金看到一位读者来信诉说自己因为婚后没有生育孩子，遭到丈夫的虐待。周瑞金认为这封来信提出的问题带有普遍性，就约请《新民晚报》总编辑赵超构（笔名“林放”）撰写《遇到这样的丈夫怎么办》的评论，对那位丈夫的“大男子主义”、男尊女卑思想及喜新厌旧行为进行了分析批评。评论刊登后，收到大量读者来信。上海邮电局邮件转运处高长富来信，进述自己结婚两年多后妻子突然双目失明，12年来在领导关心、社会关爱下，夫妻俩始终互爱互帮，子女顺利成长，家庭和睦安定的故事。周瑞金被他们夫妻的真情实感所打动，当即赶到高长富家、采访了他的妻子、孩子、邻居及高长富单位的领导。当晚，不顾自己患重感冒发着高烧，周瑞金开个通宵以读者来信方式赶写了署名为高长富的长篇通讯：《我的妻子双目失明以后……》。1963年11月24日，《解放日报》在头版头条位置以通栏标题发表了这封读者来信，并配发了时任《解放日报》第一总编辑魏克明执笔撰写的社论：《从一封信看新人的成长》。

这组报道、社论发表后，在社会上引起强烈反响，新华社很快播发全国，《人民日报》《光明日报》和23家省、市、自治区党委机关报转载刊登。社会舆论共同认为报道赞颂了人间真情，是新社会道德风尚的一首赞歌，也是移风易俗的一曲凯歌。当时上海市委领导高度评价记者以第一人称撰写通讯，说这是依靠社会主义积极分子，用自己最生动的事实和语言提出问题，进行宣传，深深打动了读者。

20世纪60年代初，我国经济处在困难时期。《解放日报》在这个时期注重抓新道德新风尚的宣传。毛泽东主席在1964年1月同吴冷西关于报纸工作的谈话中表扬了《解放日报》:《解放日报》比较注意抓思想，抓思想工作，值得一看。

毛主席对《解放日报》的表扬，给进报社才两年多的周瑞金以极大的鼓舞；报社领导注重对年轻记者的培养，给周瑞金提供了更多施展才华、实现自己新闻理想和抱负的机会。

1965年春，报社接到华东局领导的指示，要重点宣传"华东的大寨"、自力更生改造自然的典型——山东下丁家大队的先进事迹。报社编委会决定组成由总编室主任鲁瑛带队，老记者方远、老摄影记者赵立群参加的采访小组，总编辑王维特地指定周瑞金作为年轻记者参加这个采访小组。

下丁家大队地处山东烟台地区黄县南部凤凰山下，共有8个自然村、560户人家、21个生产队。全大队方圆不过二三十里，却有大小山头36座。那里的地，有78%斜挂在山坡上，当时90%以上的劳动力都靠扛农活、打短工维持生活。就是在这样的条件下，下丁家人经过两年摸索，七年多大干，经过近十年的努力，他们绿化了山，培育了果林，还在山沟里修建成一个个水库，初步形成了沿河、山腰、高山的"三层楼"灌溉系统，水浇地占到耕地面积的60%，69%的耕地得到了整治，被改造成为旱涝保收的稳产高产田，实现了从原来的靠国家供应口粮，到向国家交售粮食、花生和水果的转变。

为了采写下丁家人近十年来所走过的这条自力更生之路，周瑞金与同事花了整整半年时间在这里蹲点采访，与下丁家农民们同吃同住同劳动。功夫不负有心人。1965年10月28日，周瑞金和鲁瑛、方远、李彦臻（山东《大众日报》记者）合作撰写的1.8万余字长篇通讯《下丁家人创业之路》和相关社论在《解放日报》上发表了。通过这次采访，青年记者周瑞金的采写能力和评论写作能力，得到了切实的锻炼和提高。

由于进报社三年来的良好表现，特别是在完成华东局部署的下丁家典型报道中有着出色业绩，1965年10月周瑞金在介绍人鲁瑛、储大泓的指导帮助下，顺利地加入了中国共产党。

“咬定青山不放松，立根原在破岩中，千磨万击还坚劲，任尔东西南北风。”自进解放日报社工作后，周瑞金就以这首郑板桥的《竹石》诗激励自己，并将此诗亲笔抄写后压在报社办公桌玻璃台板下。数十年来，他一直坚守新闻评论领域，历任评论员、评论部副主任、主任、副总编辑、党委书记，以“芮晶”“吉匡”“吉方文”等笔名，在“大家谈”“解放论坛”和“新世说”专栏发表评论文章。“我的新闻业务得以良好起步，并成为执政党的光荣一员。后来能成为一个评论写手，就是从评论部这里锻炼出来的。我永远铭记王维、郑拾风、储大泓、陈念云、沈光众、鲁瑛、方远等老领导、老师的关怀和帮助。”周瑞金真诚地说。

大胆创新，新闻改革中敢为天下先

改革探索，就是要走前人没有走过的路。这不仅需要有超前的思维，更需要有超常的胆识和缜密的策略。有的人生逢其时，机缘巧合；有的人大胆创新，勇于担当，在新闻改革中敢为天下先、敢开第一腔。周瑞金就属于后者。

1986年8月，全国各报总编辑齐聚哈尔滨研讨新闻改革。在陈念云总编辑到哈尔滨开会期间，周瑞金以常务副总编辑身份主持日常工作。1986年8月15日，思维超前的周瑞金拍板决定在《解放日报》第四版《上海漫画大赛展选刊》上，以置顶位置，突出刊登两幅领袖漫画：一幅是漫画家张卫平画的邓小平同志在打建设中国特色社会主义“桥牌”的《中国牌》，另一幅是漫画家阿达画的胡耀邦同志在指挥大家唱现代化建设新歌的《唱新歌》。

以漫画手法表现领袖人物风采，在当时新闻媒体上是前所未有的，而且还刊登在党报上，因此引起了国内外舆论的强烈反响。国外许多报刊转载了这两幅漫画并发表评论，认为在中国党报刊登领袖漫画，是新闻改革的一大成果，法国电视二台两次派记者专程来上海采访周瑞金，并在法国巴黎播发。

在国内，也引起两种不同观点的争论。见报当天就有读者打电话责问：报社为什么刊登丑化领袖人物的漫画？也有不少读者来信，认为领袖漫画使领袖更富人情味，更接近群众、接近生活，是幽默和美化。

笔者在采访时听了周瑞金的叙述，现场微信联系了当年漫画作者张卫平。张卫平说：当时《解放日报》发表漫画作品《中国牌》引起了不小的反响，事后他才知道是周瑞金先生以大无畏的勇气决定发表这幅漫画。他一直在寻找这位勇士，25年后，终于与周先生见了面，百感交集。他这才知道，当年因画邓小平漫画而发生了许多鲜为人知的秘闻、轶事，甚至还惊动了中央高层领导，直至胡耀邦总书记作出了批示。

《解放日报》刊登领袖漫画的当天，全国有四家大报总编辑打电话向时任中宣部部长朱厚泽请示，要转载《解放日报》的两幅领袖漫画。与此同时，也有些读者寄报纸到中宣部状告《解放日报》，认为刊登领袖漫画就是丑化领袖，是“文化大革命”中《百丑图》的再现。中宣部部长朱厚泽当时一边劝告几家大报总编不要转载领袖漫画，一边又谆谆告诫中宣部同志，对《解放日报》刊登领袖漫画，不要去批评，这也是一种宣传探索，应当允许。

走前人没有走过的路，做前人没有做过的探索。周瑞金是这么想的，也是这么做的。这一次新闻报道的改革探索，让周瑞金至今回想起来还是感慨万分。

1989年1月20日，适逢美国新总统就职典礼。此前，周瑞金曾应美国驻上海总领事馆之邀，带领两位记者去观看卫星现场直播的美国总统大选，并边看电视边采访。翌日，在头版显著位置刊登了《隔洋坐观美国人选总统》的记者现场目击通讯。当时，中国观众还不能收看国外电视新闻，所以这篇现场通讯引起了广大读者的极大兴趣。

1月20日，要刊登美国新总统布什就职典礼的新闻。19日晚，周瑞金与分管夜班的原副总编辑陆炳麟、负责夜班工作的总编助理贾安坤，以及夜班编辑部主任金福安商量，研究版面处理如何突破常规。他们同周瑞金和陈念云的看法完全一致:《解放日报》应当大胆突破。第二天，美国新总统布什就职典礼的新闻刊登在《解放日报》头版头条位置。这是《解放日报》创刊以来，第一次在头版头条刊登美国新总统就职典礼的新闻。

报纸出来后，褒贬各种评价都有。赞赏者说，我们国家实行对外开放，理应重视国际新闻，国际大事完全应该上头版头条。这次，《解放日报》带了一个好头，在新闻改革中敢为天下先，堪称历史性的突破。然而，传统与偏见仍然影响着部分读者，他们来信或来电话责问：《解放日报》是党报，为什么这么抬举美国总统，让他上头版头条，你们的党性原则到哪里去了？

周瑞金说，有意思的是，刊出布什总统就职典礼消息那天，上海市委组织部部长和宣传部部长正好来解放日报社宣布周瑞金担任报社党委书记兼副总编辑和丁锡满担任总编辑兼党委副书记的任命。两位部长看到报纸，态度明朗，表示赞赏。他们甚至拿着当天出版的《解放日报》，与新老总编一起合影留念，并说这是一个历史性突破的镜头。

刊登商业广告，是报纸的一项重要功能

1979年，《解放日报》在全国率先恢复刊登商业广告。1992年开始，《解放日报》增加了广告版面。此时，广告部门又提出在头版刊登广告的申请报告。因为头版新闻版是党报性质、风格的形象展台，是报纸的脸面。而且《解放日报》头版从来没有刊登过广告，究竟能不能刊登？刊登多少合适？如何处理广告与新闻内容的协调性？这些都是改革探索的课题。

1992年7月20日，时任解放日报社党委书记兼副总编辑的周瑞金与报社党委两位副书记丁锡满、张仲修认真研究并达成共识，认为可以借鉴香港报纸的做法，在《解放日报》当天没有新华社重要电讯稿的情况下，允许广告部门在头版刊登广告。

1992年8月2日，《解放日报》在头版下半版，以半幅版面刊登了闸北区政府和恒基投资有限公司协同策划、实施的《不夜城——闸北走向新世纪》的广告，获得了50万元人民币的收入。

8月4日，市委宣传部召开新闻单位研究报纸宣传报道的改革工作，会上提到了《解放日报》头版刊登半版广告的问题。周瑞金在会上提出了头版刊登广告需注意的几个问题：一是不上头版的上半版，只能刊登在下半版；二是广告要宣传成就性、信息性的内容，不能搞杂乱无章、平庸低俗的广告；三是不冲击当天的重大新闻，选择在头版没有很多重要新闻的条件下刊出。

通气会上各个新闻单位负责人都认可了《解放日报》头版半个版刊登广告的做法。《文汇报》领导还进一步提出要在头版刊登整版广告。市委宣传部

领导也同意让《文汇报》先作头版整版刊登广告的探索，听取社会反映。但在《解放日报》探索头版刊登整版广告时，被上面叫停了。

心底无私天地宽，无私无畏即自由。“在复杂的形势下‘敢开第一腔’，必须有大无畏的彻底的唯物主义精神，必须有不计较个人荣辱得失的高度使命感。真正做到‘无所求也就能无所惧’，就敢于旗帜鲜明地为改革开放鼓与呼了。”轻声细语间，周瑞金流露出毋庸置疑的坚定。

勇于探索，改革开放要有新思路

“评论是报纸的旗帜和灵魂。一张报纸如果没有多少称得上是烛照社会、引导舆论、启迪读者的评论，它就失去了权威性和战斗力。”

1991年的上海，正站在进一步深化改革、扩大开放的新起点上。增强改革和扩大开放意识的问题，比任何时候都更紧迫地摆在媒体人面前。

1991年2月11日晚，时任解放日报社党委书记兼副总编辑的周瑞金在上海市委分管思想宣传工作的副书记家里，看到了邓小平视察上海的谈话材料（下称“谈话材料”）。继续推进改革开放还是走回头路？邓小平作了关键性的表态。1991年新春，邓小平第四次到上海过年。那时距离他找第三代领导集体谈话，强调要“更大胆改革开放”刚刚过去一个月。

周瑞金清晰记得，“谈话材料”中一开始就强调“改革开放还要讲几十年，光我一个人说话还不够，我们党要说话”，“不要以为一说市场经济就是资本主义，市场也可以为社会主义服务”。周瑞金说，这是邓小平关于改革开放的最新思想，他看完“谈话材料”后，就产生了强烈的冲动，有种时不我待的感觉，作为上海市委机关报，《解放日报》负有不可推卸的宣传重任。《解放日报》要第一时间宣传邓小平改革开放新思想，以便在紧要的历史关头，在我们报纸的舆论宣传中进一步认清和把握中国特色社会主义航船破浪前进的正确航向。

“不须扬鞭自奋蹄。”1991年2月13日农历马年小年夜，周瑞金找来《解放日报》评论部的凌河和市委研究室的施芝鸿，提议三人合作，写几篇评论，宣传邓小平同志最新的改革开放思想。1991年2月14日大年夜，周瑞金又拟定以“皇甫平”为署名。

1991年2月15日农历羊年大年初一的《解放日报》头版，上半版刊登了邓小平与上海市委、市政府领导迎新春的报道和大幅照片，下半版就是加框刊登署名“皇甫平”的评论《做改革开放的带头羊》。3月2日，“皇甫平”系列评论第二篇《改革开放要有新思路》发表。3月22日，“皇甫平”系列第三篇《扩大开放的意识要更强些》发表。系列评论第四篇《改革开放需要大批德才兼备的干部》发表在4月12日。

四篇评论主题一以贯之，内容相互呼应，形成了一个有力推进改革开放的完整的舆论先导。在国内外、海内外引起强烈反响。有读者赞誉“吹来一股清新的改革开放春风”，表示读了这些文章，很受启发，有助于进一步解放思想，认清形势，打开思路，坚定信心。解放日报社驻京办事处也接到很多电话。全国不少省、自治区、直辖市的驻沪办人员都接到当地领导人电话，要求收集全部文章，有的还派专人来上海了解系列评论的“发表背景”。美联社、法新社、路透社等世界各大通讯社纷纷打电话来询问有关情况。

然而，反对之声也不绝于耳。周瑞金等期望1991年是改革年，不曾料想这一年却变成了改革的争论之年、交锋之年。

由于第三篇文章尖锐地提出了“姓‘社’姓‘资’”问题，点燃了争论的“导火索”。很多报刊连篇累牍地发文批评，歪曲皇甫平系列评论原意，无限上纲上线，乱扣帽子，认为这将“引向资本主义邪路”“断送社会主义事业”“改变共产党人的政治纲领”，罪莫大焉。

让周瑞金感到欣慰的是，1992年春天，邓小平在南方讲话中抓住1991年思想争论和交锋的要害，尖锐地指出：“改革开放迈不开步子，不敢闯，说来说去就是怕资本主义的东西多了，走了资本主义道路。要害是姓‘资’还是姓‘社’的问题。”用“发展才是硬道理”“警惕右，主要是防止‘左’”等简明生动的语言，激励人们“把握时机，发展自己，关键是发展经济”。

邓小平的南方谈话，是进一步改革开放的动员令。它像一阵狂飙吹散了密布在中国人心头的乌云，它像一只巨手推动了中国社会经济发展的航船。

1993年4月，周瑞金调到人民日报社任副总编辑，分管评论理论工作。在建立社会主义市场经济体制改革的环境下，周瑞金进行了新闻报道改革的有益探索。1994年3月，周瑞金以“任仲平”为署名，发表了《上下一心打好今年改革攻坚战》评论，产生了广泛的社会影响，得到了中央领导同志的高度评价。“任仲平”栏目一直延续至今。1999年5月，周瑞金又率先在《人民日报》网络版推出“强烈谴责北约暴行BBS论坛”（即后来的“强国论坛”），开了全国互联网新媒体网民自由论坛风气之先。1995年、1997年、1999年他连续三次主持中日经济讨论会，推动了中日两国经贸合作的发展。

作为在执政党机关报工作了一辈子的老报人，周瑞金即便从工作岗位上退休后，仍然笔耕不辍。

从市场化改革以来，一直在改革这条深水区不断跋涉的周瑞金观察到，市场化改革带来了一些新矛盾新问题：第一是收入差距、地区差距、城乡差距在拉大，造成贫富不均、分配不公平现象；第二是社会保障没有跟上，社会事业发展滞后，造成读书难、看病贵、房价高三大问题；第三是环境污染日趋严重，生态不断恶化；第四是社会腐败现象，尤其是吏治腐败、司法腐败、舆论腐败日趋严重；第五就是社会伦理道德水平下降，人们普遍缺乏精神追求，一切向金钱看，享乐主义、奢靡之风频吹。周瑞金认为，要以深化改革扩大开放解决市场化改革中产生的这些新矛盾新问题。2006年1月24日，周瑞金再度出击，先在上海“东方网”，后在北京《财经》杂志上发表了评论文章《改革不可动摇》。

此文发表后影响很大，网上争论激烈。中央政治局分管宣传舆论工作的常委专程到上海，调查《改革不可动摇》文章发表的背景和意图。2006年3月初全国“两会”召开，时任中共中央总书记胡锦涛亲临上海代表团，及时表明了中央的态度：要毫不动摇地坚持改革开放方向，提高改革决策的科学性，增强改革举措的协调性，将改革开放成果更好地让人民群众共享。从而为党的十七大召开之前的这场改革开放大争论画上了一个权威的、有说服力的句号。

2014年，周瑞金率领新的团队，启用新的署名“皇甫欣平”，发表了万字长篇评论《终结腐败》。2015年，该文荣获上海市社会科学界联合会优秀论文奖。

27年后，笔者问周瑞金，当年皇甫平系列评论引发的改革开放大争论，导致他到香港大公报报社履任社长新职的任命被撤销，感到可惜吗？周瑞金语气平静地说，既感到可惜，又感到不可惜。失去了亲临香港为迎接这颗东方明珠回归祖国这个重大历史事件鼓与呼的机会，他确实深深遗憾过。但后来他也想通了，清者自清，浊者自浊，“是非审之于己，毁誉听之于人，得失安之于数”。不久，邓小平同志发表南方谈话，他走出了困境。1993年4月，中央正式调他任人民日报社副总编辑，主管评论理论工作。他有机会到党中央机关报的新闻平台，发挥为改革开放鼓与呼的作用。一失一得，他又有何可惜呢？

宋儒张载倡言“为天地立心”，就是要求一切有抱负、负责任的仁人志士，顺应宇宙万事万物向上进化的要求，自觉推动社会历史合乎规律地向前发展。能为天地立心者，也必能为民众立言。

确实，周瑞金做到了。

铁肩担道义，宁做痛苦的清醒者

“宁做痛苦的清醒者，不做无忧的梦中人”是著名理论家、原人民日报社副总编王若水先生的至理名言，也是周瑞金给自己的定位。

一个正直的知识分子，要关心国家的命运，要能够看到问题，对于这个国家、这个社会在前进中存在的问题感到忧虑，总是从大局来看，思考怎么来推动社会的进步，所以清醒者总是比较痛苦的。但是新闻工作者首要的责任就是推动社会的进步，从这个意义上来讲，“痛苦的清醒者”也是铁肩担道义者。

周瑞金认为，一个有责任心的新闻工作者，一定要目光四射，胸怀大局，以世界的眼光洞察中国前进中的问题，并敢于提出自己的见解，即使受到压制、受到批评，也无所畏惧。这才真正尽了一个党的新闻工作者应有的社会责任。正如鲁迅先生所言，真正的知识阶级，对于社会永不会满意，他们所感受的永远是痛苦，所看到的永远是缺点。这是鲁迅先生自己精神风貌的写照，也是一代忧国忧民知识分子的抱负和情怀。这种忧患意识和抱负情怀，今天依然值得有责任的新闻工作者坚持和担当。

初心不改，不断为改革开放鼓与呼

一个思想者，是永远不会退休的。诚如周瑞金。

60多年前，周瑞金肩挑一根小扁担，从温州农村进入上海复旦大学新闻系这座理想的殿堂学习。怀揣“铁肩担道义，妙手著文章”的新闻理想，“书生意气，挥斥方遒”。如今，经过一个甲子沧海桑田的跋涉，虽然已年近八旬，纵然青丝早已变成白发，但周瑞金始终记得当年大学里学到的一条新闻要义，那就是“要击中社会绷紧的那根弦”，在审时度势基础上敢于提出新问题、分析新问题，敢开第一腔。他那为改革开放鼓与呼的初心从来没有改变过。

周瑞金特别谈到，习近平在中央党校，多次谈及“社会革命”，“他大谈社会革命和自我革命，非常值得我们深入思考和研究”。社会革命，可以分两层意思。第一层就是牢记共产党员不能丧失革命精神。邓小平就曾说过，“改革是第二次革命”，当前新时期则是要不忘初心，以革命的精神全面深化改革，敢于涉深水滩、啃硬骨头。第二层意思就是共产党员要敢于“自我革命”，坚决清除队伍中的消极腐败因素，不断提高执政党的治国能力。历史昭示，没有思想解放就没有改革开放。没有思想上的勇于破冰，就难言从利益藩篱里突围。

2018年是中国改革开放40周年，国家正深入推进改革和创新，坚持改革开放不动摇。只有不断地革故鼎新，国家才能前进，社会才能进步，人民才能够真正幸福美满。

“年寿有时而尽，未若文章之无穷。”在人工智能、基因医学等新科学技术迅速发展的条件下，周瑞金信心满满地表示愿意再为改革开放鼓与呼40年。“我今年80岁，希望可以看到2058年的中国！”掷地有声的话语，显现出周瑞金这位笔走龙蛇的大家、新闻界翘楚的拳拳爱国之心！

周瑞金口述：敢开第一腔，敢创第一流※

陈颂清　朱珉迕　吴　頔　整理

“意气风发”探索改革

到了1990年，《解放日报》全部电子化，铅与火的时代过去了，电和光的时代到来了。用激光照排，一下子扩到12版也不感到人力缺乏了。1988年扩八版的时候，就感到人力很缺，只好停掉《经济信息》报，没有办法，排字工人来不及。后来搞全彩排版，我们最早引进了德国的彩印机，建立了现代化的新闻大楼。还有扩大广告版面的大胆探索：探索了头版下半个版登广告，1个广告收50万元，这个做到了，没有人批评。后来，又大胆搞了头版一个整版广告，被叫停了。本来我想要做检讨，上头说不要检讨了，把那100万元广告费拿出来做公益事业去，就行了。此外，我们还要探索自办发行，这件事是《天津日报》走在前面，我们毕竟和天津不一样，天津以本市为主，我们在华东地区和全国覆盖面大，与邮局很难谈下来，所以就没有全部搞自办发行，只探索了部分自办发行。

在人才招聘方面，我们作了一些大胆的探索，效果不错。比如从社会上招聘编辑记者和经营管理人员，出了不少名记、名编、名经营管理人才，如熊能、范幼元等。中层领导干部实行聘任制，非党员也可以当中层领导，如樊天益，这是市委机关报《解放日报》从来没有过的。当时我还主张编辑记者要具备三项基本技能：熟练掌握一门外语、能用电脑采写发稿、学会自驾汽车采

※ 本文为“我与《解放日报》访谈实录。”有删节。

访。中宣部翟泰丰副部长充分肯定我这个主张，曾在公开场合说我是全国最早提倡现代记者必备三项技能的人。

我觉得20世纪80年代是《解放日报》主动性、创造性发挥得最好的时期。编辑记者很多选题，都是他们自己提出来的。像熊能，你给他一个“专稿特稿”任务，能跑出这么多东西，开拓题材、冲破禁区，还到大兴安岭跨地舆论监督。他对大兴安岭火灾抓的人、判的人发表意见。那时候把真正的救灾好干部都当作罪犯判了刑，他就替他们讲话，这很不容易。

当时的记者意气风发，大胆探索，有影响的改革报道特别多。比如步鑫生企业改革的典型报道，宋超是最早采写的，我配合报道撰写了《改革者的品格》本报评论员文章，这组报道评论在《解放日报》头版头条发表，影响很大，带动了全国各地媒体报道步鑫生改革的热潮。

再一个是关于上海铁路局一家公司经营“傻子瓜子”，被指责搞资本主义的专题讨论，我们顶住铁道部纪委的阻力，支持被撤职的公司总经理。这个讨论影响很大，那位总经理原是革命老干部，他从采写稿件的记者张沅口中知道，报道背后的支持者是我。其实《文汇报》记者采写报道比张沅早，因为铁道部纪委不同意刊登，就把稿件撤下了。《解放日报》就是在这个背景下顶住压力刊登的，所以这位总经理很感激，表示一定要见我，当面致谢。这样，20多年后我从人民日报社退休回到上海，他马上通过我的一位朋友找到我，当面表示感谢，让我好感动。还有一个关于“星条花衬衫”事件的讨论。上海一家出口公司按外商要求，把印有星条旗花样的衬衫出口，遭到上头指责，禁止出口。时赛珠记者报道这件事，余建华副总编策划专题讨论，影响也很大。当时记者在冲破旧观念束缚，推动各行各业改革题材报道上，主动性、创造性很强，积极找选题，只要领导支持，他们很有积极性。

还有一个旗忠村的故事。旗忠村党支部书记高凤池，富有改革精神，大力鼓励农民搞多种经营，并将全村农民宅基地进行规划，为每户农民建造了整齐美观的乡村别墅。但在开展电缆业务项目时，由于客户鱼龙混杂，免不了收购了一部分从国有企业偷盗出来的电缆，结果被工商管理部门查获，高凤池也被公安部门拘留审查。时任市长的朱镕基在全市干部大会上，还以此为例，告诫各级领导注意改革中不能搞违规经营，损害国家财产。经过审查，没有发现高凤池有什么违法行为，于是他就被取保候审。这个时候，宋超特地到旗忠村做了调查，了解事实真相后向我汇报，我同意派三人小组，由宋超带队到旗忠村蹲点调查。两个月后，他们写出调查报告，以鲜活的事实说明旗忠村是上海郊区农村改革开放的典型。调查报告在《解放日报》头版头条刊登后，反响热烈。朱镕基市长了解事实真相后，也充分肯定了旗忠村改革发展的经验。后来，1992年春邓小平视察南方期间到上海，视察旗忠村时亲吻农民小孩的照片，就成为上海改革开放史册上一道亮丽的风景。

从读者来信组到评论组

我是1962年夏从复旦大学新闻系毕业，10月被分配进解放日报社，最初到读者来信组见习。一般像我们新闻系学生，到报社工作，第一年是见习期，大部分先去夜班做校对，有的做见习记者。我被分配到总编室下属的读者来信组（即后来群众工作部的前身），做处理读者来信、接待读者来访的工作。我在来信组干了半年，后被调到评论组。在来信组这半年对我锻炼很大。我们这些从校门出来的人，对社会不了解。到读者来信组以后，每天接触的是群众来信、来访。《解放日报》是中共上海市委机关报，也是华东局机关报，所以每天有大量读者来信，还有许多读者直接到报社接待室来访。信访是各色人等，提出各种问题，以前我都闻所未闻，见所未见。

有一天，我接待了一位自称是“郭沫若的日本情人”的老妇人，要求报社帮她解决住房问题。她告诉我郭沫若的儿子郭博，就在汉口路靠外滩的民用建筑设计院工作，她去求过他，被赶出来了。我要她去居住地区的房管部门申请，她说没有用。她好几次来访是我接待，她就说，你肯定是大学生，你接待我很有修养。后来，我发现她神经有些不正常，就不睬她了。

我原先以为上海社会秩序很好，市民觉悟很高。但从来信里面看到，社会上乱七八糟的事情太多了。家庭乱伦的不少，有哥哥爱上妹妹发生奸情，妹妹来信哭诉的；也有母亲爱上儿子不让儿子与女友谈恋爱，儿子被迫写信向报社求助的。我还听说，外国记者到“大世界”门口，不到十分钟就能招到一个妓女带回宾馆，而那时舆论上都说上海没有妓女。

有次我看到一封读者来信，诉说自己在合肥到上海的列车上提前分娩，得到许多素不相识的乘客的热情照料，车到上海后又被许多热心人送到家的好人好事。当时读者来信组领导张锦堂同志建议在《读者来信》"新道德新风尚"专栏发表这封来信，派我去找来信者和她所在派出所核实材料。我下去一了解，不想在好人好事背后，隐藏着一段丑闻。原来来信者是安徽医学院的一位女大学生，她上了一位老教授的当怀了孕，然后两人商量让这位女学生来上海医院分娩后弃婴出走。想不到她提前在列车上分娩了，弃婴计划泡了汤。当她与婴儿无奈地被热心人送到家，不但遭爸妈教训一顿，她妈妈还起诉安徽医学院那位教授，闹出一场官司来。此信当然无法发表了。

我在读者来信组工作如鱼得水，处理读者来信，我都认真回复读者提出的问题。有些是知识性问题，比如有人来信问姓氏的来源？我就查资料回信，自己也增加了这方面知识。还有年轻人来信谈感情上的问题特别多，要跟他思想交流，要回信给他谈如何处理好男女恋爱问题，等等。不要以为复旦新闻系出来的，就了不起了。其实有时连打电话都不会，与读者打电话也是一门学问，要简短，又要有亲和力，并不容易。

1963年4月我在读者来信组工作了半年以后，被调到评论组，协助储大泓同志编《大家谈》评论专栏。因为那时来信组有个《读者来信》专刊，每周一期，责编严斯方也是老同志，现在过世了，他经常带我去采写一点读者关心的小通讯，也写些"看信有感"小评论。储大泓同志就是从来信版发现我写小评论写得不错，就把我调去评论组协助他编《大家谈》。

当时领导评论组的是副总编徐惟诚，还有老报人郑拾风。他们对我这个新来评论组工作的年轻人很关心，认为我这样从家门到校门到机关门的"三门干部"，很需要到社会上去加强锻炼。先由报社人事部门安排我到报社附近的街道居委会，参加知识青年学习小组活动。那时街道把考不上大学的高中毕业生组织起来学习，我每星期去参加一次，以便了解知识青年的思想动态。徐惟诚副总编还要我每逢周日一早，就跑到中百一店门口，待商店一开门，仔细观察顾客都跑向什么柜台，哪些人最早进去，购买什么商品，以了解社会动向。郑拾风还叫我经常下里弄，了解居民们的柴米油盐的事，看看亭子间的马桶放在哪里，还要找机会去城隍庙茶楼喝茶，听茶客们喝茶时的聊天，都关心些什么话题。甚至叫我也去城隍庙摆算命摊那里问卜算命，看江湖人怎么揣摩人们心理……这些都是上海社会底层的东西，事关移风易俗，他们都要我深入了解。他们说，你编辑“大家谈”专栏，写评论引导移风易俗，要是不了解社会，还能编得好吗？

关于下丁家大队典型报道

1965年4月，华东局书记处书记魏文伯郑重布置给《解放日报》一个重要报道任务，要求报社派记者负责报道华东地区“学大寨”的典型——山东黄县下丁家大队。当时，王维总编辑指派了总编室主任鲁瑛带队，抽调记者部老记者方远、摄影组记者赵立群和评论组我三人，另调《大众日报》记者李彦臻参加，组成五人报道组。我们五人到下丁家大队蹲点采访了两个多月，和农民吃、住、劳动在一起。我住在70多岁的老石匠吕清忠家，当地山东土话我听不大懂，常闹笑话。他们说“肉”听上去像“油”，有天老人叫我去买肉，我却买了菜油回来。老石匠晚上睡前不洗脚，他脱掉鞋以后，一双脚在地上擦两擦，就上床了。我与他同床睡了一个多月，也习惯熬过来了。回来我们分头整理材料，列了个通讯写作提纲分头写，由方远通稿，听取意见做了较大修改。后来，通讯稿修改就交给我完成，最后由郑拾风润色改定送审。消息稿由我起草直接交王维总编修改审定。社论开始由鲁瑛与方远写了一稿，未通过，也让我再写一稿，最后由郑拾风修改定稿送华东局领导审定。

下丁家大队地处黄县凤凰山区，共有8个自然村、560户人家、21个生产队。从1955年成立高级社到1965年，用了十年时间，自力更生，艰苦创业，综合治理山、水、田，真正做到“改造山，山低头；改造河，河驯服；改造地，地增产”。大队党总支书记王永幸是残疾转业军人，从高级社社长到人民公社大队党总支书记，十年如一日带领下丁家人战天斗地，艰苦奋斗，是头脑清醒、意志坚定的好带头人。报道组进大队，他曾与我们谈过一次话，说：现在都在提倡阶级斗争，其实在基层这是制造干部与群众之间矛盾、干部与干部之间矛盾，我不明白这样搞还能推动农业生产，还能团结大家与穷山恶水作斗争？我们报道组深感这个党总支书记不简单，有独立思考精神，不跟风。所以，我们在下丁家深入采访也坚持实事求是的原则，决不去硬挖硬凑什么“地富反坏”分子搞破坏的事。《下丁家人创业之路》这一组报道，从消息、通讯到社论、专刊，都没有写下丁家抓阶级斗争推动改造自然的事迹和观点。今天读来，也深切感受到，在农村普遍开展“四清”运动背景下，华东地区的“学大寨”的典型下丁家大队改造自然、发展生产的感人事迹，丝毫没有穿插抓阶级斗争的情节，如此实事求是的典型报道，真是难得！这组报道是1965年10月28日刊登的，离“文化大革命”的发动只有几个月时间。所以，这次参加下丁家典型报道，给我的锻炼教育很大，让我知道党报报道应当实事求是，不跟风，老老实实从实际出发，这样才经得起历史的检验。我也在1965这一年10月，在鲁瑛和储大泓两位老党员介绍下，光荣地加入了中国共产党。

我1962年10月进入解放日报社，到1965年10月加入共产党，是我政治上和业务上成长最快的时期。总编辑王维同志对我的关心培养，我非常感恩，永志不忘。他让我到读者来信组见习，后来调我到评论组编“大家谈”，关照郑拾风、储大泓培养我。我从他们对每一篇评论、每一篇报道的认真修改中学习，有时改了一句话就提升了一个观点，有时一字之改，使满篇生彩。我深深感到年轻记者编辑，最需要老记者老编辑的传帮带。我在《解放日报》的业务成长和政治成熟，全靠老同志倾注心血，培养而成。王维、储大泓、郑拾风、鲁瑛、方远，还有陈念云、沈光众，这些老前辈、老领导都是我永远铭记在心、毕生感恩敬佩的恩师。

“文化大革命”时期在解放日报社的经历

1966年6月，“文化大革命”骤然降临。解放日报社第一批揪出来的“反动权威”“牛鬼蛇神”，就是沈光众、郑拾风，两个我最好的老师。我看到那些黑白颠倒、无限上纲的揭发批判大字报，就反感，难于接受。有人动员我出来揭发批判他们，我思前想后感到他们两人没有什么“反动言论”好揭发批判的，迟迟没有动手写大字报。想不到1966年7月1日晚上，报社纪念党的生日大会开过后，我就被抛出来了。一下子解放日报社大楼从五楼到底楼，全是揭批我的大字报，把“修正主义接班人周瑞金”揭出来了。揭发我就是反动学术权威、牛鬼蛇神郑拾风、沈光众培养出来的“脓包”，解放日报社“青年的蠹虫”，是“赫鲁晓夫式的野心家、阴谋家”，大字报满天飞，大帽子灌顶压。还要我参加抄郑拾风家的“革命行动”，“接受教育”。那时，什么叫颠倒是非、歪曲事实，什么是无中生有、无限上纲，什么叫心灵摧残、精神折磨，我全都尝到了。连吃饭都不敢到食堂去吃，每天中午就到报社附近山东路“老正兴餐馆”那个小饭店，一毛钱一杯“土烧”下肚，真是“借酒浇愁愁更愁”。这样过了大概两个月。

8月，北京红卫兵来上海造反。斗争方向改变了，报社从批斗“牛鬼蛇神”转向批斗“走资派”，造当时报社党委书记、总编辑马达的反。这时，马达组织报社红卫兵保卫党委，我也加进了红卫兵队伍。有一天，北京的红卫兵来报社闹事，我到接待室接待，他们揪住我问：“你是什么出身？”我说我是小商人出身。他们说，小商人就是资产阶级，解放日报社红卫兵混进了阶级敌人，于是就把我的红袖章扯下来，去造马达的反。晚上，马达在食堂看到我，他“一脸黑”，就指责说：“周瑞金，你是叛徒！你缴械投降了。红袖章就是你的枪，你怎么被他们缴械了？”我说我是小商人出身，他们就抢走了我的红袖章。马达说你不会说自己是贫农出身吗？我压根儿就没有想在红卫兵面前撒谎，就又倒霉了。

“文化大革命”一开始，我被当作“修正主义接班人”给大字报轰了一通，接着又被报社党委书记指责为“缴械投降的叛徒”，当时欲哭无泪，窝囊透了。接着，报社“造反派”起来，有人来动员我参加造反派，我始终不为所动。1966年12月发生八天九夜的“《解放日报》事件”，我每天钻食堂后门的小洞坚持上班，尽量劝说社外的红卫兵、工人造反派离开报社。不久，发生1967年“一月夺权”事件，报社党委被打倒，“造反派”掌权，分“大小班子”。我做好了进大班子的思想准备，却出乎意外地始终留在“小班子”，为报纸撰写言论。

说起来有些好笑，我写社论、评论员文章是在“文化大革命”期间锻炼出来的。虽然我在评论组编过“大家谈”专栏，采写下丁家典型报道时起草过社论初稿，但真正操刀写社论是在“文化大革命”时。应了当时一句流行话：“死了张屠夫，不吃混毛猪”。那时评论组几位写作大佬，真的都成了“死了张屠夫”，邹兆琦被当作地主分子揪走了，储大泓靠边了，郑拾风早就隔离审查了，还有一个叶中也是在反右倾时同沈光众一样戴了右倾帽子，原来是编委，免职留在评论组，当然不能工作了。这一来，报社没有人写社论了，就只有我“蜀中无大将，廖化当先锋”了。我那时一天要写两篇社论。经常凌晨三点，就有人把我从床上拉起来，说毛主席最新指示下来了，等着我马上写社论，排字拼版，报纸一般要到上午十点钟才开印。“文化大革命”那时候报纸就是这样办的。

这锻炼了我撰写社论的能力，但“文化大革命”期间写的社论，百分之九十今天是无法卒读的。我记得起来产生过好作用的，只有一篇针对批斗农村生产队长的社论：《不许把斗争矛头指向生产队长》。当时上海市区曾规定不能批斗居委会主任，我就借用这个规定，提出要保护农村生产队干部。刊登出来后，上海郊区十个县的农村生产队长，纷纷把《解放日报》这篇社论挂在扁担前面，像个护身符一样，保护自己，避开造反派批斗。

“文化大革命”期间我在政治上被冲击很多，但有幸的是，没有一天离开过报社专业岗位，是带着政治压力和心灵创伤从事新闻报道评论的工作。1993年调到人民日报社工作后，有一次参加中宣部召开的精神文明建设座谈会，丁关根部长一开始问大家，电影《霸王别姬》要不要公开放映？张国荣主演的这部电影，说的是两个师兄弟从小学唱京戏，一个旦角一个生角，成为名演员。抗战时期，日本人欣赏他俩的京剧艺术，请他们演戏，以礼相待。日本人被赶走后，国民党统治者迫害过他们。他们被抓进监牢受过皮肉之苦，但他们熬过来了。然后到了“文化大革命”，要兄弟俩相互揭发批判，他们受不了这种精神的摧残，心灵的打击，终于自杀了。当时有人评论这部电影十分反动刻毒，日本人占领时期他们过得挺好，国民党时期也没有受怎样伤害，到了共产党“文化大革命”时期反而遭殃自戕。所以当时有人反对这部电影公开上映。我当时对丁关根部长畅谈自己的看法，我说这部电影的深刻之处，就在于揭露了“文化大革命”摧残人性、摧残心灵，带给观众以内心深处的震撼，这个片子是非常深刻的。它不是说日本人怎么好，而是说日军在战争中有残酷屠杀中国人民的一面，也有对中国文化和艺术精英欣赏、尊重的一面，这也是客观事实。而国民党反动派迫害进步人士，也只是抓进监牢折磨人的肉体，而没有对人的心灵和精神的摧残。

人最受不了的是心灵摧残，我说“文化大革命”时自己有亲身感受。报社造反派去抄郑拾风的家，说是为了教育我，叫我也参加。你想想，郑拾风平时对我那么好，节假日经常叫我去他家里吃饭。他的几个孩子，和我关系都很好。那天叫我去抄家，内心深受煎熬，一路上真想从卡车上跳下来，那比打我骂我还难受。这就叫心灵摧残。好在抄家的时候造反派不相信我，不让我到房子里去，只叫我守在门口，没有面对郑拾风和他太太两人的面，那还好一点。否则叫我怎么面对他们？我还有什么脸面抄他们家？但是，当郑拾风的小儿子在家门口见到我，很亲热地跑过来抱着我时，我禁不住泪流满面，血往心里涌，这比被抓到监牢挨打都难受啊！

我这一讲，丁部长倒是听进去了，后来中宣部批准了《霸王别姬》电影公映。过了一段时间，再次见到丁关根部长时，我对他说，你开放这个电影，是一大功劳，说明我们宣传部门摆脱了教条主义影评的影响。我说《霸王别姬》太深刻了，揭露了“文化大革命”是对人的心灵的摧残、人性的摧残。皮肉之苦都受得了，人的信誉、良心摧残，真是受不了，我感受太深了。

郑拾风同志1996年因病去世，我当时在人民日报社，特地请假赶回来参加他的追悼会，并在《朝花》上发表了悼念文章——《文采夺目 师泽铭心》，客观公正地评价了他一生在新闻和戏曲两个领域取得的辉煌成就。我把他的成就概括出来：“在新闻领域，拾风杂文独具风格，从新中国成立前的六字杂文到最后一篇发表在《解放日报》朝花版的《洪承畴骂娘》，一以贯之地体现了您的杂文爱憎分明、针砭时弊的社会责任感；在戏曲领域您呕心沥血奉献了五部大戏，从《琼花》到《夕鹤》，饮誉国内外，您追求创新的巨大艺术勇气和精湛的艺术魅力，将载入中国戏剧史册，在昆曲舞台上熠熠生辉。”我还为郑拾风同志的追悼会撰写了一副挽联：“文采夺目华章卓荦生无死；师泽铭心风骨精灵逝有神。”

现在有人还说“文化大革命”有合理性，我一点都理解不了。“文化大革命”这10年我亲身经历感受，只有痛苦、不解、疯狂、歇斯底里，哪有一点合理性?特别是知识分子，天天处在煎熬之中。我婚后与爱人沪温两地分居，一年探亲假回温州一次，每次乘海轮离温返回上海，面对东海滔滔流水，都不胜惆怅、十分忧虑下一次能不能再回温探亲。因为，当时和我经常一起议论对“文化大革命”不满的龚心瀚同志被抓进监牢去了，接着陈念云同志也因为“黑房间攻击性的议论”被抓走了。我们都是要好的同事，原来也都是写评论的。我当时确实有下一次就轮到我被抓进去的预感，这种朝不保夕、惶惶不可终日的感觉，那些年一直缠绕着我，真是一回想就心惊肉跳啊！“文化大革命”摧残人，制造冤假错案太多，对知识分子打击太大，摧残太多国家建设的精英了。我们国家几个大物理学家，去世都太早了，他们对中国贡献很大，搞“两弹一星”的科学家都是他们那个时候培养出来的。现在这方面讲得太少，很多人都不知道，现在连“文化大革命”都不让讲，甚至还说是“建设社会主义的艰难探索”。“文化大革命”时期，全国违反宪法随便乱抄家，各地普遍挑动两派搞武斗，到处打砸抢目无法纪，乱揪乱斗、残酷折磨领导干部和知识精英，把国民经济搞到崩溃的边缘，这能说是“建设社会主义”？这种折腾死成千上万人的“艰难探索”，还值得肯定吗？巴金非常痛心，他说一定要建立“文化大革命”纪念馆，让大家记住“文化大革命”，就像德国有一个希特勒法西斯纪念馆，要让全国人民记住它。我在“文化大革命”中看了美国作家写的《第三帝国的兴亡》一书，想不到我们的“文化大革命”思想，和法西斯国家社会主义思想很相近，今天仍然值得反思。

“文化大革命”搞得人们之间没有信任感，1962年那时候我刚从大学毕业出来，到报社工作，同事之间关系很好、很融洽。我家不在上海，老记者、老编辑在节假日纷纷叫我到他们家里吃饭。“文化大革命”以后全被破坏了。现在报社哪有老同志叫年轻人到家里吃饭的？没有了。我在评论组时，郑拾风、储大泓经常叫我到他们家里吃饭，还有在我办公室对面的记者部老记者华将谟，平时没有业务往来，他也热情地请我到他家里吃饭。那时我感到报社老同志对年轻人都非常关心，像亲人一样，这种感情一直美好地留在我的记忆里。现在好多老同志走了，史东最近也走了，我非常怀念他们、感恩他们。

今天的期望

《解放日报》创刊45周年时，我曾经谈过我心目中的“解放精神”和“解放风格”。我想，这在今天还是适用的。

解放的精神，就是要在解放思想、解放生产力当中，发挥舆论先导作用。也就是说，我们的舆论要走在实践的前面，能够对推动改革开放、推动现代化建设向前发展。我觉得这个精神，在今天还是一样的。虽然进入了新时代，但我们走中国特色社会主义道路，进行改革开放，是按照开创者邓小平同志的思想理论和他的政治遗产，再结合今天习近平同志提出的新的改革开放的要求和新的思想，在这当中也需要我们舆论的先导作用，这个精神应该是一样的。解放思想，解放生产力，还可以加一个，按照十九大的精神，还要解放社会活力。所以今天的“解放精神”，就是在这“三个解放”上面，发挥舆论先导作用。

“解放风格”，很显然，就是“敢开第一腔，敢创第一流”的风格。《解放日报》总是走在全国报纸宣传报道的前面，从80年代改革以来，很多“第一”都是《解放日报》创造的，在改革开放舆论先导作用方面也走在前面。这种“敢开第一腔，敢创第一流”的风格，在今天也还是应该继承发扬。

按照今天改革开放进入新时代的精神，特别是网络新媒体的蓬勃发展，我想了两句话，希望《解放日报》年轻一代的记者编辑能够努力再努力，学习之，践行之。这两句话叫“聪者听于无声，明者见于未形”。也就是说，聪明的人、敏感的人，在事物还没有发出声音的时候，就已经听出声音来了；明白的人、有智慧的人，对还没有形成一个形象的东西，也能察觉它的雏形和发展趋势。

在今天的信息时代，地球上、世界各国，全国各地，这种“无声”和“未形”的新信息、新科技、新问题、新现象，会经常出现，比我们过去传统媒体经历的，要丰富得多、复杂得多，变化也快得多。所以，今天要发扬“解放精神”“解放风格”，我们的记者编辑一定要进一步具备聪者和明者的素质，来驾驭好新媒体与传统媒体的结合，提升“解放精神”和“解放风格”。这对解放日报社未来的发展是非常重要的。

后记

报海梦圆的珍贵纪念

少小倾心笔墨缘，浮沉报海梦已圆。

斗争惊浪常寒胆，改革春风始展颜。

皇甫微言申大义，邓公宏论卷巨澜。

蜉蝣天地沧桑叹，感世忧时耄耋年。

这是我八秩寿诞跨进耄耋之年写的一首七律感言诗。诚挚感谢浙江人民出版社适时出版《我的报人生涯撷珍》一书，为我留下一份珍贵的纪念，也为广大读者留下一份我们这一代生于民国时期长于社会主义时代的新闻人，如何为共和国改革开放和社会主义现代化建设事业鼓与呼的真实史料。

这部回忆性的书稿辗转往复，最终能在我的家乡由浙江人民出版社付梓，殊不容易，感慨良多。为此，我特别要感谢人民日报社老同事、现任浙江出版联合集团党委书记、总裁鲍洪俊同志！他以担当精神、弘毅之魄，力促并助推了书稿的完美付梓。

我也要感谢浙江人民出版社叶国斌社长和本书的编校人员高辰旭等同志！他们高度重视，认真负责，辛勤劳作，严把尺度，细致审订，终于克服种种困难，使这本书顺利出版。

我还要感谢曾在浙江人民出版社工作的编辑陈庆初同志！五年前，他专程来沪热情邀约我撰写报人生涯回忆录，并带来多种已出版的优秀回忆录供我参考。他恳切请求有着从地方党报到中央党报工作经历的我，撰写一部回忆录在家乡出版社出版。正是在他的鼓励、敦促之下，我动笔撰写了一系列新闻生涯的回忆片断。这是这部书稿的最初由来。遗憾的是，后来他离开了浙江人民出版社，不久又不幸辞世。今天谨借书稿出版之机，寄以深深的哀思，并愿以书稿的面世告慰他的在天之灵。

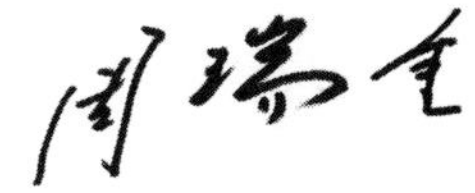

写于2020年5月25日